焼き芋とドーナツ

日米
シスターフッド
交流秘史

湯澤規子
Noriko Yuzawa

角川書店

焼き芋とドーナツ

日米シスターフッド交流秘史

目次

第二章　焼き芋と胃袋——女工たちの身体と人格　61

第三章　米と潮騒——一〇〇年前の米騒動と女性の自治　97

第四章　月とクリームパン――近代の夜明けと新しき女たち　125

第二部　アメリカの女性たち

第五章　野ぶどうとペン——女性作家の誕生　163

プロローグ——「わたし」を探す

もうひとつの『女工哀史』

約一〇〇年前の女性労働者を描いたルポルタージュとして有名な『女工哀史』[1]。それに関連する、もうひとつの『女工哀史』が存在すると知ったのは、愛知県一宮《いちのみや》市の毛織物工場で働く女性たちの調査をしていた時のことだった。作者は一宮市のすぐとなり、木曽《きそ》三川《さんせん》を西方に越えた岐阜県に住む女性であるという。

本のタイトルは『わたしの「女工哀史」』[2]、作者名には「高井《たかい》としを」とある。彼女はいったい何者で、なぜこの本を書いたのだろうか。その謎はほどなく解消した。同書の岩波文庫版に掲載された斎藤美奈子《さいとうみなこ》による解説で、出版の経緯が詳《つまび》らかにされていたからである。

それによれば、「高井としを」という人物は、『女工哀史』の作者であった細井和喜蔵《ほそいわきぞう》の内縁の妻で、『女工哀史』の中に描かれた女工の一人だという。細井の執筆や取材にも深く関与していたことから、実質的には『女工哀史』のもう一人の執筆者ともいえる。しかし、籍を入れていなかったという理由で『女工哀史』との関わりはなきものにされたばかりか、莫大《ばくだい》な印税も彼女の手には届かなかった。『女工哀史』を世に問うて間もなく細井はこの世を去ったため、彼女はその後、紡織工場やいくつかの職を転々としながら働き、その傍らで労働運動や社会運動に取り組み、公表する当てもないまま短歌や俳句、散文などを書き記していた。

埋もれていたこれらの作品の運命は、一九七〇年代にある出会いによって、ゆっくりと動き始めることになる。社会から忘れ去られようとしていた彼女の人生や作品に触れ、それを後世に伝えるように促したのは、岐阜県内の織物工場で働きながら夜間に学ぶ聖徳《しょうとく》学園女子短大の女子学生たちであった。彼女たちは高井としをの家に何度も足を運び、時には自分たちの寮に泊まってもらい、その語りに耳を傾け、記録した。それは「ある女の歴史」と題したガリ版刷りの小冊子に結実した。[3] これが後に、『わたしの「女工哀史」』の出版へとつながっていくのである。

このささやかな冊子の「はじめに」で、著者たちはこの聞き書きを通じて見出《みいだ》した、今日にこそ大切にしなければならない視点として、次のような言葉を綴《つづ》っている（本書掲載の各章の引用文献のルビは、原文のものに加え、筆者が補記した。以下同）。

女性解放の歴史の中で　平塚らいてふや与謝野《よさの》晶子《あきこ》らの果たした役割は大きいが　それ以上に「女は家庭にいて花嫁修業しているべきで　働くべきではない」という「常識」が

つくられていた社会で苛酷な条件の中でも働き斗《たたか》いつづけた「無名の」沢山の女工たちの果たした役割を正しくとらえるべきだという視点です。

学生たちは実に生き生きとした口調で語られる、ある一人の実在した女性の「斗いの歴史」を聞き書きし、その人生は「女工哀史」であると同時に「女工斗史」であった、という結論に至る。

世代を超えた「働き学ぶ女性たち」のこうした出会いから生まれた一冊が、『わたしの「女工哀史」』にほかならなかった。「わたしの」と明記しているところを見れば、同書が言わんとしていることは推察できる。社会に広く知られた『女工哀史』には「自分自身」が描かれていない。だから、あらためて、「わたし」という主語で自らの物語を描き残したい。その意志が書名から伝わってくるのである。

それにしても、『女工哀史』が出版されてから半世紀あまりを経て、ようやく「わたし」と言えるようになったとは、いったいどういうことなのだろうか。これは彼女だけでなく、日本で働き、今を生きる女性たちに共通する何かを象徴しているのかもしれない。あるいは、まだ言語化されていない、それゆえに歴史的に検討されていない何かが、そこに潜んでいるような気がする。

そのような直観に近い気づきを出発点として、私はこれまで自分が向き合ってきた紡織産業で働く女性たちの人生や日々を、「わたし」という主語の不在、「わたし」という主語の獲得の歴史という視点で問い直す必要があると考えるようになった。

声なき声と『女工哀史』の再考

とはいえ、女性は「わたし」と名乗る主体的な「声」を持たなかったために、耳を傾ける言葉自体が存在しないともいわれてきた。非言語の世界であるがゆえに、耳を傾けることはそもそも困難であるという説明もできる。だが、本当にそうだろうか。「声なき声」は私たちが耳を傾けてこなかっただけで、実際には確かに存在するのではないだろうか。
そう問いかける本が二〇二〇年二月、フランス人女性の歴史家サンドラ・シャールによって出版された。タイトルは『「女工哀史」を再考する——失われた女性の声を求めて』である。[4] 序論には次のようにある。やや長文になるが、これまでの歴史観からの転換を迫る重要な指摘が含まれているので、以下に引用しよう。

戦前の日本で製糸女工たちがおかれた状況は多数の研究者によって研究されてきた。とりわけ、マクロ的立場から苛酷な労働条件に身も心も磨り減らされていった女工たちの生活にのみ焦点を当てる研究が主流であった。このような研究は、女工の存在を肯定的に見る側からすれば、産業化の必要悪として捉えられ、否定的な側からすれば、資本主義の暗黒面を表す労働者搾取の実例として捉えられる。いずれにせよ、結果として、女工たちに対する〈搾取の歴史〉を強調するような歴史観が生まれた。

しかし、この歴史観が私たちの目を曇らせている側面もあると、サンドラ・シャールは続ける。

（前略）ここで考えるべき問題は、そうした女工の現実を、どの視点より見るかということである。女性労働者を単なる資本主義の犠牲者、あるいは少なくとも悲惨な運命を強いられた弱者とみなすこのような見解は、どんなに正当で根拠のあるものであったとしても、彼女たち自身の生活世界という現実面を見落としてしまったため、製糸女工についてのあまりにも単純化された一面的な社会認識を広めるに至ったのではないかという疑問が生まれる。

こうした社会認識に自覚的になることは重要である。そのうえで歴史を再検討する際に必要なのは、ここでいえば女工たち、女性たちの立場に立って、その生活世界を含めた歴史を追体験することであろう。次のようなサンドラ・シャールの主張を読めば、同書はまさに、その試みそのものであることがわかる。

現在の日本人の観点からすれば、すさまじい労働条件や生活状況に見えたものは、生活に困窮する農村家庭の出であった多くの女工たち自身の現実――彼女たちが工場内で個人的に体験していた現実と農村にある生家で日々経験していた現実――からすれば、どうであったのだろうか。（中略）女工のより複雑で多様な日常経験を考慮すれば、女工たちについてまったく異なる歴史を描きうるのではないだろうか。（中略）複雑で多面的な現実に近い過去を再構成することによって、彼女たちの生活史の全体像を浮き彫りにするのみならず、彼女たちの存在と生活について従来とは異なる光を当てると信じるものである。


同書は、『女工哀史』がマスター・ナラティヴ（社会的に機能するイデオロギー、時にポリティカル・コレクトネスともされる規範的なストーリーのこと）として研究史の中に定着し、再生産され続けたことを鋭く指摘する。そして、そこから一度距離をとり、まず「『普通』の声なき人々に声を与える」必要性を訴えた。

サンドラ・シャールが具体的に用いた方法は、女性労働者の歌（糸ひき歌）と聞き取り調査による口述史（ライフヒストリー）の分析であった。二つの口述の情報媒体の検討を通して、女性たちの個人的で多声的《ポリフォニック》な現実を、日本近代史と日本女性史の中に位置付け、彼女たちが自らの経験をどのように認識していたのかを論じるその視座と問題意識は、本書とも共通する。

サンドラ・シャールは多面的な歴史を構成する「当事者の歴史観」の重要性にも言及している。多くの場合、女工たちは「声なき弱者」と位置付けられ、官吏や記者、歴史家などによって統計的な集合体として記録されてきた。その記録には、主に歴史を叙述する男性、社会運動家、研究者など、いわゆるエリート層のまなざしが大いに影響を与えていたと言わざるを得ない。したがって、女工たちが自らの歴史をどのように捉えていたのか、日々の暮らしにどのように向き合っていたのかについては、関心が寄せられてこなかったといってもよいだろう。

日本の女性たちが長らく「わたし」という主語で語る術《すべ》を失ってきたのはなぜなのか。それは、社会の中で女性たちがいかに生きたか、生きることができたのか、何を選び得たのかということと深く関わる問題である。そこで本書では、近代になって都市や工場という新しい場に誕生した女性労働者たちに焦点を当て、彼女たちの日々に目を凝らしつつ、女性たちが生きる世界がどのように変わったのか、あるいは変わらなかったのかについて考えてみたい。

日常茶飯という世界

ならば、私たちは、等身大の女性たちの日々や生身の人間としての姿を、いったいどのようにすれば具体的に描くことができるのだろうか。日本の女工たちは歌の中で「わたし」や「わたしたち」という主語で自らを表現していたとサンドラ・シャールは指摘する。そして、彼女は、糸とり歌や機織歌に加えて、口述史の分析を通じて、女性たちの日々や意志、思いなどを描き出すことに成功した。

しかし、歌はどこにでも残されているものではないため、取り上げ得る事例が限られるという困難もある。そこで本書では、等身大の女性たちの日々を描く方法としてもう一つ、「日常茶飯」の世界を丁寧に拾い上げ、それをつなぎ合わせたり、重ね合わせたりして像を紡いでいく方法を試みてみたい。どこにでもあるような日々の断片を重層的に厚く記述していくのである。では、「日常茶飯」の世界とはいったい何か。それは次のように説明できる。

貨幣を得るための労働が「生産労働」と定義されて論じられる一方で、長らく「家事」は見えないものとされ、議論されることはなかった。それに対し、イヴァン・イリイチは報酬を受けない「家事」を「シャドウ・ワーク（隠された陰《かげ》の労働）」と名付けて可視化し、それを議論の俎上《そじょう》にのせることに成功した。[5] それ以後、家事は「光」の当たる「生産労働」を「陰」で支える「再生産労働」とも名付けられて議論されるようになった。かつ、その重要性もある程度は知られるようになった。

だが、先に提起したように、言語化されていない人間の活動の諸々《もろもろ》は「再生産労働」という概念では到底捉えきれない。「再生産労働」としての「家事」に含まれるのは、せいぜい炊事、洗濯、掃除、育児などと明確に分類され、名付けられた行為が中心であるに過ぎないからである。そのため、その範疇《はんちゅう》から漏れてしまう物事が膨大に残されることになる。これらを本書ではひとまず日常茶飯の世界と定義しよう。

「家事」と区別された途端に見えなくなってしまう雑然とした世界の中には、例えばリビングに落ちている片方だけの裏返しの靴下を拾って表に返して洗濯機に入れたり、緩んだフライパンの柄のネジを締めたり、枯れた花を抜き取って花瓶の水をかえたり、ゴミ捨て場からの帰り道で偶然会った隣人に呼び止められて、悩みや愚痴に耳を傾けることなどがあるかもしれない。義父母からかかってきた電話に応答したり、回覧板に目を通したり、子どもが通う学校からの急な呼び出しに慌てて応じたりすることなどもある。

また、近所の女性たちと寄り合ってパッチワークをしたり、手芸に勤《いそ》しんだりする姿も含まれるだろう。それを時々手伝いに行っている子ども食堂に提供したりもする。家事とも少し違う、個人の趣味や娯楽、生きがいという概念にも収まりきらない、かといって近所づきあいのコミュニケーション手段と言っては白々しく聞こえてしまう、その「あいだ」にある世界を女性たち、いやすべての人びとは生きている。分類し、区分し、分節化しすぎてはかえって見失ってしまう世界である。

「労働」と「生活」を区別して、そのうちの「生活」の部分、と整理するにはあまりにも単純に過ぎるこの複雑で曖昧《あいまい》な、「取るに足らない」と言われてきた日常の名もなき世界を、いったいどのように説明し得るのだろうか。無名の人びとの無形の物語が詰まったエゴ・ドキュメントという世界がある。[6] それらが降り積もってできた地層や風化した後に残る地形は、おのずと「社会」や「世界」のありようを形づくってきたはずであるが、そこに目を向け、注意深く観察する人はほとんどいなかった。なぜなら、それらは流動的でとりとめがなく、長らく「取るに足らないもの」、それゆえに、捉えどころのないものとされてきたからである。

　しかし、「取るに足らないもの」とされてきたのは、単にそれらを「取るに足らないもの」と位置付けてきた価値体系が広く世の中を覆ってきたからなのではないか。だとするならば、それらを「取るに足るもの」として見つめ直すことで、そこから日々を、世界を、女性たちを、そして「わたしたち」を理解することができるはずなのである。

食と食の「あいだ」には光が当てられてこなかった

日常茶飯の茶飯とは文字通り「茶」と「飯」を意味し、転じて日常のごくありふれたことを指す言葉として使われる。日常と同様、この茶飯もまた、必要不可欠であるにもかかわらず、とりたてて名付けられることのない世界である。最近では「食」から歴史を描くことが試みられるようになってはいるが、それは概《おおむ》ね主食となる穀物や、朝昼夜の食事をテーマとしたものが中心である。したがって、例えば食事と食事のあいだの「間食」や「喫茶」について言及されることはほとんどない。「食」というほどの明確な意義を持たないように見えるためか、日常のそこかしこに断片的に立ち現れる「茶飯」の世界は、なお可視化されずに残されたままである。

例えば、本書のタイトルに掲げた「焼き芋」と「ドーナツ」は、現代を生きる私たちの目にはさして変わらない食べもの、あるいはスイーツ、つまり、甘いもの、おやつ、間食として映る。それゆえ、なぜこの二つが「日米女性」の「わたし」の歴史、そしてその交流史につながるのかと、今この本を手に取った読者のあなたはきっと、眉《まゆ》をひそめて訝《いぶか》しんでいるにちがいない。それはまったくもっともなことで、じつは私自身も「焼き芋」と「ドーナツ」から、女性たちが生きた日々の足跡を辿《たど》ることができるとは、思ってもみなかったのだから。しかし、不思議なことに、今となってはこの二つの食べものから話を始めるほかないと思っている。

「焼き芋」と「ドーナツ」はいったい何を意味しているのか。ここではそれをさしあたり、日常に不可欠な茶飯の諸々と説明しておきたい。かつて焼き芋は日本において、ドーナツはアメリカにおいて、労働者、とりわけ女性たちにとっての日常の茶飯であった。そうした共通点を持ちつつも、日本の女性たちにとっての焼き芋と、アメリカの女性たちにとってのドーナツは、歴史的な文脈の中で決定的に異なる役割を担ってもいた。一見些細《ささい》なことに見えるが、本書ではその違いに目を凝らしてみたい。

以前、私は『胃袋の近代』という本を書き、これまでの歴史学では光が当てられてこなかった普通の人びとの日々の暮らし、そこで食べられていた食を取り上げ、「日常史」としてその匂いや熱気が立ちのぼってくるような歴史描写を試みたつもりであった。[7] だが、その試行錯誤は未《いま》だ道半ばの段階にとどまっている。焼き芋とドーナツに象徴されるような、「食事」とは明確に名付けられてはいない、食と食とのあいだの世界が等閑視されたまま膨大に残されていたからである。つまり、歴史の沃野《よくや》は私たちの足下に、未だ手つかずのまま茫々《ぼうぼう》と広がっているということになるのである。

日米女性の思想の交流史を紐解く

そこで本書では、日常、茶飯、女性をキーワードに据え、日常茶飯の様々な局面において、人びと、とりわけ女性たちが「生きる」ことについて、これまでどのように向き合ってきたのか、そして向き合っているのかを問うことを目的とする。そしてその向き合い方は、時代によって、地域によって、産業によって共通点があるのか、それとも相違点があるのか、ということを考えてみたい。

その問いに答えるために、今から一世紀以上前に遡《さかのぼ》り、日本とアメリカの産業革命期に関する史料の中で私が出会った女性たちを通して、産業革命期を生きた人びとのライフヒストリー[8]と激動する社会の様相を重ね合わせながら、その関係を論じていく。一見、些末に見える日常茶飯の場面でも、レイヤーとして重ねていくことで、複雑な社会や人間関係が浮き彫りになることがある。本書では八章、つまり八枚の日常茶飯の素描を重ねていく。

具体的には第一章から第四章で日本を、第五章から第八章でアメリカ合衆国を舞台に、双方における女性たちと彼女たちが生きてきた歴史を辿り、両者の関係性に目配りしつつ論じていく。その中には有名な人もいれば、無名の人もいる。日米比較の際には、先進モデルとしてアメリカ社会を定置するのではなく、年代は違っても、産業革命期という激動の時代を女性たちがどのような心持ちで名もなき世界と向き合い、どのように生きたのか、第一にその共通点を見出すことができればと思っている。第二に、日本とアメリカの女性の歴史はそれぞれの場所でパラレルに進んだのではなく、時に絡み合い、実際には具体的な人物を通じて相互に影響しあう数奇な運命を辿ったことにも言及することになるだろう。そこから、現代を生きる私たちがあらためて学ぶことも少なくないはずである。

前半の第一部では、一九世紀後半から二〇世紀の日本を舞台として、女性たちの歴史を描いていく。まず、今から約一〇〇年前の近代へと時代を遡り、産業革命期前後、近代日本の都市に「労働者」が誕生した社会情勢の中に生きた、ある一人の女性の日常を見つめる。その人生が、これまでの日本近現代史の中にどのように位置づけられてきたのか、あるいは位置づけられてこなかったのかを検証し、女性と労働をめぐる、現代的な問題にも引きつけて論じる（第一章）。

第一章で登場する女性が生きた二〇世紀初頭は、日本各地で次々と工場が操業を開始し、多くの労働力を吸収し始めた時期でもある。労働者の中には女性たちが含まれるようになり、工場で働く「女工」や、新しく誕生した家庭に住みこむ「女中」として、かつてない規模で女性労働者が誕生し、集団的な移動が生じた。近世から比べると、男性たちよりも劇的な変化が女性たちの生き方に訪れた時代ともいえるだろう。それをふまえて都市と工場に生きる女性たちの胃袋と心身のありようから、「生活」と「労働」の分離と再編という、この時期の社会変化を考察する（第二章）。

産業革命によって生み出された労働者という存在と工場の世界は、その変化が大規模かつ急速だっただけに、世界各地でひずみが生じ、それは労働運動という形をとって表出することにもなった。日本においては大正デモクラシーの風を受けて、「民衆暴力」の時代が到来したといわれている。その発端となったのは、富山県の魚津《うおづ》という小さな漁村で起こった女性たちの騒動であったとされるが、それは女性たちの日常から見ると、どのような事態だったのだろうか。米騒動から一〇〇年を経て、その意味が問い直され始めている昨今の議論をふまえて、今一度、女性たちの視点から、近代における民衆暴力の真相を探ってみたい（第三章）。

近代において良妻賢母の思想に支えられた「近代家族」が誕生すると、女性に求められる役割や規範が強化されるようになったことも見逃せない。その一方で、これまであまり注目されてはこなかったが、良妻賢母の思想によって女性たちの生き方の枠組みが強化される以前には、幕末維新期にアメリカ合衆国へ渡った女性たちがキリスト教と共に持ち帰った女子教育の「新風」が吹き始めていた。風をもたらしたのは主に、新たな時代を生き抜こうとする旧士族の娘たちであった。第四章では少し時間を遡って、日本とアメリカの女性たちの思想の交流史として、こうした出来事の意味を考察する（第四章）。

しかし、この新しい風は近代初期における女子教育の挫《ざ》折《せつ》と共に静まり、再び強まることはなかった。その後、『女工哀史』など、女性労働に関するルポルタージュが世に問われたことには大きな反響と意義があったが、その発信の担い手と著作権利の保持が男性に限られていたのは、実は極めて日本的な特徴だったのかもしれない。この議論を後半への架け橋としたい。

後半の第二部は、一九世紀初頭から二〇世紀のアメリカ合衆国が舞台である。日本にもたらされた女子教育の新風の源を辿ると、それはアメリカ合衆国の東海岸、ニューイングランド地方に辿り着いた。そこで芽吹き始める出版文化は、後の産業革命、西部開拓における女性たちの学びや仕事、生きざまに大きく影響していくことになる。その素地には、一九世紀前半に勃《ぼっ》興《こう》した女性誌の出版や女性の編集者や作家の誕生、そして彼女たちの奮闘と活躍があった。日本でも多くの読者を持つ『若草物語』の作者や、『小公子』の作者を、産業革命、西部開拓、南北戦争と奴隷解放運動との関わりから描き直しながら、社会変革の中で女性がペンによって「わたし」や「わたしたち」という主語で発言し始めたことの意味を考えてみたい（第五章）。

アメリカ合衆国で大規模な織物産業が展開し、また、女性たちが様々に活躍した舞台もまたニューイングランド地方であった。新しい紡織生産システムを確立したローウェルという町とボストンをフィールドとして、現地調査で得た情報と、ハーバード大学に所蔵されている女性史関係史料や女工たちの手記や文集に依拠しながら、農村から広大な工業地域へと変貌《へんぼう》した同地域と、そこで働いた女性たちが向き合っていた日々を辿る。産業革命期のアメリカでは、女性労働者たちが自らを表現するために文章を書き、それを冊子にして出版することもあった。女性たちが生み出した等身大のメディアが伝えるメッセージに、注意深く耳を傾けてみることにしよう（第六章）。

ニューイングランド地方が日本との関係史の中で重要な意味を持つのは偶然の一致のように見えるが、現代の日本でも親しまれているアメリカン・パッチワークキルトや女性作家による児童文学の起源を辿れば、それが必然であったことが浮き彫りになるだろう。高度経済成長期において、日本の女性たちがアメリカ合衆国のパッチワークキルトや文学作品に親しみ、夢中になったのは、決して気まぐれな趣味嗜好《しこう》ではなかった。おそらく彼女たちは、そこに無意識のうちに自分自身を投影させ、励まされたのではなかったか。あるいはそれは、名もなき日々に名前と意味を与える行為でもあったのかもしれない。日本におけるパッチワークキルトやアメリカ文学の流行から、有名無名、数多《あまた》の女性たちが時空を超えてめぐり逢《あ》いながら、一九世紀から二〇世紀の歴史を形づくってきたことが実感されるはずである。

それと同時に、アメリカ合衆国における奴隷解放運動、女性参政権運動は、実はその基盤として、日常茶飯に培われた思想が不可欠であったことが示唆される（第七章）。

日本とアメリカ合衆国とでは、産業革命期の年代には一〇〇年程のずれがある。そして、アメリカ合衆国の場合、多くの移民を労働者として受け入れていったことが日本とは決定的に異なっていた。日本とアメリカ合衆国を比べた場合、工場で大勢の女性たちが働き始めるという共通点がある。しかし、その一方で、移民や他者をどのように社会に受容していったかについてはアメリカ独自の展開であるといってよく、その思想的背景としてのキリスト教の存在も無視できない。こうした実践の最前線となった場は、「台所」と「食」と「教育」であった。資本主義社会が拡大する最中《さなか》において、女性たちが相互に生きることを支え合おうとした時、それまでは取るに足らないとされてきた名もなき世界としての「台所」が思想と実践の支柱となったことは重要な意味を持っていた。「台所」と「食」と「教育」を中心に、労働者階級と中産階級の女性たちが協働して取り組んだ社会運動の存在を知ることは、翻って近代日本の女性運動史を、そして現代社会をも再検討するための参照軸となることを期待したい（第八章）。

同時期の日本ではまだ産業革命期が始まってはいなかったが、アメリカ合衆国で展開したこうした女性の社会への働きかけや思索と実践は、それを直接見聞きしていた日本人留学生の女性たちによって日本でも試行された形跡がある。ところが、彼女たちの内面に育《はぐく》まれた新たな社会への渇望と希望は歴史に埋もれて忘れられ、再評価されることなく現在に至っている。「わたし」を獲得するために奮闘し、葛藤《かっとう》した数多の女性たちのライフヒストリー、未だ語られてこなかったこのダイナミックな「斗いの歴史」を、日米女性の思想の交流史として読み解いていくことにしよう。

【プロローグ註】

1　細井和喜蔵『女工哀史』岩波文庫、一九五四年（単行本の初版は一九二五年に改造社から刊行された）。
2　高井としを『わたしの「女工哀史」』岩波文庫、二〇一五年（初版は一九八〇年に草土文化から刊行された）。
3　現代女性史研究会編『ある女の歴史（その1）――私の歩んだ道』現代女性史研究会出版部、一九七三年。以下の引用は同書二～三頁。
4　サンドラ・シャール『「女工哀史」を再考する――失われた女性の声を求めて』京都大学学術出版会、二〇二〇年。以下の引用は同書二～三頁。
5　イヴァン・イリイチ著、玉野井芳郎、栗原彬訳『シャドウ・ワーク――生活のあり方を問う』岩波現代文庫、二〇〇六年。
6　長谷川貴彦編『エゴ・ドキュメントの歴史学』岩波書店、二〇二〇年。
7　湯澤規子『胃袋の近代――食と人びとの日常史』名古屋大学出版会、二〇一八年。
8　本書ではライフヒストリーを、人生、日常、暮らし、生きることの歴史と定義する。

第一部

日本の女性たち

第一章

糸と饅頭

ある紡績女工のライフヒストリー

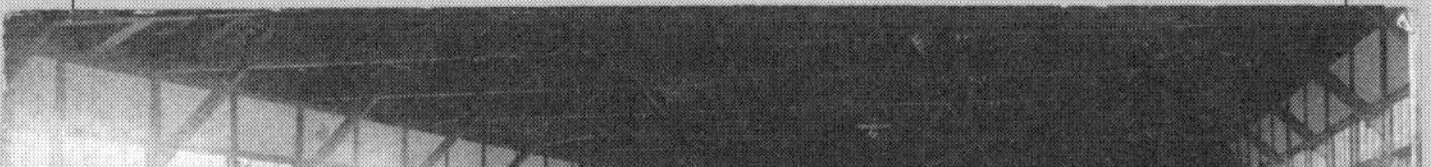

東京モスリン（毛斯綸）工場内食堂、1920年代。写真絵葉書、筆者所蔵

ほで、みなさん世話になるから、部屋の人にお土産にね、おせんべやら、おまんじうやら、ようけ買って、あり金はたいてね、ほで、全部買って、持って帰ってきて、みなにね、あのしらみわかした訳もいって申訳ありませんと、それでわたし、布団の洗濯も自分でしますいうて、布団の洗もしましてね[1]
（高井としを）

働く女性への二つのまなざし

今から遡《さかのぼ》ること約一〇〇年、一九一九（大正八）年六月、第一次世界大戦の戦後処理を定めたヴェルサイユ講和条約がパリで調印された。その頃、各国で労働組合運動が盛んになり、ロシア革命の影響で労働問題が大きな政治問題となっていたことを受け、パリ講和会議にて国際連盟の姉妹機関として国際労働機関（International Labour Organization：以下ＩＬＯ）の設立が合意される。そして、ヴェルサイユ講和条約第一三編「労働」にはその規約が掲載されることとなった。

同年秋にはアメリカ合衆国のワシントンＤＣでＩＬＯの総会が開催されている。この会議には政府、資本家、労働者の各代表が派遣されたが、経済学者の福田徳三《ふくだとくぞう》（東京高等商業学校：現一橋大学）は、資本家代表として鐘淵紡績専務取締役の武藤山治《むとうさんじ》か、倉敷紡績の大原孫三郎《おおはらまごさぶろう》が適任であるとした。その二人のうち最終的に選ばれ、日本の代表として渡米したのは武藤山治であった。

経済史学者の阿部武司《あべたけし》はこの歴史を振り返って、次のように論じている。少し長くなるが以下に引用しよう。


彼（引用者注・武藤）が二〇世紀初頭の鐘紡で、寄宿舎の改善や共済組合の設立に努めていた事実はよく知られている。これらの福利厚生政策が孫三郎の試みとよく似ているため、両者はしばしば同一視されるが、私はそうした見解には違和感を覚える。武藤は、当時世界の綿製品市場を制覇していたイギリスのランカシャー綿業に打ち勝つ強靱な力を鐘紡に付けることが肝要と考え、その実現にあたって労働者が金銭的動機だけでなく、自尊心を満たし仕事を通じて自己実現する存在であると気付き、彼らの内面から盛り上がる勤労意欲を引き出すことをめざすようになった。（中略）それゆえ武藤はワシントンでは、日本の紡績業が直ちに深夜業を廃止できないこと、しかしそのほかの労働条件に関して鐘紡では改善が大いに進んでおり、労使協調が定着していることを、自信をもって論じたのであった。
他方、当時の孫三郎は、単なる慈善事業には批判的で、防貧を理想とし、また労働者の過酷な労働条件の改善を心から願っていた。そして慈恵的家父長的な「経営家族主義」にとどまった武藤に比べて、一回り年下で大正デモクラシーの洗礼を受けていた孫三郎は労使を対等とみる「労働理想主義」を主張した。ILO第一回総会では、女性と幼年工の深夜業禁止のほか一日八時間・週四十八時間労働制の採用も大きな議題であったが、日本政府はこれを今に至るまで批准していない。歴史学でイフ（もしも）は禁句であるが、孫三郎がこの会議で資本家代表に選ばれたとしたら、そうした議題にどのように対応したのだろうかと私はつい考えてしまう。[2]
阿部が歴史の「イフ（もしも）」を考えてしまうと吐露するのは、武藤と大原という二人の紡績会社社長が工場で働く女性たちに向けるまなざしが、実際には大きく異なっていたからである。武藤は女性たちを「労働者」と捉《とら》えるのに対し、大原は労働者である以前に「人間」であり、教育などによって自らを向上していくことができる人格ある存在と捉えていた。武藤のそれが労働者に対する「温情主義」と称される一方で、こうした大原の考え方は「人格向上主義」とも呼ばれている。

温情主義が日本経営史の中で重要視されてきたことに比べて、当時としては先駆的ともいえる大原の女工観は、今日に至るまであまり知られていない。工場で働く人びとはあくまでも「労働者」であって、固有の個性と人格を持つ「人間」であることは等閑視されるのが一般的であった。その状況下で、なぜ、大原は女性たちにそのようなまなざしを向けることができたのだろうか。彼は何を参照軸としていたのか、詳しいことはわかっていない。

それから一〇〇年を経た現在、ＩＬＯは二一世紀の目標に「全ての人にディーセント・ワーク（働きがいのある人間らしい仕事）を確保すること」を掲げ、男女平等を横断的なテーマに、基準と権利、雇用、社会的保護、社会対話の四つの柱を通じて、この総合的な目標を実現するための活動を進めている。[3]翻《ひるがえ》ってＩＬＯが設立されてから一〇〇年後の今日、日本では働く人びとの状況にはどんな変化があっただろうか。本書で注目していく女性たちの状況に照らしてみると、現在に至るまでには劇的な変化があったといえるだろうか。それとも実は、状況はそれほど変わっていないと気づかされることになるのだろうか。

そうした問いを念頭に置きながら、まずは時代を二〇世紀初頭まで遡り、産業革命が勃興《ぼっこう》する時代、そこで働く人びとの日常生活世界に目を向けることにしよう。

産業革命と帝都拡大のフロンティアで『女工哀史』は生まれた

最初の舞台は現在のＪＲ総武線「錦糸町駅」を中心に広がる市街地、本所《ほんじょ》・深川地区である。

明治の半ばまでのこの地域は、西側半分が市街地、東側半分が農村地域という明確なコントラストをなし、いわば産業革命と帝都拡大のフロンティアであった。しかし、次第に東側の農村地域は、隅田川を越えて押し寄せる帝都東京の拡大に伴って市街地に飲み込まれ、大正期になると、すっかり市街地へとその姿を変貌《へんぼう》させていた。この地域に含まれる東京府南葛飾《みなみかつしか》郡の亀戸出《かめいどで》村も、農村から都市へと変わった一つである。明治二二年の町村合併によって南葛飾郡下の八つの村と本所区の一部が合併して生まれた「亀戸村」は、二〇世紀が始まる頃、一九〇〇（明治三三）年には町制施行して「亀戸町」となった。

その一年前、ジャーナリストの横山源之《よこやまげんの》助《すけ》は『日本の下層社会』を出版している。第一編「東京貧民の状態」には本所・深川地区について、次のような記述がある。


細民は東京市中いずれの区にも住み、その数幾何《いくばく》なるや知るべからずといえども、東京市全体の上にて、細民の最も多く住居する地を挙ぐれば山の手なる小石川・牛込・四谷にあらずして、本所・深川の両区なるべし。けだし本所・深川の両区は、他の十三区に比して旧幕の時代より自ら風習を異にし、封建時代の特色たる武士の居住せること少なく、純然町人より成り、特に商人の類《たぐい》にあらずして職人および人足・日《ひ》傭取《ようとり》の一般労働者より成り立ち、地形の上に隅田川を以《もっ》て区画せると等しく、人情風俗も一般と異なるものありたり。[4]

図1-1　1880（明治13）年頃の本所・深川区

資料：２万分の１迅速図・仮製図「麴町区」1880年測量、「逆井村」1888年測量、「下谷区」1891年測量、「市川駅」1897年測量（陸地測量部）。白い部分が田畑、黒い部分が市街地。

図1-2　1922（大正11）年頃の本所・深川区

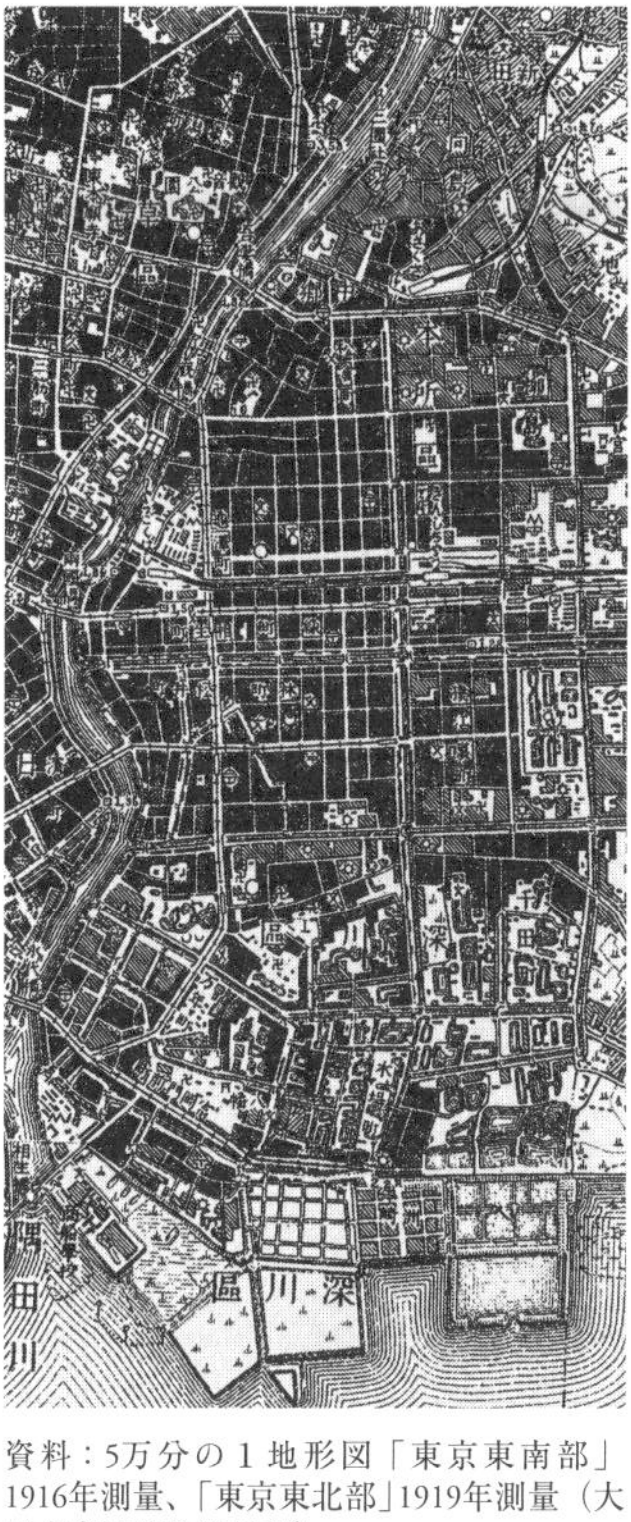

資料：5万分の１地形図「東京東南部」1916年測量、「東京東北部」1919年測量（大日本帝国陸地測量部）

一八八〇（明治一三）年と、それから四〇年を経た一九二二（大正一一）年の本所・深川地区の地図を見比べてみよう（図1－1、1－2）。
その変化は一目瞭然《りょうぜん》である。黒く塗りつぶされた部分が住宅地や工場を含む市街地であり、とくに大正一一年の地図には、工場がいくつも立地していることが確認できる。実際、この地域には沢山の工場が集まっていた。大正末頃の深川区に立地していた工場を地図に示すと、大工場、中小工場がひしめき合っている様子がわかる。工場の分布図に、人びとの集住地区や残飯屋と呼ばれる都市における残飯を廉価《れんか》で売り捌《さば》く商売の分布を重ねると、この地域の日常生活空間が立ち上がってくる（図1－3）。

各工場名

❶日清紡績会社
②日立製作所亀戸工場
❸東洋モスリン分工場
❹東洋モスリン亀戸工場
⑤日本化学工業会社
⑥東京硫酸会社
⑦小倉製油所
⑧東京石川島造船所分工場
⑨安田製釘所
⑩（鈴木）セメント製造所
⑪（東京）瓦斯製造所
⑫大日本人造肥料会社
⑬東亜製粉会社
⑭大島製鋼所
⓯富士瓦斯紡績会社
⑯日本製粉会社分工場
⑰浅野セメント会社
⓲大日本紡績深川工場
⑲日本製粉扇橋工場
⑳日東製氷会社
㉑（東京）瓦斯製造所
㉒東京亜鉛鍍金会社
㉓計量器製作工場
㉔日東醤油会社
㉕大日本製糖会社（第一工場）
㉖大日本製糖会社（第二・第三工場）
㉗日本製粉（旧帝国製粉会社）
㉘（鈴木）製油所
㉙長島製材所
㉚東洋木材防腐会社
㉛藤倉電線工場

図1-3 本所・深川区の工場と労働者の日常生活空間(大正末期頃)

出典：工場分布は江東区編『江東区史 中巻』東京都江東区 1997年 435頁。居住状況は石塚裕道『東京の社会経済史ー資本主義と都市問題』紀伊國屋書店 1977年 253頁に加筆（原資料は東京市社会局編『自由労働者に関する調査』東京市社会局 1923年）

ところで、この地がすっかり工場地帯となった一九二三（大正一二）年の初夏、亀戸町の本屋の二階に間借りして、毎日原稿用紙に向かっている一人の男がいた。彼の名は、細井和喜蔵という。彼が書いていたのは、ちょうど二年後に世に出ることになる一冊のルポルタージュの原稿であった。その作品には『女工哀史』というタイトルがつけられ、その後、現在に至るまで、長く読み継がれることになった。

細井は一八九七（明治三〇）年五月、京都府の丹後《たんご》半島内陸部に位置する与謝《よさ》郡加悦《かや》町で生まれた。加悦町は、古くから丹後ちりめんという織物の産地として知られた町である。『女工哀史』の自序に記されているように、生まれる前に父が他界し、七歳の時に母を、一三歳の時に唯一の身寄りであった祖母を亡くしたため、細井は尋常小学校に通うことをやめ、一三歳の春から機屋の小僧になって自活せざるを得なかった。学校近くにあった丹後ちりめんの機屋が最初の働き口であった。

その後、転々と職を変えたが、細井は概《おおむ》ねそれからの約一五年間を紡績工場の下級職工として働いている。一九一二（大正元）年には大阪へ出て、西成《にしなり》郡の紡績工場の見習い職工として働き始め、その頃、草創期の労働運動に参加するようになる。一九二〇（大正九）年二月、二二歳になった細井は上京し、亀戸にある東京モスリンという工場に入った。それは、先述の鐘淵紡績専務取締役の武藤山治がアメリカ合衆国に渡り、第一回のＩＬＯに参加した時から約半年後のことである。

当時の亀戸周辺は、先にみたように沢山の工場がひしめき合う地域となり、他所から続々と労働者が流入してきていた。地図の変化と連動するように、深川区における人口、そしてそれを吸収する工場数は急速に増加していった。したがって、工場に職を求めてこの地に足を踏み入れたのは細井ばかりではなく、むしろ大勢の労働者の流動の波にのって細井もこの地に辿《たど》り着き、生きる場を求めたということになろう。

亀戸の工場で働いて三年がたった頃、長年の工場生活の結果生じた痼病《こびよう》に加えて、労働争議に関わったかどで細井は解雇された。そこでいよいよ、これまで経験した工場生活の内情を記録にとどめようと、『女工哀史』を起稿することにしたのである。

細井は『女工哀史』を「これから先わたしが機会あるごとに語ろうとする広汎《こうはん》なる存在──工場と人との関係の、ほんの序文にしか過ぎない」と位置付けている。では、細井はこの地で、いったいどのような広汎なる存在を目にしていたのだろうか。

『女工哀史』に「生身」の女性は描かれていない

一九〇〇年の『東京府職業調査』によれば、本所・深川区は東京のどの地域よりも「日雇い労働者」の多い町であり、増加人口の大部分が「新来住者」と呼ばれる新住民であった。[5] 近世には漁師町から門前町となり、商業地域となった後に、近代に入って急速に工業地へと変貌したこの地域には、工場労働者や日雇い労働者が集住する地区が形成され、その中核に東京最大規模の木賃宿街が成立した。木賃宿の利用者は圧倒的に男性の単身者が多く（六二％）、残りは家族同伴の男女（三七％）であった。[6] そして、その木賃宿に隣接して、残食物の売り捌き所が立地していた。残食物を供給する吉原遊郭《よしわら》は隅田川を挟んだ北側に、洲崎遊郭《すさき》は南の端に、そして隅田川の河口近くには商船学校があった。

これらの情景から、細井が目にしていたのは、決して裕福ではない、他所からやって来たその日暮らしの人びとが集う猥雑《わいざつ》な生活世界であったと想像できる。もちろん細井自身も、その構成員の一人であった。

ではこの地で女性たちはどのように生きていたのだろうか。人口の推移でみると、男性よりも女性の方がやや少ないものの、男性と同様、一九世紀後半〜二〇世紀にかけて急速な増加がみられる。それは、この地に多くの染織、紡績工場が立地していたからであった。例えば一九二一(大正一〇)年の深川区における職工数でみると、圧倒的に染織工場が多かったことがわかる(表1-1)。男女の内訳は不明であるものの、例えば東大工町《ひがしだいくちょう》にあった大日本紡績で働いていた二〇九三人の職工の内、一六二六人が女性で、全体の七八%を占めていたことから推察して、繊維関係の工場には多くの女性労働者が集まっていたとみられる。

したがって、亀戸の東京モスリンで働いていた細井は、おそらく多くの女性労働者に囲まれながら、その生活世界をも含めた労働者の実態を目の当たりにしていたのであろう。故郷の丹後で織物に従事して働いていた母の苦労や女性たちの姿を思い浮かべたこともあったかもしれない。

通常、工場はぐるりと高い防火壁に囲まれて、外部からその内情をうかがい知ることはできないが、細井はその壁の内側の工場で働いていた。また、このころ同居していた内縁の妻「としを」も紡績工場で働く労働者の一人であったから、細井は工場だけでなく、家庭生活をも含めた女性労働者の日常生活世界を日々見聞きしていたことになる。
こうした状況の中で書かれた『女工哀史』はそれゆえに、女工に寄り添った、女工の目線からのルポルタージュとしてのオリジナリティがあり、その点がこれまで高く評価されてきた。明治時代における女性労働者の詳細な記録として知られる『職工事情』[7]、国家医学会の医師が著した『衛生学上ヨリ見タル女工ノ現況』[8]などは、女性労働者についての官や学、つまり「上」からの報告書である。それに対し、『女工哀史』は「下」あるいは「内部」からの報告ゆえのインパクトがあったからである。[9]
しかしながら、私にはひとつ、気にかかることがあった。それは、『女工哀史』は女性労働者を詳細に描いたものであるにもかかわらず、実在する固有の女性がほとんど登場しないことである。「女工」、「彼女たち」、「婦人」、「人類の母」という言葉で説明されはするものの、固有の人格と人生を持つ、具体的な人間の生活世界はほとんど描かれていない。それは、社会問題を提示するためには、固有ではなく「広汎なる存在」としての女性労働者の集団を描くこ

表1-1 深川区における職工数(1921〈大正10〉年頃)

	職工数	労働者	生産額
染織工場	5,147人	149人	10,262,326円
機械工場	3,199人	176人	14,230,878円
化学工場	2,590人	272人	12,660,540円
飲食物工場	1,235人	67人	8,664,401円
雑工場	2,499人	129人	13,466,118円

注:染色工場の内、東大工町40番地にある大日本紡績株式会社は明治37年8月に創立され、この時点で男工467人、女工1626人、合計2093人の職工を有し、東京市内における紡績工場としては最大のものであった。
出典:『深川区史 上巻』671頁

とが、細井のあえての戦略であったからだともいえる。

細井は「全女工を代表して」この本を書いたと言う。ところが、その謝辞は同書執筆に協力した男性諸氏に向けて述べられている。このことからみて、『女工哀史』は女性労働者を論じつつも、一方で、実際にその時代を生きた個々の女性たちの人生はその議論の蚊帳《かや》の外に置かれていることがわかる。私が長らく抱いてきた違和感は、まさにこの点にあった。

『女工哀史』の第十八「紡織工の思想」の冒頭には、「紡織工の思想が極めて幼稚」であることが述べられ、教育程度の低さにそれが起因すると論じられている。つまり、女性たち個々の人格は未《いま》だ形成されていない、という論調なのである。それは文庫版末尾の解説にある「意識の低い彼女たちの気もちになって、事実を記録し描き出している」という言葉とも共鳴する。

だが、はたして、「広汎なる存在」と名付けられた女性労働者たちは、実際に無学かつ幼稚で、意識が低い存在だったのだろうか。彼女たちの人格は、本当に未形成だったのだろうか。この時期、公私ともに細井の最も近くにいた一人の女性の話に耳を傾けて、その真偽を確かめてみよう。[10]

ある女工の「新しい人生」の始まり

工場を解雇された細井は、原稿の前半を「飢餓におびえつつ妻の生活に寄生して」書いたという。細井より五つ年下の女性、その妻の名は「としを」といった。

としをは一九〇二（明治三五）年に岐阜県揖斐《いび》郡久瀬《くぜ》村の炭焼きの子として生まれた。炭焼きは山から山へ渡り歩いて仕事をするため、としをは小学校には三か月通ったきりで、その後は通うことができなかった。一九一三（大正二）年の三月に村へ女工募集人がくると、一〇歳五か月で屑糸拾《くずいと》いの幼女工として大垣《おおがき》の東京毛織株式会社で働くことになった。この頃の日給は一三銭であった。そこから食費九銭が引かれ、石鹸《せつけん》（九銭）やちり紙（一帖《じょう》三銭）や一か月に一足の麻裏ぞうりを買うと一銭も残らなかった。

食堂はきたなく、うす暗かったし、おかずらしいものもなく、毎日みそ汁とつけものばかりで、たくあんも古くてくさいし、みそ汁も実らしいものははいっていなくて、ときどきはハエや油虫が浮いていていました。名づけて鉄砲汁といっていました。その上ご飯は外米の白飯で、細長い米がねばりもなくばらばらで、箸にも棒にもかからんものでした。

これだけを読むと、まず幼年工の問題と、その劣悪な労働環境が目に浮かぶ。しかし、としをはつぎに働いた名古屋の豊田織機（実際には豊田紡織だったと時期的に思われる）の工場についてはこんなことも書いている。

寄宿舎もわりあい居心地がよく、みんな仲良く親切でした。（中略）そして今まで私が働いていたどこよりもたべ物もよくて、年上の人がみんな親切にしてくれました。夜業の時に夜中に食堂へ行くと、炊事係のおっさんがみそ汁の実を山盛り入れてくれて、「ようけたべて大きくなれや、お前みたいな小さい者が夜中まで働かされてかわいそうやのう、日曜日にはあそびにおいで」といってくれました。

工場制が始まったばかりの明治期とは異なり、大正期になると工場経営における労働者の食事や保険などが少しずつ整えられるようになっていた。むろん、工場による差異はあったが、『職工事情』刊行の後、工場法の施行などともあいまって、工場食にも社会の関心が集まるようになっていた時代でもあった。

としをは岐阜県の大垣を振り出しに、奈良県大和郡山《やまとこおりやま》の紡績会社や名古屋の豊田織機などを転々としながら働いた。名古屋の工場では受付の青年が本を貸してくれるのが嬉《うれ》しかったという。文学書を読み、仲間が寝てから遅くまで短歌を書き、時間を忘れて勉強もした。こうして働きながら独学する中で、としをは一九二〇（大正九）年四月、ストライキで工場が閉鎖したために時間を持て余していた時に、人生を変える一枚のビラを偶然手にすることになる。それは、吉野作造《よしのさくぞう》の「個性の発見」という論文であった。としを自身が理解し、記憶しているそのビラの言葉を以下に引用しよう。


だれでも人間は全部平等で、個性と人格、人権があることを、各個人が気づかず、知らずにいる。一人ひとりが自分の個性にあった仕事や学問をして、社会のためにも自己のためにも今より幸せな生活をする。自分を大切にする。そして他人を尊重する。労働者は話し

> あい、学びあい、団結することによって生活の向上ができる。学者も医者も政治家も個性の発見に努力せよ。労働者よ、団結せよ。自己の尊さに目ざめよ。[11]

この文章を読んだとしをは、「矢もたてもたまらなくなり、その夜のうちに持ち物全部を売り払い、旅費をつくって上京した」という。「新しく生れ変わった人生」の始まりを確信したこの出来事は、彼女が一八歳の頃のことであった。

東京に着いてから、としをは地理を覚えようと一か月間あちこちを徒歩で見て回り、一九二〇（大正九）年五月二日には、日本で最初のメーデーを上野公園で見物した。そして所持金が尽きる頃、深川の紡績工場に辿り着き、入職したのであった。細井和喜蔵から遅れること約二か月、としをもまた、こうして他所から東京という産業革命のフロンティア地域に流れ着いた一人にほかならなかった。

ここまでのとしをのライフヒストリーを見る限り、無学で幼稚とは程遠い、好奇心旺盛《おうせい》な人となりが感じられる。たしかに学歴は持ち合わせていないが、読書好きで、俳句を書き、夜遅くまで勉強に夢中になり、そして「個性の発見」という一文から人生を変えるほどの影響を受ける感受性の持ち主でもあった。彼女は、上京後も好奇心と行動力を発揮して、どん欲に東京の地理、目まぐるしく変化する帝都で何が起こっているのかを理解しようとしていた。

吉野作造の一文から矢もたてもたまらなくなったのは、「だれでも人間は全部平等で」というところの「だれでも」に、もちろん自分のような「女性も」入っているのだと気がついたからに違いない。女性がいかに生きるか、自分にはどんな人格と尊さがあるのか、あらためて自分に問いかけることが、としをにとっての「新しい人生」の始まりとなった。

茶飯が取り持つ女工たちの生活世界と人間関係

この時期に細井和喜蔵ととしをの二人が、それぞれ深川の工場に辿り着いたのは偶然ではなかったと思われる。一九〇九（明治四二）年一月一一日、東洋モスリン亀戸工場では、男女職工約八〇〇人による、賃上げをめぐるストライキが発生していた。会社は翌日、男一五人、女一八人を首謀者として解雇した[12]。

としをが深川に来て最初に働き口を見つけたのは深川の紡績工場であった。しかし、レンガ造りの二階建ての工場が機械でガタガタと揺れることに耐え兼ね、二日でそこを辞職した。その後、としをは歩いて亀戸へ向かい、東京モスリン亀戸工場で働くことにしたのだという。その後もこの地域では繰り返し争議が起こっていた。関西で労働運動に関わっていた細井と同様に、名古屋で吉野作造の文章に出会ったとしをだったからこそ、この地に引きつけられたのではないかと想像される。

では、亀戸で働き始めたとしをの生活世界はどのようなものだったのだろうか。後年になって彼女が語った記録をもとに、今から約一〇〇年前の亀戸の工場に足を踏み入れてみよう[13]。

としをは深川に辿り着いた時、すでに無一文だったため、着替えが一枚もなく、石鹸も買えず、そうこうしているうちにシラミがわいてしまった。夜昼交代で同じ布団を二人で使うため、四〇人が暮らす寄宿舎の部屋でシラミがうつり、同僚からひどく叱られたことがあった。

そこでとしをは人より多く必死に働き、給料日のあくる日には日本橋まで行って有り金をはたいて着物や襦袢《じゅばん》を買い、同室の女工たちにはお土産に煎餅《せんべい》や饅頭《まんじゅう》をたくさん買って帰った。布団を洗い、毎朝部屋の掃除を引き受けたりもして、同部屋に暮らす女工たちの信頼を取り戻していったという。[14] 煎餅や饅頭などの菓子、言い換えると「茶飯」は女工たちの生活世界や人間関係の中に、こんな風に登場するのだった。

違和感の吐露は「愚痴」ではなく「抗いのかたち」

ある夏の日、東京モスリンでもストライキがあり、寄宿舎内の大広間で決起集会が開かれていた。そこでとしをは、世界の中で日本は一番労働運動が遅れていること、外国の八時間労働や賃上げのこと、自由の権利などについての講演を聞く機会があった。

としをの言葉によれば、「むつかしい話が多く、私たちはぽかんとした顔できいて」いたという。けれども、いや、そのような中だったからこそと言うべきか、としをは何か言いたくてたまらなくなり、演壇に上がって次のように言葉を発した。

みなさん、私たちも日本人です。田舎のお父さんお母さんのつくった内地米をたべたいと思いませんか。たとえメザシの一匹でも、サケの一切れでもたべたいと思いませんか。街の人たちは私たちのことをブタだ、ブタだといいますが、なぜでしょう。それはブタ以下の物をたべ、夜業の上がりの日曜日は、半分居眠りしながら外出してのろのろ歩いているので、ブタのようだというのです。私たちも日本人の若い娘です。人間らしい物をたべて、人間らしく、若い娘らしくなりたいと思いますので、食事の改善を要求いたしましょう。[15]
この決起集会で先に語られた男の言葉に対して、女の言葉、工場で働く女性労働者自身の言葉として発せられたのは、「食事」という日常茶飯についての問題提起であった。この演説に対する聴衆の反応、会社の対応はとしをの言葉によれば、次のようであった（句読点は筆者が補記した）。

これがわたしの要求です、いいましたらね。それこそね、今までえらい人の演説よりもね、一番よく拍手をいただきましてね。それをね、あの要求の中に入れたんですね。そしたらね、その要求だけ通りましたの。[16]

海外の労働運動との比較や、自由の権利など、どこか他人事《ひとごと》のいわば「大文字の」議論ではなく、日常茶飯に目を向けた「等身大」の抗《あらが》いから、社会というよりは、まずは目の前の日々を変えていこうとする発想を、としをは持っていたのだとわかる。
本書を通して考えてみたいのは、こうした発想は長らく、大上段からの大文字の思想や運動に比べて一段低く見られてきたのではないか、ということである。日々の暮らし、食卓や台所の中で実感されてきた違和感の吐露は、些末《さまつ》な日常茶飯事についての「愚痴」とみられることはあっても、社会に対するひとつの「抗いのかたち」として見られることはほとんどなかったように思われる。

それは、『女工哀史』の著者である細井和喜蔵でさえも同様であった。少なくとも『女工哀史』の中では、としをのこうした視点やものの考え方に深く共感して、それが取り上げられることはなかった。むしろ「女工寄宿舎─それは一言にして『豚小屋』で尽きる」と細井は説明し、そこには愛と自由がなかったと強調する。

しかし、後にとしを自身が書いた『わたしの「女工哀史」』には、日常茶飯に関わる、より具体的な人間関係を含めた女工たちの日常生活世界が生き生きと描かれている。『女工哀史』が刊行され、わずか一年後に細井和喜蔵が死去すると、彼女は細井の未亡人であるとは明かさずに、工場で働き、同僚たちと争議に参加しつづけることを望んだ。例えばその時の出来事や気持ちを、としをは次のように記録している。[17]

私も紡績女工だといって仲間に入れてもらい、夕食にはにぎりめしと梅干、塩サンマのおかずで、久しぶりに働く仲間大ぜいとにぎやかな夕食をいただいて、そのおいしかったこと。

(筆者注・大阪で)寄宿舎へ案内され、夜になって二十人ほどの仲間の人びとに紹介された時は、ほんとうに嬉しかった。生き返った気持ちでした。

としをにとって工場での生活と、そのなかでの食事は、一緒に働く仲間や、気にかけてくれる炊事係との関係にみるように、「少なくともここでは孤独ではない」と確認する場であった。つまり、孤立した胃袋が、集団のなかで居場所を見つけた胃袋となる場であったのである。そこでは何を食べるかはもちろん、誰と食べるか、どこで食べるかが重要な意味をもっていた（図1－4は同時期の東洋モスリンの食堂での食事風景）。
これはこの時期の工場労働の厳しさを否定するものではない。ただ、その厳しさのなかで拠《よ》りどころがあるとすれば、それは工場の食堂であった。そこは、胃袋が集団化することで、とりあえずは日々の食べものを心配する必要から解放され、誰かと食べることで孤独に苛《さいな》まれることがない場所であった。
たとえ外からみると「ブタ」に見えようとも、その一人ひとりには喜怒哀楽がある。もちろん工場労働の厳しい局面もあるが、日常茶飯の事々の中に喜びや嬉しさを見出《みいだ》すことができる「個性と人格」をもつ女性たちの生活世界があった。このようなことを示唆するとしをの文章は、集団的な女工の状況を描いた『女工哀史』と比べて、実存したある一人の女工の経験の記録となっている点で説得力があり、貴重であると言えはしまいか。

「何で私が愚妻なものか、…あっははは」

としを自身が語る、工場の外での次のようなエピソードもある。それは、『わたしの「女工哀史」』を出版するきっかけになった、としをの聞き語り集に記録されている。[18]

図1-4　東洋モスリンの食堂

資料：東洋モスリン株式会社編『都の生活記念帖』東洋モスリン株式会社、1922年

としをが神田のカフェでお酒を飲んでいると、新潟の地主の息子だという東京の男子大学生が「こら、女中」、「早よもってこい」、「いいな、ぼくらはな、家に居たらな若殿様や」、「おまえらものもいうてもらえせへんのや」と店の女性に言っていた。としをを目にとめると「おまえ、どこのどっから出て来たんや」、「どっから出てきたうじ虫や。女だてらに酒なんか飲んで」と絡んできたので、としをは「なにおー」といってビール瓶をふりあげた。そしてそのままテーブルをひっくり返し、喧嘩《けんか》になった一幕があったという。女中や女工、あるいは街場に一人でいる女性が蔑《さげす》まれ、賤視《せんし》される状況に、としをは黙ってはいなかった。

そんなとしをが細井に出会ったのは、

上京してから一年後の一九二一（大正十）年、彼女が一九歳の頃であった。知人の紹介で病気の細井を見舞いに行ったときに、初対面にもかかわらず「『女工哀史』を書きたい」と打ち明けられた。それならと、としをは自分の経験を話し、今取り組んでいることの資料を細井に提供した。

細井はそれをもとに原稿を書き、としをが目を通して修正しながら『女工哀史』の原稿は書き溜《た》められていった。このような経緯だったため、『女工哀史』の記述は、じつはとしをの経験が書き込まれた部分も多い。実際、「女工寄宿舎のことについては、寄宿舎で生活して来た愚妻の談話を用いた」と細井は自序に明記している。

謙遜《けんそん》を表すための「愚妻」の談話という表現も、としをのライフヒストリーを知ったうえであらためて読み返すと、もはや素通りすることはできない。としをは「愚妻」でもなければ、彼女が語る話は単なる「談話」でもなかったからである。後にとしを自身が「何で私が愚妻なものか、…あっははは」と笑ったというエピソードが残っている。これに対して『女工哀史』の自序で細井から謝辞を贈られていた小説家の藤森成吉《ふじもりせいきち》は、「愚妻」とは夫が謙遜して呼ぶ慣用語だということも知らないのかと、新聞上で皮肉を込めたコメントを寄せたという。

だが、先に述べたように、彼女のライフヒストリーに照らせば、細井の自分に対する表現への不快感というよりもむしろ、「愚妻」という言葉に凝縮された女性をめぐる社会のありようを、としをは「あっははは」と笑い飛ばしながら示唆したのだと思われる。それについては既に、高橋美代子《たかはしみよこ》による次のような秀逸な解説がある。

彼女が「愚妻」ということばを知らないのではなく、夫が妻を自分の私有物として扱うが故に生まれた「愚妻」という婦人差別のことばを当時進歩的であった細井和喜蔵ですら使っているということで笑ったのである。[19]
私も、としをは細井個人を責めているのではないと考える。むしろ、細井にさえもそう言わしめてしまう、社会そのものを問いたかったのであろう。細井が執筆している時に自分が働いていることについて、としを自身は次のように回顧する。

細井は一文も収入ないのだし食べていかならんしするから　あの　ま　わたし　やっぱり亀井戸のモスリン工場へずっと続けて働きに行っていたわけ　で　まあ　どうにか二人が生活できたわけなんですな（中略）細井がごはんたきもそうじもせんたくもみんなしてくれましたわ　それはね　別にわたしがかかあ天下でしりにしいたんではなく　本人が良心的にね　君が働いて生活いじしてくれるんだからね　ぼくはやなおくさんのかわりに家の用事しますと　また　それをしないと運動不足になってね困るから家の用事してそして昼間静かなとこで原稿書かしてもらういうことでしたん[20]

その頃の日常を書き留めたとしをの短歌に、次のような一首がある。

夜業終り　かえれる我に　あつき茶を　君は手ずから　飲ませてくれしが[21]

今あらためてこの歌を読むと、既存の価値観や社会慣習に囚われない、いわば進歩的な夫婦のあり方が確かに存在し、二人がその暮らしに納得しつつ日々を送っていたことが伝わってくる。しかし、としをが経験した細井とのこうした日常茶飯事は、今から一〇〇年前の日本において誰が理解し、共感することができただろうか。おそらく、理解や共感はほとんど得られなかったのではないだろうか。

「わたし」の歴史と言えるまで

こうした暮らしの中で綴《つづ》られた『女工哀史』の中で、細井によって「愚妻」と紹介されたとしをが、ようやく「わたし」という一人称で、かつて女工だった頃の生活世界を語るようになったのは、『女工哀史』がこの世に問われてから半世紀が過ぎた一九七〇年代のことであった。世論の表舞台に立った『女工哀史』と比べて、彼女の人生はいわば「忘れられた女工史」として長く彼女の胸の内にとどめられていた。細井と彼女が正式な婚姻届を出していなかったこと、としをがほどなく別の男性と結婚したことを理由に、細井の死後、『女工哀史』の印税が彼女のもとに届くことがなかったばかりか[22]、『女工哀史』のある意味モデルでもある彼女自身の人生は誰にも知られることなく閉じられようとしていた。

プロローグで既に述べたように、彼女の沈黙した心を開いたのは、岐阜の女性史を描こうと

「としを」を訪ねた聖徳学園女子短期大学（一九九八年から岐阜聖徳学園大学短期大学部）の「現代女性史研究会」の女子学生と教員たちであった。

岐阜県と、木曽川を挟んだ対岸の愛知県一宮市は、近代以来の紡織工場の集積地である。彼女たちは県内の紡績工場で働き、寄宿舎生活をおくりながら短大に通う、いわば「働く女子学生」たちであった。そうした女子学生たちとの交流を通して、現代女性史研究会がとしをからの聞き書きをまとめた『ある女の歴史』をガリ版刷りのささやかな冊子として刊行したのは一九七三年のことであった。その後、聞き書き集が合計五冊、詩歌集が三冊刊行された。これらを集成するかたちで、としを自身が筆をとる決意をして一九八〇年に発表されたのが『わたしの「女工哀史」』であった。

ではなぜ、彼女が「わたし」の歴史を「一人称」で語り始めるまでにこれほどの時間がかかったのだろうか。彼女の半世紀の沈黙は、としを一人の問題というよりもむしろ、日本社会における女性たちが、「わたし」という主語を失っていた時代状況とも深く関係していると、私は考えている。

当時、細井と付き合いのあった男性たちに、としをが印税を受け取るに値する人物ではないと評価されたこと自体にも違和感を覚えずにはいられない。いうなれば、この印税に関わる一連の出来事は、ある一人の女工に一人前の人間としての個性と人格が認められなかったことを暗示している。しかもそれは、ほかならぬ、『女工哀史』を通して人権問題を訴えていた男性たちによる、実存したある一人の女性に対する排斥だったのである。

これは私の推論の域を出ないが、としをは女工として働く厳しい労働環境などよりも、志を同じくしていると思っていた男性たちから、女性であることを理由に、自分が個性と人格をもつ存在として認められることが決してなかった状況に気づき、それにこそ失望したのではないだろうか。その失望と諦《あきら》めが五〇年間の沈黙の背景にあるように思えてならない。

これまで、「わたし」という主語で女工の生活世界が語られてこなかったことは、具体的な誰か、あるいは出来事を通して、この時代のこと、この時代を生きた女性たちについて、後世を生きる私たちが知る機会を失ってきたこととほとんど同義である。

産業革命期を生きる女性たち、とりわけ工場で働く「女工」たちの日々は悲惨である。したがって彼女たちは「可哀そう」で「弱い」存在である。これはかなり広く定着したイメージとなって現在に至る。高校生や大学生に「女工について知っていること」を尋ねると、ほとんどが迷わず「可哀そうな存在」という一面的な答えが返ってくるのは、そのためでもある。

女工たちが語る言葉や声に耳を傾ける努力を怠ってきた私たち自身にも、その責はあると言わざるを得ない。

［第一章註］

1　現代女性史研究会編、高井としを著『ある女の歴史（その1）——私の歩んだ道』現代女性史研究会出版部、一九七三年、一一〜一二頁（読みやすいように、句読点を筆者加筆）。

2 阿部武司「大原孫三郎　百年先を見通す慧眼、いまに伝えるこころ――地域に尽くし、社会・文化事業を支えた魁」『Muse』三五、四〜五頁。
3 ＩＬＯ駐日事務所ホームページ参照（小史　ＩＬＯ駐日事務所）二〇二一年二月二七日アクセス。
4 横山源之助『日本の下層社会』岩波文庫、一九八五年（文庫版初版は一九四九年、底本は一八九九年に教文館より刊行）、一二三頁。
5 深川区史編纂会『深川区史　上巻』深川区史編纂会、一九二六年、四一四頁。
6 東京市社会局『東京市内の木賃宿に関する調査』東京市社会局、一九二三年、六九頁。
7 犬丸義一校訂『職工事情（上）』〔全三冊〕岩波文庫、一九九八年（底本は一九〇三年に農商務省商工局で印刷された『職工事情』原本五冊）。
8 石原修『衛生学上ヨリ見タル女工ノ現況』国家医学会、一九一四年。
9 大河内一男「解説」細井和喜蔵『女工哀史』岩波文庫、二〇〇九年（文庫初版は一九五四年に刊行）。
10 以下は、高井としを『わたしの「女工哀史」』岩波文庫、二〇一五年（底本は一九八〇年に草土文化から刊行された）による。
11 前掲10、五七〜五八頁。
12 東京日日新聞（一九〇九年一月一六日）。大原クロニカを参照。詳細（https://oisr-org.ws.hosei.ac.jp/）
13 現代女性史研究会編、高井としを著『ある女の歴史（その１）――私の歩んだ道』現代女性史研究会出版部、一九七三年。
14 前掲13、一一〜一二頁。
15 前掲10、六八頁。

16　前掲13、一三頁。
17　前掲10、一〇五頁、一一五頁。
18　前掲13、二四頁（読みやすいように、句読点を筆者加筆）。
19　現代女性史研究会編、高井としを著『ある女の歴史（その5）――子らと仲間にかこまれて』現代女性史研究会出版部、一九七六年、三八頁。
20　前掲19、三〇頁。
21　現代女性史研究会編、高井としを著『高井としを詩歌集　母なれば働く女性なれば（その2）』現代女性史研究会出版部、一九七四年、一二頁。
22　前掲19、三一～三四頁で、関係者の寄稿をもとに、詳細に議論されている。

第二章

焼き芋と胃袋

女工たちの身体と人格

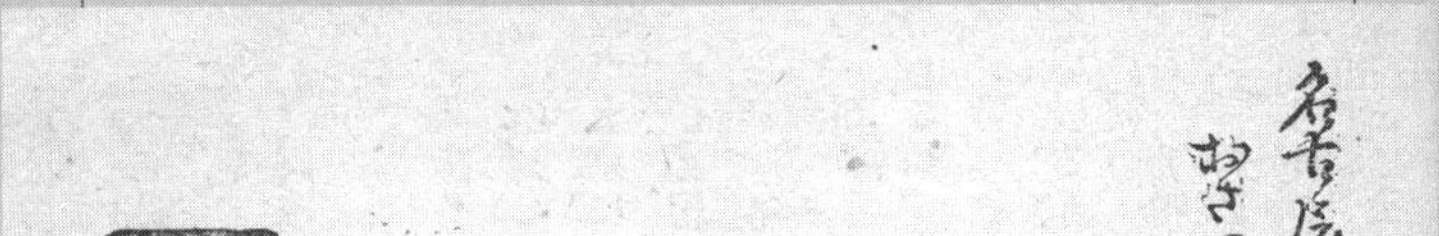

焼き芋屋。『名古屋と伊勢』博文館、1902年、117頁

下北《しもきた》での飯《まま》たきの仕事はほんとに楽しゅうございました。なにせ、自分がとったお金で、自分のもんが買えましたからのう。稲鯨《いなくじら》へ帰らんで、まだしばらくあそこで働いていたいと思いましたが、親の言いつけで仕方なく村に帰りましたがさ。[1]（佐渡《さど》相川町《あいかわまち》稲鯨《いなくじら》・女性）

女性労働者の誕生と日常生活世界——自分のお金で自分のもんを買う

女性たちが働くことに関する近世と異なる近代の特徴の一つは、女性が集団的に移動し、集まり、職を得て現金収入を手にする機会が工場によってもたらされたことであった。まさにこの時期、女性労働者としての「女工」という存在が誕生した。

これまで日本の資本主義を支えたこうした紡績業、製糸業の女工は、過剰人口が農村社会に潜在し、高い小作料に苦しめられているという構図に整合的な「出稼ぎ型労働」と説明されてきた。[2] 募集人によって集められた女工たちは、寄宿舎生活によって生活面でも自由を奪われ、それ故に組織的な抵抗ができない存在、資本に完全に支配され、個々に分断され、競争を強制され、低賃金を押し付けられ、つまり、それこそが日本の資本主義確立期の賃労働のあり方であるといわれてきた。いわば、『女工哀史』もこの史観に則《のっと》ったものと言っても良いだろう。

実際、この議論を展開していた東京大学教授の大河内一男《おおこうちかずお》は、『女工哀史』に解説を寄せた一人でもある。

では、あえてこうした議論から少し距離を置き、彼女たちの生活世界に視野を広げた場合、どのような姿が見えてくるのだろうか。一九五二（昭和二七）年に新潟県刈羽《かりわ》郡上小国《かみおぐに》（現在の長岡市）で聞き取り調査をした日本史研究者の田中圭一《たなかけいいち》は、女工や賄い婦として働いた女性たちの人生と心情を次のように記している。刈羽地方は戦前に製糸・紡績女工を多く出した地域の一つである。

月給をもらって、自分の欲しかった着物を買ったときのよろこびは格別でした。それから工場は休みがあるでしょ、休みの日にはだれに気兼ねすることもなく友だちと町へ遊びに行きました。紡績へ行っていたときが人生で一番自由なときでした。寄宿舎には電気がついていますし、食べものも家で食べるよりははるかによかったですもん[3]

また、佐渡相川町稲鯨という漁村では次のように話す女性もいた。

下北での飯《まま》たきの仕事はほんとに楽しゅうございました。なにせ、自分がとったお金で、自分のもんが買えましたからのう。稲鯨へ帰らんで、まだしばらくあそこで働いていたいと思いましたが、親の言いつけで仕方なく村に帰りましたがさ[4]。

例えばこうした語りが実際にあったとはいっても、これまでは「労働者はみんな資本家にだまされていた」、「欧米に比べると低賃金で厳しい労働に従事させられていた」と解釈される向きがあった。田中は自身も最初はそのように考えていたことを吐露したうえで、次のような再考が必要であると述べている。

考えてみれば、紡績女工の悲惨は女工たちだけの問題にとどまるものではない。同じとき村には、薄明かりの中で起き出し霜を踏んで野良に出かけ、日が沈んで星をいただいて帰るという農民の生活があった。きびしい労働に従事していたのは女工たちだけでなく、農民も職工も、労働に従事するすべての日本人が長時間労働と低い賃金のもとで苦しい生活にあえいでいたのである。それゆえ、女性たちはみずからの長時間労働や低賃金について特別に思い悩むところがなかったのである。
わたしたちはそこのところを考えることなしに、当時の先進国との直接比較によって問題を論じたから、女工たちに限りない同情を寄せ、かつ労働者の覚醒を議論することになったのである。しかしこのような論理の組みたて自体が勝者の理屈かもしれない。（中略）
最も重要なことは、家を出て工場へ出稼ぎに行った女性たちが、みずからの力で「家」（家族制度）からの解放を経験したという事実ではなかったのか。「家」を出てみずからの手で金をにぎりしめ、それで自分の欲しいものを買いに行った女性たちのよろこびにこそ目を注ぐべきではなかったか。[5]

これは、単に楽観的解釈を主張しているのではなく、悲観と楽観、いずれの歴史観をも超えて、まずは女工たちが経験した現実や実感に立ち返ってみる必要があるという主張と読み取れる。この問題意識を受け止め、以下では田中の言う「よろこびにこそ」という言葉を少し広く解釈して、悲しみや葛藤《かっとう》なども含めた「日常生活世界」と言い換えて考えていきたい。日常生活世界とは、「人がその中で自らの身体をとおして作用することによってそれに介入し、それを変化させることのできる現実領域のこと」とひとまず定義しておこう。[6]
これを女工たちの経験に置き換えてみると、「身体を通して作用する」とは、農村から都市や工場へ移動すること、新たな衣食住の経験をすることなどを意味し、それ自体が彼女たちの現実を組み替えながら、日常生活を成り立たせている世界ということになる。そうだとするならば、工場で働く女性たちが誕生したことによって、日常生活世界に大きな転換が生じたと説明することもできよう。最も大きな転換としてここで注目したいのは、工場で働くようになった女性たちが集団生活の中で胃袋を満たすようになったということと、現金を手にする経験をしたことである。
女工たちは工場周辺あるいは遠隔地の農山漁村から出て、工場の寄宿舎に住み、職を得るとともに衣食住も工場によって賄われた。「農山漁村から出る」というのは、もちろん空間的に移動することを意味するが、それ以上に、農山漁村の日常生活世界とそれにかかわる様々な慣習や制度から距離をとり、そこから一時的に解放されることをも意味していた。つまり、工場に職場を得て女工となると、農山漁村という地域、あるいは生まれ育った家とはまったく異なる規模と論理の中で、彼女たちの日常生活世界は再編されることになったのである。とりわけ「職」と合わせて「食」にありつけるということが、農山漁村を出る動機づけにもなった。
前章に登場した高井としをもその一人であったといえる。としをが満で数えて一〇歳五か月となった一九一三（大正二）年、村に大垣から女工の募集人がやって来た。その話を聞いた彼女は「お母《か》あや妹にもなにか買ってあげられると、とらぬタヌキの皮算用をして[7]」、両親を説得して働きに行くことにしたという。としをは「生まれてはじめて、あこがれの金もうけのできる街へきて」[8]、採用されて大喜びだった。

とはいえ、体が小さいとしをの仕事は工場内の「糸くず拾い」で、実際の収入は一日働いて一三銭、その内、食費が九銭引かれ、石鹸やちり紙、草履などの生活用品を購入すると、手元にはほとんど残らず、憧《あこが》れていた「金もうけ」とは程遠い状況だった。しかし、「金もうけ」、つまり、働いて現金を手に入れることに憧れを抱いていたという率直な動機があったことは見逃せない。

第一章で見たように、彼女のライフヒストリーに照らして見えてきたのは、岐阜の山中で炭焼きをする家の子として生まれ、小学校に通うこともできない厳しい経済状況の中から抜け出し、岐阜の紡績工場に働きに行くことで、自らの人生を切り拓《ひら》き、人格に目覚めていく一人の女性が歩んだ歴史であった。としをが想像していた通りの金もうけはできなかったとはいえ、自分で働き、生きるための現金を得るということは、自らの力で人生を切り拓いていくための、重要な一歩にほかならなかったのである。

女工の胃袋物語——日常茶飯の喜怒哀楽

前章で見たように、としをの記録の随所に登場する工場での食事の場面には、炭焼きの子であった時には経験したことのないような献立や食堂や工場の人びととの会話が、辛《つら》かったことも、嬉しかったことも入り乱れて生き生きと記述されている。

生まれて初めて働いた工場での経験は、「食堂はきたなく、うす暗かったし、おかずらしいものもなく、毎日みそ汁とつけものばかりで、たくあんも古くてくさいし、みそ汁も実らしいものははいっていなくて、ときどきはハエや油虫が浮いていました[9]」と、良い印象ではない。

ところが長い工場生活の経験の中では、「今まで私が働いていたどこよりもたべ物もよくて」と、工場によっては食事に満足でき、夜業の時に夜中に食堂に行くと、炊事係のおじさんがみそ汁の実を山盛り入れてくれるなど、周囲の親切に励まされることもあった。

また、食べもので一番悲しいと思った出来事も、機転を利かせて忘れがたい思い出にしている次のような場面も印象的である。


はじめてのお正月、元旦に食堂へ行ったら、よくあんな小さいのができると思うくらい小さいお餅が二つと、その上にごまめの小さいのをのせたのが、ツーっと並べてあって、それがかたいかたいかたいろうそくみたいにカチカチになっとるんです。ところが火はないし、そのお餅を焼いて食べることができないのです。[10]

としをは寄宿舎の中で、宿直の職員がいるところには火鉢があったことを思い出し、同僚のお餅を集めて前掛けに入れて持って行った。その時の職員との会話がなんとも軽妙であり、「かたいお餅が食べられない」という現実領域を変化させる機知に富んでいるので引用して紹介しよう。

「おっさん、ちょっとこのお餅焼かしてね」

「そんなようけな餅、どこからとってきた」

「わたしの二つ、ほかはお姉さんたちのや。火がないからたべられません」

「こいつ、ほんまに悪口ばっかりいうといて焼きにだけはきたんか」

「おっさん、焼かせへんいうのか、この炭、おっさんの炭か、会社の炭か、会社の炭やったらわしらが金だして買ってんのやから」

「おまえ、金だしたか」

「毎日働いてもうけさしてやってるやないの」

「まあええわ、焼けや」[11]

こうした悶着《もんちやく》を経て、としをたちは皆で温かい焼き餅にありつくことができた。会話のやり取りからは、ある種の逞《たくま》しさやユーモア、そして達成感が伝わってくるような気さえする。しかし、その時の気持ちをとしをは「情けなくて、情けなくて」と記し、炭焼きの実家が年に一回奮発して拵《こしら》えるお雑煮を懐かしんでもいる。「小さなお餅を食べる」という行為の中に、悲しさ、機転、達成感、嬉しさ、情けなさなど、様々な感情が垣間見《かいまみ》える。つまり、日常生活世界とは、こうした小さな困難を乗り越えていく行動と、それに伴う喜怒哀楽が入り混じった複雑な心情が絶え間なく紡がれていく世界なのである。

高井としをが岐阜の工場で働き始めて五年を経た一九一八（大正七）年、隣接する愛知県では、日本で最初の工場経営者による共同炊事組合が誕生している。女工の視点からその食事をのぞいてみよう。[12]

工場の共同炊事と小遣いによる外食

彼女たちは比較的近い岐阜県、遠方からは秋田県や岩手県から出稼ぎに来ていた。様々な方言が飛び交い、生まれ育った故郷の食事と比べて、慣れない味に戸惑う女工たちの姿もあった。例えば、九州から出稼ぎにきた女性たちが、愛知県特有の赤味噌で作ったみそ汁を「血のような色だから」と食べるのを拒否することに、工場主は困惑したという。故郷の食事とのギャップに驚いたり、抵抗したりする彼女たちの行動は日常茶飯の場面としては至極当然のことながら、胃袋に関わるこうした事象は等閑視されてきた。だが、こうした女工たちの不平不満があり、それを解消することが、共同炊事組合設立のきっかけの一つであったことは注目されてもよいだろう。

さて、食堂に入ってみよう。共同炊事組合の組合長の娘であった林喜代《はやしきよ》（大正七〈一九一八〉年生まれ）は、工場内の食堂で女工たちが食事をしていたことや、朝、その日の食事数を確認して共同炊事組合へ配食を注文していたことなどを記憶している。以下は、聞き取り調査によって知り得た大正後期から昭和初期の情景である。

カランカラン、と鐘を鳴らすと食事の時間になった。織機の轟音《ごうおん》に負けないように響かせる鐘の音は大きかった。献立は朝と夜はご飯と季節の野菜が入ったみそ汁の組み合わせが基本で、昼はみそ汁の代わりに煮物などのおかずが付く。上手に調理してあり、味は悪くなかった。工場の食堂には四つの大きな机があり、長椅子が備え付けてあった。一つの机に一〇人ほどの女工が集まって食べていた。男性は敷膳《しきぜん》の上に食器を載せて食べた。

喜代にとって一番美味《おい》しかったのは、うどん粉で作った餅を小豆《あずき》と砂糖と水を煮た汁に入れる「ぜんざい餅」である。これは時々登場する献立で、共同炊事組合から「今日はぜんざい餅があるよ」と言われると、必ず人数分を特別に注文した。ぜんざい餅は、主食と嗜好品《しこう》としての間食が重なり合ったような一品で、胃袋を満たすだけでなく、甘味として女工たちの心を和ませ、満たすような絶妙な役割を担っていたのではないかと想像される。

共同炊事から届く毎日の食事以外にも、工場ではいくつかの食事の場面がある。特別な行事の振る舞いは、共同炊事組合とは別に林家が準備した。一〇月一九日に祭りが終わると、恵比寿講《えびすこう》がある。この時には必ず魚が食卓にのぼった。魚とは川ボラである。それに加えて牡丹餅《ぼたもち》、人参《にんじん》ご飯、鯛《たい》の形をした落雁《らくがん》が楽しみであった。菓子屋に注文して作ってもらう落雁には甘い餡《あん》が入っている。また、起町《おこしちょう》内の農家に頼んで、大根漬けを三〇樽《たる》作り、それを副食として供していたという。

女工たちが自ら、小遣いをもって外食することもあった。工場の近くには菓子屋、うどん屋、八百屋などが並び、仕事を終えてから、あるいは休日に、うどん、あられ、みたらし団子、果物、大判焼き、鯛焼きを食べたり、みかん水やラムネを飲むこともあった。起町では一と六のつく日に「一六」という市が立ち、そこに出かけることも女工たちの楽しみであった。

働く身体は誰のもの？

先に、日常生活世界とは、「人がその中で自らの身体をとおして作用することによってそれに介入し、それを変化させることのできる現実領域」であると説明した。確かに女工たちは食べること、つまり胃袋という身体を通して農山漁村とは異なる新たな日常生活世界を享受し、経験し始めていた。けれどもその一方で、そもそもその基盤には、企業や工場が炊事場と食堂を整え、女工たちの食事を用意するようになったという社会的な変化があった。企業や工場から見た場合、それはいったい、どのような目的で生じた変化だったのだろうか。

働く女性たちの身体は誰のものかと問われた時、もちろんそれは本人のものであると答えることができる。しかしながら、社会や産業との関わりを視野に入れると、本人以外の様々なアクターがその身体に関与することがある。[13] それは現代社会においても同様である。以下では産業革命期の近代日本に焦点を当て、労働者たちの身体、ここでは特に「胃袋」がどのような状況に置かれていたのか、制度的な変化を視野に入れながら見ていきたい。

労働者の衣食住の問題に工場が直接関与するようになるのは、「通勤女工から寄宿女工への転換」[14]をみた明治二〇年代（一八八〇年代後半）以降であった。紡績業の発展に伴い工場が増加し、職工需要の高まりを補うために遠隔地から流入した労働者が寄宿舎に住み込みで働く形態が誕生し、企業や工場が彼らの衣食住、言い換えれば身体と生活への関与を経営の一部に組み込むようになったためである。こうした経営は「経営家族主義」とも呼ばれ、近世以来の奉公人制度や徒弟制度などの「在来的雇用関係」から「近代的雇用関係」への移行とも関連して展開した。[15]
経営家族主義とは、日本的な企業経営の特徴の一つであり、経営者と労働者との階級関係を、家における親と子という身分関係に転置して説明しようとする考え方である。[16]一般企業では「企業一家」、鉱山・炭坑では「一山一家」などと呼び、企業という経営集団を「家」集団と類似するものと捉えていた。ということは、工場で働く女性たちは、生まれ育った農山漁村の家父長的な家から一旦《いったん》は解放されたように見えても、実は新たに足を踏み入れた工場の経営もまた家父長的な大家族のような組織であったことになる。[17]
経営家族主義の中では、労働者の労働環境や生活環境は工場や企業に委《ゆだ》ねられていた。そのため労働環境や生活環境が十分に整っているとは言えず、工場間での格差も大きかった。一九〇〇年前後には、その劣悪さがしばしば問題になり、例えば一八九九（明治三二）年には横山源之助の『日本の下層社会』が、一九〇三（明治三六）年には農商務省による労働実態調査をまとめた『職工事情』[18]が刊行されている。
『職工事情』には、工場での食事をめぐる状況が詳細に記されており、世論だけでなく、次第に政府も労働者の胃袋、要するに身体に関心を寄せ始めたことがうかがえる。女工の日常生活世界がいかに劣悪であったかという議論と、その後のイメージ形成に同調査が及ぼした影響は少なくない。
こうした状況に鑑《かんが》み、明治末期には工場と労働者、またその身体に関する様々な調査が行われた。例えば①「工場衛生調査資料[19]」、②「某紡績会社某工場工女健康成績調査[20]」、③「衛生学上ヨリ見タル女工ノ現況[21]」などがある。[22]この背景には「結核」の流行があったことも見逃せないだろう。②と③の著者である石原修《いしはらおさむ》は、医学博士の立場から調査の目的を次のように説明している（傍線は筆者付記）。

本邦工業ニ従事スル工人ハ現在八十万ヲ超エ中女工約五十万ヲ算シ実ニ其《そ》ノ六割強ヲ占メ居レリ、（中略）彼等若年女工ハ本邦工業ノ重要ナル支持者タリ、彼等女工ノ健康ニシテ不良ナランカ労働力ヲ減殺シ工業ノ発達ヲ阻害シ又延《ひ》イテ出産率ヲ減少セシメ生児モ亦《また》健全ナルヲ望ムハ難キトスル所ニシテ為ニ国家ノ繁栄ニ少ナカラザル影響ヲ与フルモノタルヤ（中略）工場生活ノ健康ニ及ボス影響大ナランカ国家ニ及ボス悪影響益々《ますます》大ナラントスルナリ、之《これ》ヲ以テ女工ノ健康状態ヲ調査スルハ頗《すこぶ》ル緊要ナル所ナリトス（後略[23]）

女工の健康に留意するのは、労働力の確保、工業の発達、出生率の維持のためであり、それらは結果として国家の繁栄に繋《つな》がると述べられている。同調査の実施は、第一次世界大戦が始まる前夜であった。それをふまえると、こうした主張から、工場における労働環境、生活環境の改善というだけでなく、国家が工場を通じて、体系的に労働者の身体へ関与し始めた状況をうかがい知ることができる。
工場生活そのものが健康に及ぼす影響があると明記されていることも重要である。同調査内容は「移動」、「体格」、「疾患」、「帰郷女工ノ健康調査」より構成され、付録として「女工と結核」という講演録が付いている。

工場法成立後、栄養学が誕生する

こうした労働者の身体に関わる体系的な調査の実施と並行して、工場労働者の保護を目的とした工場法が一九一一（明治四四）年に公布され、第一次世界大戦中の一九一六（大正五）年に施行された。高井としをが岐阜の工場で働き始めたのが一九一三年、東京の亀戸にやって来たのが一九二〇年であったことに照らすと、彼女はこうした法整備の過程と揺れ動く工場現場の最中《さなか》で働いていたことになる。

以後、工場に関する事項は警察の管轄下に置かれ、警察庁には工場課が設けられた。一九一六（大正五）年の工場法は主に児童就業の禁止、女子・年少者の就業時間制限・夜業禁止、業務上の事故に対する工場主の扶助義務などを規定している。しかしながら、この時点ではまだ、工場食改善に関わる事項としては見るべきものはなかった。

工場法以後、まず重視されたのは「衛生」、「疾病」、「負傷」などであったが、一九二二（大正一一）年の『工場監督年報』に初めて「工場衛生」の章に、「栄養」についての言及が見られ、食事の内容について関与が始まっている。それは岡山県による「工場ニ於《お》ケル食料栄養」についての調査であり、具体的には次のように明記されている（傍線は筆者付記）。

食物ノ主要ナル使命ハ人間ノ生存活動ニ必要ナ栄養ヲ供給スルト言フ事ニアル我々カ身

体ノ健康ヲ維持シ、尚且《なおかつ》日々ノ活動ヲ為《な》ス「エネルギー」ハ実ニ毎日摂取シツツアル三度ノ食物中ニ含マレテ居ルノテアル故ニ職工ノ摂取スル栄養料《ママ》ノ如何《いかん》ハ直ニ其ノ健康ニ影響ヲ及ホスト共ニ作業能率ニ大ナル関係ヲ有スルノテアル[25]

食物は「生存活動」に必要な「栄養」を供給すること、「身体の健康」を維持するためには「エネルギー」が必要であり、それはまた、「作業能率」にも大きく関わってくると説明されている。具体的に同調査では、寄宿舎を持つ一六の工場から、一週間の献立、摂取量、その間における体重のデータを得ている。食事の内容と量を体重と関連付けている点は、この時期においては非常に先駆的であったといえる。
同調査では、総括として、一六の工場の内、標準最小限度以上の「蛋白質《たんぱくしつ》」を供給しているのは七工場に過ぎないため工夫すること、その際にはできるだけ「動物性蛋白質」を取り入れることを要請している。つまり、「栄養」の学理を付加して、食事の質と量を分析し、それが労働者の身体や健康に及ぼす影響に言及しているのである。
こうした分析が登場した背景として、それまで生化学の一部としか考えられていなかった「栄養」が、一九一三（大正二）年に日本で初めて「栄養論」を唱えた佐伯矩《さいきただす》によって学問として独立したことが挙げられる。佐伯は一五（大正四）年に私設の「栄養研究所」を創設し、それが二〇（大正九）年に内務省の国立栄養研究所となった。[26]
佐伯は栄養学の確立だけでなく「実践による食生活の改革」を重視しており、一九二五（大正一四）年に私立栄養学校を創設し、「栄養手」[27]を育成し、各府県へ「栄養改善事業」を普及させ、推進した。その現場の一つが、栄養学にもとづいた工業地域における共同炊事の実践だったのである。

「工場食」と「共同炊事」は「産業福利」でもあった

労働者にとっての福利厚生、言い換えると「布団」と「米」の重要性は、企業の経営者、経済団体も認識していた。これについて考察するには、一九一九（大正八）年一二月に創設された「協調会」と第一次世界大戦後の社会情勢について触れておかなければならないだろう。[28]同会による「設立の動機及由来」には次のようにある。

欧州大戦争の影響は我国の産業界に異常の進展を来たし、国民経済及国民生活の諸方面に種々なる変化を及ぼし大戦に伴ふ世界的思潮動揺の影響と相俟《あいまつ》て、社会各階級の間動《やや》もすれば調和を欠き国家の進運、社会の福祉は為めに累を蒙《こうむ》ることなきを保せざるの状況にあった。殊に資本労働の関係に就ては生産政策上より云ふも社会政策上より云ふも最も重要且喫緊の問題なるを以《もっ》て朝野の識者大に之を憂ひ適当の施設に依《よ》り、之が匡救《きょうきゅう》善導を為さんことを庶幾しつつあったのである。[29]

協調会が創設されたのは、アメリカ合衆国のワシントンＤＣでＩＬＯの総会が開催された直後であり、またその前年の一九一八（大正七）年には米騒動が起きていた。協調会の設立の由来をみると、そうした社会情勢の変動を強く意識していたことが読み取れる。そして、それによる動揺を抑えるためには事業者と一般労働者との「協調」が必要であり、これによって労働問題の解決を目指すとしているのである。
協調会の設立を経営者の労働観に照らして明らかにした島田（一九八九）によれば、[30]同会は労働問題に対し法的な枠組みを整備し、第三者的な中間機関による社会政策によって企業内労使関係を補完することを目指していた。それは、従来の温情主義的施策よりも一歩進んだ社会政策的施策を取り入れたものだった。
例えば設立綱領の事業内容には「労働者の疾病、傷害並に老衰を保険すること」や、「実費宿泊所及実費賄所を設け家庭を有せざる労働者の為に廉価なる寝食を供すること」などが含まれており、労働者の身体や生活環境への関与が明示されている。一九二五（大正一四）年には内務省直轄の「産業福利協会」が発足し、三六（昭和一一）年にはそれが協調会に合流し、「協調会産業福利部」が誕生した。[31]
では、当時の産業福利として注目されたのはどのような事象であったのだろうか。結論から言えば、それこそが「工場食」と「共同炊事」であった。協調会産業福利部がパンフレット第一号として刊行したのは、『工場食の改善と工場栄養食共同炊事場』という調査報告であったことにもそれが表れている。同書の序は次のような一文から始まる。

工場の福利施設として教育、体育、衛生、娯楽其他色々考へ得るが、何を労働者が一番望んで居るかと云ふと通常は食事の甘味《うま》いことであるが、工場ではその食事の重要性を従来あまりに看却して炊事係の選択等にも余り注意して居ないやうである。それでは到底労働者の満足は望み得ないであらう。工場は先《ま》づ如何《いか》に食事が重大であるかを認識してその改善に努力することが福利施設の第一歩である[32]
このように、戦間期において徐々に高まる企業や行政の労働者の胃袋という身体への関与は、「栄養学の導入」、企業における「温情主義から協調主義への転換」、「新たな社会政策」などが民間ベースで進められた上に、内務省の労働行政がそこに加わって展開してきたと見ることができる。経営家族主義を標榜《ひょうぼう》する企業は、外部では政治的に「家族国家」との提携を強固にし、企業的には「わが社意識」を培養しながら資本主義の論理を貫徹していったとも言われている[33]。
女工たちの日常生活世界は本人たちの工夫や機転によって日々組み替えられ、乗り越えられてもいたが、大局的に見れば、こうした国家や企業、産業界の思惑などによって規定されていた面も大いにあったのである。

武藤山治の「温情主義」——企業という大きな家族

大勢の女性たちを雇用した企業家にとって、彼女たちの日常生活世界はどのようなものとして捉えられていたのだろうか。以下では第一章冒頭で紹介した武藤山治と大原孫三郎という、二つの紡績会社を率いた二人の企業家の事例から、詳しく考えてみたい。

武藤と大原は労働者に対する処遇を改善し、企業内教育制度を整備するなど、企業経営における福利厚生制度の創始者という位置づけでその共通点が論じられることがある。しかし、その一方で、女性労働者である女工へのまなざしという点で、両者は大きく異なっていた。

先に述べたように、工場法が施行されてから三年後の一九一九（大正八）年秋、アメリカ合衆国のワシントンＤＣで開催されたＩＬＯの総会に、企業家代表として出席したのは鐘淵紡績会社社長の武藤山治であった。同社は「大家族主義」の企業とも言われ、慈恵的家父長的な「経営家族主義」、「温情主義」[34]の実践者として知られていた武藤は、ＩＬＯの総会で日本の紡績業が直ちに深夜業を廃止できないこと、けれどもそのほかの労働条件に関して少なくとも自分の会社では改善が大いに進んでおり、労使協調が定着していることを、自信をもって論じた。

武藤山治は近世末期、一八六七（慶応三）年に美濃国《みの》（岐阜県海津郡《かいづ》海西村《かいさい》）で庄屋《しょうや》の長男として生まれた。幼くして儒学を学びつつ、当時としては珍しい熱心なクリスチャンであった父や福沢諭吉《ふくざわゆきち》の書籍からの影響を強く受け、慶應義塾本科に入学し、一八八四（明治一七）年に同大学本科を卒業している。翌年から三年間、アメリカ合衆国へ留学したが、松方デフレの影響による資産圧縮により、生活費を稼ぎながらの苦学生として渡米せざるを得なかったという経験をしている。[35]そして、この時の苦労が、後に労働者に対する温情的な経営を実践する素地になっているともいわれてきた。

帰国してから広告代理店を開店し、その後は三井銀行に入行し、一八九四（明治二七）年、二七歳の時に鐘紡へ配転となった。以後、三〇年間にわたり、鐘紡の経営を担う中で、武藤は経営における温情主義、家族主義の実践者としての地位を確立していくことになる。
武藤の従業員に対する理念は主に男性従業員に関するものを中心に分析されてきたが、近年、中川（二〇一七）によって、女性労働者に対する認識の一端が明らかにされた。武藤自身の言葉である「祝辞」のテキスト分析による興味深い論考である。[36]中川によれば、武藤の祝辞には、男性に劣位する女性労働者の処遇が認められ、それを正当化する論理として、①市場論的な就業の動機づけ、②本質主義的な労働役割の強調、③ジェンダー化された家族概念による性別分業の正当化が展開されていたという。実際のテキストを見てみよう。

一体日本では従来女子は内に居て、只《ただ》家庭の事にのみ携はって居ればよかったのであるが、前申した通り日本も大いに進歩発達し、世界を相手の大商戦に参加して居るのであるから、諸子も会社といふ大なる家庭の内助をするといふ考で働いて貰はねばならぬ時となったのである。[37]

産業革命が進むにつれ、女性も働くようになったが、「会社という大なる家庭」の中で女性労働者は「内助」をする役割であると明言されているところに、武藤の女性労働者に対する認識が明確に表れている。おそらくアメリカ合衆国への留学経験も反映して、欧米との比較から次のようなメッセージを女工たちに伝えてもいる。

英吉利《イギリス》の女子は家の内外で働くばかりでは飽足らず、国政にまで参與せんと欲し、女子に参政権を與へよ、我等を代議士たらしめよと叫んで、仰々しく運動をなし、又亜米利加《アメリカ》では女子が大統領の候補として打って出る様な者さへ現はれたとの事である。是等《これら》は男子の領分迄《まで》女子が犯すもので余り善い事とは云へぬ（後略）[38]。

武藤がこの話をした二年後の一九一八年、イギリスでは女性参政権が認められ、その二年後にはアメリカ合衆国でも女性参政権が認められた。先の話と同じ一九一六年に発せられた「日本女子の特質」という祝辞では、日本では欧米の女性たちのようにあって欲しくないという武藤の認識が明確に示されている。

我が国の女子も外国の女子を見習って、働くという点だけは十分之を学ばなければならぬが、只昔より維持し来たった柔順の美質ばかりは、何処までも之を守り育てて行って其言語に於ても、又動作に於ても、すべて心から柔軟にしとやかにして、日本女子の特質を益々発揮する様に心掛けて貰ひたいものである[39]。

工場では女工たちの衣食住が整えられ、彼女たちは高い防火壁の内側で、「大なる家族」の娘たちとして生活することを期待されていた状況が読み取れる。近代化や産業化の内側では、性別役割分業が新たに構築され、強化されていたのである。

大原孫三郎の「人格向上主義」——女工へのまなざし

こうした武藤の認識とは対照的に、倉敷紡績の社長であった大原孫三郎は、労使を対等とみる「労働理想主義」を主張したと言われている。女工たちの食事をめぐって、大原には次のようなエピソードが残っている。
一九〇七年頃、倉敷紡績では請負制が一般的であった工場の炊事場と食堂を、日本で最初に工場の直営に切り替えた。それまで同社の場合は、三人の「飯場頭」が牛耳っており、炊事賄いや労働者への日用品の販売、職工の入社や退社などに関連しての搾取や不当利益の獲得、暴力による支配がまかり通っていた状況を改善するためである。このことを孫三郎は後年になって次のように語っている。

職工賃金はその飯場が会社から受取り、食費その他を差引いて残りを職工に渡していた（中略）そこで私は職工を集めて、（中略）将来は会社で食堂の経営や物品の販売をするようにせねばならぬと話した。すると飯場は暮の三十一日に、会社が保証してくれねば女工に餅をやらぬといい出した。そこで会社は町内の餅屋で餅を買い集め、大急ぎで販売所を開いた。[40]

孫三郎はさらに寄宿舎の改築にも着手した。それに先立つ一九〇六（明治三九）年六月下旬、寄宿舎で腸チフスが発生し、死者七名を出す惨事となった。これによって引責辞任した父に代わり、三か月後の九月には当時二六歳であった孫三郎が二代目社長に選ばれた。このような経緯があって、社長就任後の孫三郎の急務は、腸チフス流行の後始末と善後策に尽力することとなる。イギリスの実業家であり、社会改革家であったロバート・オーエン[41]の業績や他国の工場経営法を学んでいた孫三郎が新たに建築した建物もまた、画期的であった。労働者が土地に根を下ろし、工場が住民の共同作業場という位置づけになるように、寄宿舎ではなく職工社宅村を建設したのである。[42]
これまでは一般的に、食事や住居を含む福利厚生を工場側が整えるのは、低賃金であっても労使の協調を保ち、労働力の安定的な確保をするためであるとみる向きがあった。ところが、孫三郎が目指した方向性は決して功利主義的な経営ではなかった。かといって、先に見た、武藤山治の「温情主義」でもない。
孫三郎は「人格向上主義」という言葉を好んで使ったと言われる。これは労働者の人格を重んじ、「対等」な「一人前」の人間として扱い、それと同時に教育によって人格が尊重されるようになることを助ける、という意味であった。つまり、倉敷紡績の直営食堂への転換は、単なる工場付属設備の更新ではなく、女工たちを「一人前の人間」として扱い、教育する対象としてみる、という「女工観の転換」ともいうべき重要な意味をもっていたといえる。
ではなぜ、孫三郎はこのような観点に立つことができたのだろうか。それは孫三郎が大原家、あるいは倉敷紡績という企業に関心を向けるだけでなく、目の前で起こっている様々な問題の背後にある、より広い社会構造まで洞察していたからではないかと、私は考えている。

内助と対等

大原孫三郎は東京での遊学中の放蕩《ほうとう》の数々が原因で岡山に戻り、謹慎する身となったが、そのときに石井十次《いしいじゅうじ》と出会い、大きな影響をあたえられたといわれている。石井十次は医学を志し、岡山で学び、代診医として赴任した先で、貧しい巡礼の人びとに出会ったことがきっかけで、岡山孤児院を始めた人物である。最盛期には一二〇〇人の孤児がいたといわれるこの孤児院に金銭的援助をつづけたのは、ほかならぬ大原孫三郎であった。
石井は大阪でも岡山孤児院の分院をつくって活動し、一九〇九（明治四二）年に、愛染橋《あいぜんばし》保育所、愛染橋夜学校、職業紹介施設の同情館を開設した。しかしその後、一四（大正三）年に石井が早世したために、大原孫三郎はその活動を継続しようと「財団法人石井記念愛染園」を大阪に設立した。この愛染園のなかに、まずは救済事業研究室が設けられた。米騒動や農民運動、労働運動が勃発する事態を受け、一九（大正八）年にはそれを発展させて、大原救済事業研究所が設立されている。一九年といえば、先に見た、企業家や産業界が中心となって「協調会」が創設された年でもある。その四か月後には救済問題と社会問題という二つの部門からなる「大原社会問題研究所」が設立された。

図2-1　倉敷工場食堂の大時計

倉紡記念館所蔵（2017年、筆者撮影）

武藤山治と大原孫三郎という二人の企業家を比較

してみると、武藤が持つ関心の射程が企業や産業内部とその利益に向けられているのに対し、大原のそれは企業を取り巻くより広い情勢や社会問題とその解決に向けられていたことがわかる。女性労働者に対する認識も、「大きな家族」としての企業の庇護《ひご》のもとで「内助」の役割を期待する武藤と、「人格」ある一人前の人間として「対等」な立場と見る大原との間には大きな違いがあった。

先述したように、経済史学者の阿部武司は、一九一九（大正八）年に開催された第一回のILO総会に、もし、武藤ではなく大原が出席していたら、その後の日本社会はどのようになっていただろうかと想像していた。それは、二人の企業家の労働者や女性たちに向けるまなざしが、対照的といってよいほど異なっていたからである。

また、実際には武藤が日本の代表的な企業家として国際会議に出席したという事実は、当時の日本の産業界と経済界だけでなく、社会の中でも武藤が構築してきた温情主義、家族主義に基づいた経営システムや労働者の処遇が一定の評価を得ていた証左なのだろう。

自由に外出する権利を獲得する

高井としをが働いていた東京、亀戸の工場地域では、一九二七（昭和二）年五月に、日本で初めての女性労働運動が動き始めていた。東洋モスリン亀戸第一、第二工場に五〇二一人の労働者のうち、四九五一人が集まり、待遇改善を要求した。[43] 要求は提出後わずか一日で認められている。

この要求の中に、「寄宿女工を自由に外出させること」という文言が含まれていた。ということは、それまでは、基本的に工場で働く女性たちは工場の外へ自由に出ることができなかったわけである。衣食住は工場によって用意され、女工たちの日常生活世界は工場という世界に限られていたことになる。女性労働運動史においてこの問題は、東洋モスリンに限らず、全国の紡績女性労働者にとっての「人権宣言」として、画期的意義を持つものであったとされている[44]。

「自由に外出する」とは、社会とのつながりを自主的に持つことを意味している。社会とのつながりを持つと、当然ながら視野が広くなり、様々な刺激を受けて、自己を確立していくことができる。外出を禁ずるのには、そうした経験を女性たちがしないようにという意図も含まれていたのだろう。

近代日本では、女工に限らず早くから女性の政治活動に厳しい制限が加えられていた。一八九〇（明治二三）年に集会及政社法で女性の政治活動を禁じて以来、一九〇〇（明治三三）年の治安警察法第五条がこれを引継ぎ、第一項で女性が政治結社に加入することを禁じ、第二項で女性を政談集会に集めること、発起人となることを禁じていた[45]。

このうち第二項は一九二二（大正一一）年三月に改められ、政談集会に参加したり、主催したりする権利がようやく女性にも認められるようになった。女工たちが外出する権利を手にすることができたのは、その前提として、こうした政治的な制限に対する粘り強い改変の要求があったからである。しかしながら、女性は普通選挙法案からは除外され、政党に加入して活動することは、未だ許されなかった。

集会と焼き芋は喜びとささやかな抵抗

では、自由に外出する権利を得て、女工たちの日常生活世界にはどのような変化があり、彼女たちはどのような経験をするようになったのだろうか。ここでは二つのことに言及したい。一つは集会などに参加して学ぶ機会を得たということである。そしてもう一つは、自分で働いて得たお金を持って、自分で何かを買いに行くという経験を得たということである。
例えば亀戸の工場街に目を向けると、一九二九（昭和四）年八月二二日、亀戸七丁目二二四番地に「労働女塾」が誕生した。中心になったのは、帯刀貞代《たてわきさだよ》という女性である。帯刀の言葉から当時の様子を見てみよう。

東洋モスリンの人たちは、二七年六月、寄宿舎外出の自由を獲得しており、ときには選挙の応援にでかけることもあったように思う。（中略）
私は女工さんたちに裁縫を教える塾を開こうと考えた。はじめに移り住んだころとちがって、ともかく彼女たちはこの年六月三〇日をかぎりとして、つらかった深夜業からは解放され、午後二時の交替時間を境として、前番の人は午後二時以降、後番の人は午前中に、少しゆとりのある時間を持てるようになっていた。[46]

教える科目は「学科（婦人と労働組合、プロレタリア経済学など）」、「裁縫（和服、婦人子供洋服）」、「手芸（編物、刺繍《ししゅう》、袋物）」、「割烹《かっぽう》」であった。裁縫を主にしたのは女工たちの要求に応《こた》えた結果であった。塾は前番、後番それぞれ一五人前後、合わせて三〇人あまりの人たちが多少の出入りはありながら続いていった。

さらに、もう一つ、自分のお金で買い物に行くことについても触れておこう。女工たちにとっては、長らく工場の壁の中が生活世界の全てであったことを考えると、現在の私たちが想像する以上に、自由に外出して買い物をする喜びは大きいものだったに違いない。また、工場で用意される食事以外の饅頭や煎餅などの菓子を購入することによって、工場での生活世界や人間関係を立て直し、困難を乗り越える場面なども、高井としをのライフヒストリー（第一章）で垣間見た。

当時の女工たちが置かれていた状況をふまえると、「間食」や「嗜好品」の世界は単なる娯楽というよりもむしろ、企業や工場の管理下でなお、自らの力で生きていることを実感できる喜びとささやかな抵抗という意味があったように思えるのである。そうだとするならば、女工たちの外出時の行動や、食べていた物は、働く女性自身による日常生活世界の一部として、等閑視できない重要な意味があったのだといえる。

先に見たように、例えば愛知県尾西《びさい》織物業地域では、女工たちが小遣いをもって外出した際に立ち寄るのは、工場の近くにある菓子屋、うどん屋、八百屋などで、うどん、あられ、みたらし団子、果物、大判焼き、鯛焼きを食べ、みかん水やラムネを飲むことを楽しんでいた。亀戸の東洋モスリンの南側には千葉街道と竪川《たてかわ》、北側には都電が通り、食べもの、着物、下駄《げた》、化粧品の店ができ、五の橋館という映画館もあった。[47]
外出による「買い食い」の中で、近代において興隆した象徴的な食べものの一つに「焼き芋」がある。大豆生田稔《おおまめうだみのる》『お米と食の近代史』（吉川弘文館）には「焼き芋屋の繁盛」という記述がある。それは工場労働者たちの空腹を満たす食事でもあり、間食の楽しみともなるものであった。各地の女工たちも焼き芋を好んで食べていた。例えば実際に、次のような具体的な事例がある。
現在の兵庫県尼崎市域内の南東部にはかつて小田村という村があった。そこに大阪合同紡績会社ができたのは、一九一三（大正二）年のことである。[48]一九三一（昭和六）年には東洋紡績会社が大阪合同紡績神崎工場を吸収合併して、東洋紡績神崎工場となっている。そこにはたくさんの若い女性が集まってきた。むろん工場で働くためである。
工場周辺の集落は賑《にぎ》わい、工場の西側には社員用の住宅地が、北側には通いの職工用の長屋が林立した。また、「杭瀬《くいせ》」という地域周辺の東西の道は商店街として賑わった。この辺りには市場、映画館、芝居小屋などもあった。女工たちは工場での仕事を終えると、外出の許可をとり、杭瀬へと出掛けるのを楽しみにしていた。

まず正門を出て左へ曲ると私の大好きな杭瀬市場がありました。今でこそ市場は珍しくもありませんが当時は珍しくて焼芋をよく買いに行きました。[49]

杭瀬の町に小さな市場がありましたが、なか程にお菓子屋がありました。「動物ピスケット・砂糖付」「いも松葉」「花林糖」などをガラスの蓋をしめたり開けたり、店の人は大きなブリキ箱を片膝を立ててザアーとあけており、そのお菓子を買うのは、とっても楽しみでした。時に、二十銭くらい買ったのでしょうか。[50]
その並びに呉服屋さんがあり、部屋の人達と一緒に行って、洋服の布地を買ってきました。[51]
焼き芋を買う場面は、東洋紡績神崎工場で働いていた女性たちによってこんな風に回想されている。工場での仕事を終えたあと、あるいは休日の外出先は工場近くの商店街や市場であり、彼女たちの楽しみは、そこで工場内での食事以外のものを食べることであった。焼き芋はその代表的な食べものの一つであり、近代日本における労働者と工場との関係を表す、一つの象徴でもあったのである。

【第二章註】

1 田中圭一『村からみた日本史』ちくま新書、二〇〇二年、一〇頁。
2 大河内一男『社会政策の基本問題』日本評論社、一九四〇年。
3 前掲1、九頁。
4 前掲1、一〇頁。
5 前掲1、一一〜一二頁。

6　アルフレッド・シュッツ、トーマス・ルックマン著、那須壽監訳『生活世界の構造』ちくま学芸文庫、二〇一五年、四三頁。
7　高井としを『わたしの「女工哀史」』岩波文庫、二〇一五年、三二頁。
8　前掲7、三三頁。
9　前掲7、三三頁。
10　前掲7、三七頁。
11　前掲7、三八頁。
12　林喜代家所蔵の「起共同炊事組合」関係資料による。
13　近年では、ミッシェル・フーコーが提唱した「生政治」という概念を援用して、歴史学の分野で「身体」をめぐる議論が始まっている。服部伸編『身体と環境をめぐる世界史——生政治からみた「幸せ」になるためのせめぎ合いとその技法』人文書院、二〇二一年。
14　千本暁子「明治期紡績業における通勤女工から寄宿女工への転換」『阪南論集　社会科学編』、三四巻二号、一九九八年（九）、一三～二六頁。
15　千本暁子「明治期における工業化と在来的雇用関係の変化」『社会経済史学』五二巻一号、一九八六年、三八～六二頁。
16　間宏「経営家族主義の論理とその形成過程——日本労務管理史研究序説」『社会学評論』一一（二）、一九六〇年、二～一八頁。
17　また、日本の場合、都市と農村、工場と実家の間には労働力の往復があり、ライフステージのある一時期に工場で働いた女性であっても、農山漁村に戻って結婚し、再び家父長的な家制度に組み込まれることも少なくなかった。
18　『職工事情』は明治三〇年代前半の工場労働事情調査である。

19　農商務省工務局『工場衛生調査資料』農商務省工務局、一九一〇年。
20　石原修「某紡績会社某工場工女健康成績調査」『日本衛生学会雑誌』七巻一・二号、一九一一年、所収。
21　石原修『衛生学上ヨリ見タル女工ノ現況』国家医学会、一九一四年。
22　いずれも、篭山京編・解説『女工と結核　生活古典叢書　第五巻』光生館、一九七〇年、所収。
23　前掲21、一～二頁。
24　農商務省は明治一六年頃から工場法の立案に着手し、最初の工場法案が明治三一年に諮問されるが、労働者保護の観点が不十分として成立せず、あらためて公布されるには一九一一（明治四四）年を待たなければならなかった。丹野勲「明治・大正期の工場法制定と労務管理」『国際経営フォーラム』二二号、二〇一一年、九三～一二〇頁。
25　社会局編『工場監督年報　第七回』社会局、一九二五年、九三頁。
26　公益社団法人愛知県栄養士会『設立七〇周年記念誌　栄養士活動七〇年』公益社団法人愛知県栄養士会、二〇一五年、二四頁。
27　各府県では「栄養技手」と位置付けられ、のちに「栄養士」となる。
28　同年には大原社会問題研究所が設立されている。社会政策の新たな展開を担った同研究所と協調会との関係や社会的影響については別稿を期したい。なお、協調会については梅田俊英、横関至、高橋彦博著、大原社会問題研究所編『協調会の研究（法政大学大原社会問題研究所叢書）』柏書房、二〇〇四年などがある。
29　黒川小六『協調会事業一班』協調会、一九二三年、一頁。
30　島田昌和「協調会の設立と経営者の労働観――日本工業倶楽部信愛協会案をめぐって」『経営史学』二四（三）、一九八九年、二七～五七頁。

31　その経緯についての記述は、高橋彦博「協調会史における『産業福利部』の位置」『大原社会問題研究所雑誌』五九八号、二〇〇八年、一〜一二頁を参照した。
32　協調会産業福利部編『工場食の改善と工場栄養食共同炊事場　産業福利パンフレット1号』協調会産業福利部、一九三八年。
33　前掲16、二〜一八頁。ただし、これは主に男性従業員に対する処遇の分析が中心である。
34　経営者や家長という上の立場にある者が、労働者や子どもなど、下の立場にある者に温情や保護をあたえると、下の者は上の者に感謝して従うようになるという考え方。
35　岡部幸徳「明治期紡績業における労働条件と武藤山治についての一考察――鐘紡における労働条件と武藤山治の生い立ちを通して」『研究年報』(五)、二〇〇一年、一九〜四一頁。
36　中川宗人「祝辞における労働とジェンダー――鐘紡・武藤山治の女性労働者に対する認識の分析を通して」『年報社会学論集』(三〇)、二〇一七年、三九〜五〇頁。
37　武藤山治「工場中堅の養成」一九一五年、『武藤山治全集第二巻』新樹社、一九六四年、一三一頁。
38　武藤山治「天性の発揮」一九一六年、『武藤山治全集第二巻』新樹社、一九六四年、一五七頁。
39　武藤山治「日本女子の特質」一九一六年、『武藤山治全集第二巻』新樹社、一九六四年、一五九頁。
40　兼田麗子『大原孫三郎――善意と戦略の経営者』中公新書、二〇一二年、四一頁。
41　Robert Owen（一七七一〜一八五八）、イギリスの社会主義者。二一歳でマンチェスターの大紡績工場支配人となり、一八〇〇年に工場労働者の生活改善の実験に着手し、生産・労働・利潤の改良に成功した。一八一九年の工場法制定にも寄与した。永井義雄『ロバアト・オウエンと近代社会主義』ミネルヴァ書房、一九九三年に詳しい。

42　中野茂夫・平井直樹・藤谷陽悦「倉敷紡績株式会社の寄宿舎・職工社宅の推移と大原孫三郎の住宅施策――近代日本における紡績業の労働者社宅　その一」『日本建築学会計画系論文集』七六（六五九）、二〇一一年、一九三～二〇二頁。
43　小畑精武「東京下町女性労働史を歩く・戦前（二）東洋モスリン争議」『先駆』（九六六）、二〇一八年、三〇頁。
44　鈴木裕子『女工と労働争議――一九三〇年洋モス争議』れんが書房新社、一九八九年、二七頁。
45　帯刀貞代『ある遍歴の自叙伝』草土文化、一九八〇年、五七～五八頁。
46　前掲45、六六、七一頁。
47　前掲43、三〇頁。
48　以下、松井美枝「紡績工場の女性寄宿労働者と地域社会との関わり」『人文地理』五二（五）、二〇〇〇年、五九～七三頁による。
49　東洋紡績神崎会『続続神崎工場物語　――糸切りの花咲けど今は嘆かじ』東洋紡績神崎会、一九八二年、九頁。
50　サツマイモを短冊状に切り、油で揚げて砂糖を絡めた菓子、「芋けんぴ」のこと。
51　東洋紡績神崎会『続続続神崎工場物語　――哀歓・想い出の煙突女学校』東洋紡績神崎会、一九八三年、一〇四頁。

米と潮騒

第三章

一〇〇年前の米騒動と女性の自治

「海上ヨリ見タル魚津町」写真葉書、筆者所蔵

大げさに伝えられてきたけど、魚津の米騒動は話し合いで済んだがやちゃ[1]

（浜多きく）

騒動ではなかった魚津の潮騒

日本の女工たちが外に出る権利を運動で勝ち取ろうと奮闘し始めた背景には、日本だけでなく世界各地で盛んになっていた労働組合運動の波があった。先に述べたように、ロシア革命の影響で労働問題が大きな政治問題となっていたことを受け、一九一九（大正八）年にはＩＬＯの設立が合意され、同年秋にはアメリカ合衆国のワシントンＤＣでＩＬＯの総会が開催されている。

その前年の一九一八（大正七）年の夏、富山湾の東部に位置する魚津で米騒動が起こった。時代は第一次世界大戦の渦中、二〇世紀初頭に始まった「民衆暴力」と大正デモクラシーの風が吹き荒れていた最中《さなか》のことである。

「越中《えっちゅう》の女一揆《いっき》」として知られるこの騒動の第一報はまず、富山県の地方新聞二紙の七月二四日付け記事として報じられた。記事の見出しには、次のような言葉が並ぶ。


窮乏せる漁民、大挙役場に迫らんとす、不漁続きで如何んともする能《あた》はず、悲痛な生活難（『富山日報』）

生活難襲ふ猟師町、役場へ嘆願（『北陸タイムス』）

翌日には続報として「米は積ませぬ、魚津細民海岸に喧騒す、細民が困倦《こんけん》し居れる窮状察す

べし、汽船空しく出帆（『富山日報』）」と報じられた。内容を子細に見ると、地方新聞による
これら初期の報道には、「騒動」というよりも「嘆願」であったことが克明に記録されている。
近世の魚津は、北陸街道の宿場町として、北前船がもたらす富で潤う活気ある港町であった。
かつての賑わいは失われたとはいえ、近代にも当地域は米の積出港としての役割を残していた。
その魚津に、北海道へ送る米を積み込む汽船「伊吹丸」が入港したのは騒動の前日、七月二三
日のことであった。この地域の漁村では、夏季のこの時期を「鍋割月《なべわれづき》」と呼んでいた。鍋に入
れる物が無く、鍋が割れてしまうほど困窮する月という意味である。
そこに戦時下の物資不足と米価高騰が重なった。政府が七月にシベリア出兵の方針を固める
と、投機目的の商人たちが米を買い占めたため、米価が急激に高騰したのである。日々の糊口《ここう》
にも困り果てている時期であるのに、米は魚津から他所へ運び出されていくばかり。役所に嘆
願した「おかか」たちは、魚津から他所へ出される米を運ぶ仲士でもあったから、日々の炊事
や食卓を眺めるたび、その理不尽や矛盾に向き合わざるを得なかったにちがいない。
だから、一見すると七月二四日の出来事は、浜のおかかたちの堪忍袋の緒が切れて生じた、
突発的な反乱だと説明したくもなる。しかし、しばし立ち止まって『魚津市史』をひもとくと、
一般的に説明されてきた米騒動とは異なる見解が見えてくる。市史では魚津では明治時代から
嘆願や騒動が連綿と繰り返されてきたことが説明されており、歴史の中に相対化してみれば、
この地域にとって一九一八年の出来事は、さして特別な騒動ではなかったことがわかるのであ
る。

また、そうした嘆願や騒動に応えるように、同地域は貧民救済制度を独自に整えてきた実績と歴史を有していた。この地域で繰り返されてきたおかかたちの生きるための嘆願は、この地域に不意に襲い掛かってきた津波だったのではなく、暮らしの中で営々と寄せては返す波が生み出す「潮騒《しおさい》」のようなものだったと言えるのかもしれない。
最近になって、明治時代に旧魚津町が整えた「貧民救助規定」と「貧民救助方法」の議定書が新史料として発見されたことにより、米騒動の再考が始まっている。その結果、魚津の米騒動は暴動ではなく、貧民救済制度の発動を求めた一種のデモンストレーションだったのではないか、という解釈が新たに加えられるようになったのである。[2]
魚津の米騒動研究の第一人者である紙谷《かみや》信雄《のぶお》は、魚津高校の教師をしていた時に米騒動を調べ始め、騒動に関わった女性たちにも取材を重ね、それを記録にとどめた。当時のことを自分の言葉で語る女性がほとんどいなかった中、それは今に伝わる数少ない貴重な記録となっている。いくつか引用しよう。

米騒動の頃は、おからを買うのさえ大変だった[3]

明日はどうして暮らしを立てたらよいか、毎晩泣き明かした[4]

魚津のおかかたちのこうした言葉は、家族の胃袋をどのように満たしたらよいのかという切実な思いにほかならなかった。「米を他所に出さないでほしい」という嘆願は、その象徴的なメッセージであったといえる。

漁師の暮らしは大変で、おっかさんらは米を一日分ずつ買っていった。一升買って、九割九分、船に乗っていくお父さんに持って行かせた。残りの一分だけにイモやら野菜やらいろいろなものを混ぜて食べて苦しかった[5]
大げさに伝えられてきたけど、魚津の米騒動は話し合いで済んだがやちゃ[6]

これは、米騒動の最後の語り部であった浜多きくさんの言葉である。彼女は浜多米穀店の女将でもあった。「事実を正しく伝えたい」と、出版社や新聞、行政などのインタビューに積極的に応じ、証言を残してきた。
一般的に「米騒動」と言われる魚津のおかかたちが嘆願した一九一八年七月当時、きくさんは一一歳だった。夕飯を食べていると、七〇人ほどの女性たちが店の前に集まって来たという。「頼んますちゃ」と、当時店主であった祖父に嘆願する様子を覚えている。米の県外移出を止め、自分たちに安く売ってくれるようにという嘆願だった。祖父は「必ずいいようにするから、おらを信じてくれ」と言い聞かせると、「おやっさんがそう言うなら」と女性たちは帰って行った。その後、祖父は町内の同業者と相談し、移出米一〇〇升につき、〇・五升を救済のための負担金に充てることに決めた。かつて近世の村々が実践していた、困窮者や災害時の支援に用いる「備荒貯蓄米」を想起させる仕組みである。

これは、おかかたちの視点から見れば、暴力に頼ることなく、自分たちの要求を実現した誇るべき実践であった。一方、地域の歴史という視点でみれば、近世以来、貨幣経済の波頭に立つ地域が避けて通れなかった不安定な経済情勢に対する、地域独自のセイフティーネットの再構築でもあったのである。

つくられた「民衆暴動」としての米騒動というマスター・ナラティヴ

二〇一八年は米騒動が起こってから一〇〇年を経た年にあたる。地元では、魚津の「貧民救助規定」と「貧民救助方法」の議定書の発見なども相まって、あらためて米騒動の実像に迫ろうという研究や、それを学ぶ機運が高まった。

しかし、それまでこの地域一帯では、米騒動は「語られることのない歴史」であり続けたのだという。[7]「無知で貧しい人びとが起こした恥ずかしい騒ぎ」、という低い評価が与えられ続けてきたからである。それはそのまま、富山の漁村の女性たちが歩んだ歴史への評価でもあった。とりわけ戦時体制のもとでは「権力者に盾突く、社会的秩序を乱した出来事」と解釈され、終戦後もそうした意識は長く地元に染み付いたままであった。

第一章で触れた『わたしの「女工哀史」』とも共通しているのは、長らく、当事者であった女性たちの声が不問に付されてきたということである。そして、女性たち自身も、「わたし」

という主語で語ることを拒み続けてきた。

では、米騒動に関わる歴史像やその評価、そのマスター・ナラティヴは如何にしてつくられてきたのだろうか。「話し合いで済んだ」魚津の女性たちの嘆願が、なぜ「民衆暴動」の象徴として歴史の教科書に刻まれるようになったのだろうか。その疑問を解く鍵《かぎ》を、当時の「報道」と「社会情勢」に焦点を当てて考えてみたい。

先述したように、魚津の出来事の速報は地方新聞二紙によって報じられ、地域内にとどまっていた。ところが、魚津の騒動を報じなかった「高岡新報」が八月四日付け紙面で、魚津の西方に位置する別の地域（中新川郡西水橋町《なかにいかわぐんにしみずはしまち》）で起きた女性たちの嘆願を「女軍米屋に薄《せま》る、百七八十名は三隊に分れて、町有志及び米屋を襲ふ」と報じた。実際には襲ったというよりも「米の廉売を為されたしと哀願し」たと、本文には書かれている。

この記事は、高岡新報から大阪毎日新聞、東京日日新聞などに配信され、八月五日付けの各紙に掲載されて、全国に知れ渡ることになった。さらに高岡新報は八月七日付けの社会面の三段を使って「生活難を絶叫せる　二千人の大集團」と大々的に報道した。

高岡新報は八月七日から九日に、三日続けて米騒動についての論陣を張り、社説で政府に根本解決として社会政策を要求した。こうして、八月九日頃には、報道による情報の拡散が全国へ行き届いた。後に、日本近代史の中で同日は、米騒動が全国各地に波及し始めた日と位置付けられるようになった。

魚津のおかかたちの嘆願と、「話し合い」による解決という具体的な出来事は、いつの間にか彼女たちの手を離れ、意図せざるところで世情はその暴力性を消費し、マスター・ナラティヴとしての米騒動像がつくられていった。流布したそのマスター・ナラティヴが引き金となって、実際に暴動が各地で勃発する事態にもなったのである。

暮らしと共に培われた思想と実践として、魚津のおかかたちがいつも耳にしていた「潮騒」は、社会の喧騒と熱気にかき消され、もはや誰の耳にも届くことはなかった。少なくとも彼女たち以外には。

大杉栄が体験した大阪の騒動

高岡新報から発せられた米騒動の情報が大阪を騒然とさせていた一九一八年八月九日、一人のアナキストが東京から大阪にやって来た。パートナーの伊藤野枝《いとうのえ》が福岡県に帰省するのに付き添い、正確には金を借りに行ったその帰路に、たまたま大阪に立ち寄った大杉栄《おおすぎさかえ》である。七月に富山県で起こった米騒動が全国各地に波及し始め、大阪もその例にもれず、異様な雰囲気に包まれていた。[8]大阪では八月一日に一升三九銭であった米価が、一〇日後には五五銭になっていた。何かが起こりそうな雰囲気を感じとった大杉は、しばらく大阪に滞在することを決めた。

翌日、大杉は旅館に大阪のアナキストたちを招き、途中、大阪にやって来た伊藤野枝も加わり、情報交換をした。八月一一日、伊藤は東京への帰路に就き、大杉は大阪のアナキストと共に、騒動が起こりそうな難波河原《なんばがわら》から南区日本橋筋三丁目界隈《かいわい》を回ることにした。そこで大杉たちは、米屋などが群衆に次々と襲撃されている騒動を目の当たりにすることになる。

その日は午後七時から、天王寺公園公会堂で、国民党大阪倶楽部が三〇〇〇人の聴衆を集めて「米価調節市民大会」を開催していた。会場では怒号のような野次が飛び交う。そして、その場で組織された代表団が府知事に請願に行くことが決まり、午後一〇時半、集会を終えた代表団が夜の闇の中を府庁に向かうと、数百名の聴衆がその後に続いた。この一団が丸太や石塊、下駄などを使って次々と米屋を襲っていったのである。大杉たちが目撃したのは、まさにこの光景であった。

大杉栄研究で知られる栗原康《くりはらやすし》は、大杉栄の評伝を「米騒動」から説き起こしている。それは、大杉にとって米騒動が理想としていた「社会動員の解除」そのものであり、「それまで自分がやってきたこと、自分が理論化してきたことがまちがっていないと確信」[9]できた出来事だったからである。

一夜明けた八月一二日、大杉は朝から再びアナキストの友人と会っている。興奮冷めやらぬといった感じで米騒動の話をし、大阪の新聞社を訪ねては「釜ヶ《かまが》崎《さき》で米売れ騒動が始まっている」というデマを流して回った。新聞社は早速それを記事にした。その結果、数万人の群衆が釜ヶ崎へ集まり、米屋に押し掛けるという騒動が勃発する。大杉のデマが騒動を煽《あお》ったことも一因となり、大阪は混乱を極めた。大杉は夜になると騒動の見物のため、アナキストたちと連れ立って釜ヶ崎付近を回り、嬉々《きき》としてその情景を眺めた。

八月一三日、大阪での騒動はピークを迎え、米屋の焼き討ち事件へと発展し、軍隊の発砲、消防隊の出動、逆上する群衆が入り乱れる事態となった。これは大阪だけにとどまらず、同時多発的に京都や名古屋でも軍隊が出動するほどの大騒動となっていった。

米と都市という劇場

魚津のおかかたちの暮らしに根ざした日常茶飯の嘆願が「潮騒」だとすれば、大阪をはじめとした諸都市で勃発した米騒動は、言わば「劇場」のようなものであった。新聞報道を通して全国へ拡散された情報は、当時の社会情勢の中で再解釈され、意味を付与されながら肥大化し、膨張していった。大杉の行動からは、水を得た魚のようにその騒動を泳ぎ回り、声高《こわだか》に理想を語る少なからぬ人びとがいたことがわかる。米は主食というだけあって、いつの時代でも政治の劇場、舞台となり得るということであろう。

日本近代史において、大杉栄や伊藤野枝が生きた時代は「民衆暴力」の時代であったとも言われる。歴史学者の藤野裕子は、一九〇五年から関東大震災が起こる二三年までの東京に焦点を当てて、都市と暴動の関係を論じている[10]。米騒動は、そうした都市暴動の文脈の中にタイミング良く取り込まれ、この時期の暴動のクライマックスとして消費されていったのだと思われる。

魚津のおかかたちの言葉は海を離れ、劇場で語られる言葉、政治の言葉、運動の言葉、そしてそれを語る男たちの言葉へと回収されていった。こうした言葉がマスター・ナラティヴとしてその後の歴史観、米騒動の評価を定着させてきたのだといえはしまいか。実際、大都市における騒動への女性の参加は限定的・付随的であり、圧倒的に男性が中心であったことも[11]、それを裏付けている。

ところで、この時期に米騒動が主に都市を中心として大きな暴動となり、近代の劇場と化したのにはいくつかの理由があった。

その一つは、近代都市で増大していた男性労働者たちの不満の蓄積である。第一章で本所深川地域を事例に見てきたように、日露戦争後から第一次世界大戦にかけて、東京では工場労働者が急増した。細井和喜蔵がそうであったように、とりわけ地方から上京する若い男性たちが工場労働者や日雇い労働者として流入した。

都市に集まった労働者のうち、女性労働者たちは、第一章、第二章で見たように、良くも悪くも、その生活のほとんどが工場の塀の内側に囲われていた。一方、男性労働者たちは、藤野(二〇一五)によれば、腕っぷしが強く、情に厚い親分肌の人物に価値を置く、独自の文化と人間関係を形成していた。その一方で、工場労働者は賃金が安く、社会上昇が見込めず、蔑視《べっし》の対象でもあったため、「飲む・打つ・買う」など、刹那《せつな》的で退廃的な生活を送っていた者も少なくなかった。

そうした状況に新聞報道によって強化され、拡散された「米騒動」のマスター・ナラティヴが接続したのである。「米をよこせ」というわかりやすいメッセージはたちまち多くの人びとに共有され、そこには大勢の都市の労働者も含まれていた。そして彼らは、熱狂しながら、日ごろは決して歩くことができない大通りのまん中を群衆となって練り歩き、建物のガラス戸に投石し、自動車や路面電車を横転させようとするなどして都市を占拠したのである。この状況を、藤野は次のように説明している。

暴力を通して男性労働者が訴えたのは、米価が高いということだけではなかった。明治以降につくられた職業・階級・学歴による社会的な序列に対し、不満を吐き出してもいた。[12]

そのため、襲撃対象は、米屋のみならず、活動写真館、商店、電車運転手監督詰所など多岐に渡った。東京では自動車への投石、吉原遊郭への襲撃が顕著であった。いわば、近代都市に新たに誕生した組織、インフラ、遊興施設などが襲撃対象に含まれていたことは、都市の米騒動の特徴として示唆的である。
こうしてみると、近代都市という劇場では、女性労働者と男性労働者が生きた空間と経験に大きな差があったことがわかる。女性労働者は工場の塀の内側に生き、男性労働者は外側に生きた。社会的な序列に対する不満はまず塀の外側を中心として、男性労働者たちの暴動として表出し始めていた。米騒動が明確で拡散しやすい暴動の契機となったことで、多くの都市に渦巻いていた、未だ形を与えられていなかった不満や不安が、明確な形を得て共有されるという事態に至ったのである。それが、瞬く間に都市に米騒動が拡散した理由であった。

共同の「困窮」から個別の「貧困」への転換

都市で暴動化した二つ目の要因は、胃袋が空っぽになる不安、食べられないという困難を訴え、解決する作法の変化である。都市と貧困の関係を近世から近代への移行期を含めて明らかにした北原糸子《きたはらいとこ》によれば、「貧民」であることが当たり前であった時代から「貧困」に陥ることを恥として隠蔽《いんぺい》する社会へ向かう過程が、江戸から東京、つまり近世から近代への移行であった。[13]
近世と近代とのあいだには「貧しさ」に対する根本的な対処の差異がある。近世の村文書などを読んでいると、頻繁に「困窮」という言葉が出てくる。天候不順や災害によって村が「困窮」しているので年貢を減免して欲しいという陳情書などである。要するに、村の総意として「困窮」の打開策を談じているのである。これは先に見た、魚津の定型化した米騒動の嘆願行動とも類似している。近代に入っても、農山漁村では未だ近世的な対応で「貧しさ」に向き合っていたと解釈できる。
近世の都市にも七分金積み立てや、囲米制度などの救貧政策が存在していたが、近代になるとそれらはほとんど解体された。そのために、空っぽの胃袋を抱えた労働者たちは、その窮状を訴える術《すべ》や相手を失ったまま、都市に滞留することになったのである。日本の場合、女性よりも男性労働者にその傾向が強かった。「米騒動」は、そうした都市男性労働者たちに、不安や不満の表出の場を与えたのだと見ることもできよう。
とするならば、米騒動は漁村から都市への騒動の波及、女性の言葉から男性の言葉への変換だったという解釈では不十分である。都市の男性労働者による暴動化に至った背景には、近世的な共同の「困窮」から、近代的な個別の「貧困」へ転換したことによる社会不安の醸成があった。そのような解釈も成り立ちうるだろう。

そして最後にもう一つ、この時期に人びとが都市や工場、軍隊などで「白米」が食べられる経験をし始めていたことも、米騒動が劇場化した背景にあったのだと思われる。政府も米食を奨励していた。大正期に入ると、外食文化や洋食文化とも結びつき、貨幣を支払って白米を食べる食文化も広まった。都市の消費文化の中で、外食と米食は不可欠なものとなり、それが都市労働者の胃袋を満たすようになり始めていたのである。

そうした最中《さなか》に起こった米価の高騰が、社会的な不安を一層増大させたことは想像に難《かた》くない。これは、多くの人びとが米を主食とはしていなかった近世とは異なる、近代都市ならではの事情でもあったといえる。

魚津の女性たちの言葉は、全国各地の都市労働者、とりわけ男性たちの言葉へと変換されて広く一般に知れ渡り、暴動の引き金となった。それは、彼女たちが意図せざるところで展開した社会事象であったのかもしれない。しかし皮肉なことに、日常茶飯の小さな歴史が大上段の大きな歴史へと回収されてしまったことが、源流に位置付けられる小さな歴史に対して、「語ってはいけない歴史」というスティグマ（汚名）を刻印することにもなった。私たちはこうした歴史のねじれにこそ、今あらためて、目を向けていくべきなのではないだろうか。

横山源之助が記した故郷魚津の米騒動

歴史にイフ（もしも）は禁物であることを承知の上で、あえて考えてみたいことがある。

もし横山源之助が、米騒動が起こった一九一八年まで生きていたとしたら、故郷である魚津の出来事が東京や大阪で「米騒動」として暴動化した一連の動向を、どのように解釈し、記録しただろうか。実際には、横山はその三年前に享年四四歳でこの世を去っている。

横山源之助は近代日本の下層社会のルポルタージュを残し、『日本の下層社会』などの著作で知られるジャーナリストである。『職工事情』の調査などにも関わり、生涯を賭《と》して下層社会の克明な記録を残した。横山源之助の生涯やその仕事については、法政大学大原社会問題研究所所員の立花雄一《たちばなゆういち》が著した評伝に詳しい[14]。偶然と言うべきか、いやむしろ、必然と言うべきか、立花もまた魚津の生まれである。この二人の著作に目を通すと、一九一八年当初から遡った魚津という土地に蓄積されてきた歴史の中に、知られざる米騒動の物語が立ち上がってくる。

立花は「横山源之助と米騒動」という論文の中で、二つの重要な指摘をしている[15]。まず一つ目は、横山は一九一五年に没しているため、一八年に起こった魚津の米騒動を知らないにもかかわらず、生前に米騒動に関する二つの作品を残しているという指摘である。そして、騒動の経緯や順序は一八年のそれと類似しているというのである。もう一つは、あらためてこの地域と女性たちの「生活史と民俗史の掘り起こしが必要ではないだろうか」という指摘である。以下、詳細に見ていこう。

立花によれば、魚津では、他の富山県下の浦々とともに、幕末以来、明治から大正期にかけて幾度も大小の米騒動が起こっており、それは伝統的に続けられてきたが故に定型化していた。例えば発動者として存在する「女衆四十六人」というのは、どの展開にも現れる固定数であった、という不思議な一致がある。立花の友人の母親、江口《えぐち》つた（明治二五年生まれ）は、その「四十六人」を経験した一人であった。彼女はこの地域に典型的な漁村の「かかあ天下」そのものといった人物で、立花自身も直接聞き取り調査をした記録がある。その口述の記録を列記しよう。

普段のときでも、ととさだけが米の飯を食べ、女、子供は代用食を食べていた
釜底の飯はくわすな、といい（釜の）真ん中の飯だけをツゲ（曲物弁当箱）に詰めた（底は海底＝遭難に通じるから）
野の草、海の草を主とし、米を少し混ぜて主食とした
海の草に一つだけ食べられない草がある。それ以外ならなんでも食える（云い伝え）
七、八月を鍋割月という、中に入れて煮る米がないから
二、三日分の米を、二、三日毎に買いに行った
一升十銭であった米が二十銭、二五銭に騰《あが》った
指導者は高町たっきゃさ（家の呼称）のおばば
わたしら若いあねまは、おとろしくって、そのおばばの前ではよう口もきけなかった
そのひとの命令ならなんでもきかなきゃならなかった[16]

これらの言葉からは、日々の食をめぐる苦労と工夫、女性たちが地域に根差した濃密な人間

関係を生きていたこと、そして、女性たちの自治圏が存在していたことが見えてくる。

立花は「生活史と民俗史の掘り起こしが必要ではないだろうか」と主張している。その根拠として、故郷魚津の女性たちの姿を次のように記した。


漁師町の女、子供は地曳網《じびきあみ》をひきに行き、その後女衆はさそいあってよくお茶をのんでいた。

私は下夕町《したまち》の港橋の袂《たもと》で小学校に入り、その後鬼江川《おんねがわ》（鴨川）を背後にした餌指町《えさしまち》に引越したが、その家の向かいの大きなかます場（蓆《むしろ》や叺《かます》を入れて置く倉庫）の中で、漁師町のおかかたちが二、三十人坐りながら、何かを声を揃えて唄い、北海道へ送るための蓆を織ったりしていた。また、背にホイ（柴）を負い腰を屈《かが》めながら、数十人のおばば、おかかたちが一列につらなって来るのを見たが、おそらくそれは年に一度定められた日に入会山へ行ってきた帰りであったろう。

いま、そういうひとたちを憶《おも》いだす。やはりそこには講というか、結いというか、そういうものがあったのではなかろうか。おそらくは井戸にもなにかとりきめが。そしてその世話役らがいて。なんらかのそういう基盤があったのであろう。[17]

井戸端と勝手口から始まる「定式化」した運動だった

立花は、騒動は恣意《しい》的、散発的に起こったのではなく、講や結いのような慣習があり、それを統《す》べる、騒動を何度も経験してきた中核地域、あるいは組織があったはずだとみている。立花は横山の論文を参照しながら、騒動の順序にもある程度の形式があることを見出した。路上での群を為《な》した往来、貼紙という前駆行動があって、その後に汽船の米積出阻止や米屋との交渉などが展開する、といったようなものである。立花はそれを、「米価高騰―井戸端会議―井戸の主《あるじ》の決定―役割分担―貼紙・葉書―夜間呼ばわり―米仲買・小売商交渉―町会議員・町役場へ（中略）要求―汽船米積出実力阻止―」とまとめ、こうした行動がこの地で長い間に定型化してきたのだと説明している。

魚津では、女性たちがそれを遂行する特異な性格をもっていた。それは幕末から近代にかけて、半世紀以上も続けられてきた持続的な運動であった。つまり、単発の一揆や騒動ではなく、地域の歴史に培われた女性による一種の長期的、定期的な社会運動であったともいえるのである。

横山はこうした状況をふまえて、「世人の注意を逸する社会の一事実」、「地方貧民情況一斑――一種の貧民救助」という二つの作品を世に問うた。[18] 当時、横山は東京法学院（後の中央大学）に在学中であったため、直接現場にいたわけではなかったが、後に毎日新聞記者となった際に、「地方の下層社会」を報告するために故郷魚津に滞在し、先の米騒動の顚末《てんまつ》を聞いたのである。

横山は、この地の女性たちによる「潮騒」としての運動をきっかけにして、この地に一種の貧民救助制度が創設されていたことを記録した。その制度は第二次世界大戦後に生活保護法が成立するまで続けられ、一九一八年のいわゆる「米騒動」の時にも活用された。立花も、魚津の女性たちが続けてきたこの一連の運動を、幕藩体制下の備荒政策（飢饉《ききん》などに備えた食料などの備蓄政策）の復活を勝ち取ったものとして評価すべきと主張する。

魚津の女性たちが「魚津の米騒動は話し合いで済んだがやちゃ」と言ったのは、こうした歴史的な根拠があったからだと理解できる。横山は、確かにそれを知っており、それを伝えるために、先の二つの作品を書いたのだと思われる。横山が故郷の女性たちに向けたそうしたまなざし、そこから得た問題意識は、彼の生い立ちそのものに刻印されたものだと、評伝の中で立花は述べている。

横山源之助は一八七一（明治四）年二月二一日に生まれた。本人は自分の生い立ちについてほとんど語らず、書き残さなかったが、晩年に交流のあった生花の師匠、尾崎恒子《おざきつねこ》に語ったところによると、実父は魚津の網元であったらしい。実の母はその家に下女奉公にあがっていた女性で、そこで不義の子を孕《はら》んだ。それが源之助であった。実子としての認知は拒絶され、下女であった母は網元の家を放逐された。そして、源之助は生まれてすぐに実直で腕の良い左官職人の夫婦の養子となった。生涯、実父と実母とは不縁であったという。

横山源之助が生涯を賭して追究した下層社会と社会に渦巻く矛盾、資本家と労働者との間に生じる問題は、そのまま自身の生い立ちの縮図でもあったのである。立花はそれについて次のように言う。

強烈ではあるがどこか孤独な、温かさをもちながら非妥協的な、そしてどことなく虚無的な感じをさせる横山源之助の生きざまは彼の不幸な出生に負うところが大きい。[19]

女の自治圏と男の自治圏

魚津の女性たちの歴史をひもときながら、私は一九九〇年代に訪れた漁村で出会った、女性たちの話を思い出していた。まだ、生命保険、労働保険などが無い時代についての昔語りである。

漁村の女性たちは、船に乗る夫が遭難して、突然この世を去るかもしれない不安を受け入れて生きなければならない。だから、海女、魚の加工、籐編《とうあ》みなど、でき得る限りの様々な稼ぎ仕事や内職に従事していた。また、浜に遭難者が辿り着くと、どこの誰だか知らない他人であっても、他の港の男であっても、凍えるその体を昔は裸で抱いて温めたのだと聞いて驚いたことがある。それと同時に、「わたしら浜の女はそうしてきた」という言葉の中に、女性たちが持っている強くしなやかな意志を感じた。

稼いだ金で、子どもをもう一人生んで育てるか、自宅に「中廊下」を通すか、迷った末に、中廊下を作ったのさ、という話を聞いたこともある。ふすま一枚で隔てられただけの夫婦と義母の部屋の間にどうしても廊下が欲しかった。気兼ねすることのない、夜の夫婦の営みのためである。それを自分の稼ぎで普請する。そんな話を生き生きと語る女性たちに出会うたび、私は、地域の暮らしの中には女性の自治圏や確固たる意志が確かに息づいていたのだと理解した。

実際に、働く仕組みの中に女性の自治圏が埋め込まれている事例もあった。千葉県銚子市《ちょうし》には海藻を採取する海女たちがいたが、冬は磯屋と呼ばれる漁業権を持った男性のもとで海藻を採って働く[20]。春になると、女性たち自身が運営する海女組合がノゲノリという岩海苔《いわのり》を採取する季節になる。夏には海女組合が経営する海の家で働く。地域の祭りには海女組合から寄付もする。このように、女性の自治圏は季節ごと、地域ごとに、日常茶飯の折々にモザイク状に立ち現れるのである。

海女組合は組合員になる資格を母親から譲りうけるものであり、厳しい規定があった。ベテランの海女たちには、魚津のおばばのように、その場を統べる厳格さや恐ろしさのようなものがあったという。海でお互いに命を預け合うためには、明確な自治の仕組みが不可欠であったからだろう。

海に浸《つ》かって海藻を採った漁の後には、海女小屋に集まり、注文しておいて届けてもらった温かい大判焼きを食べながらお茶を飲み、あれこれと話す時間がある。調査の時には私もここに加わった。今思えば、これもまた、女性の自治圏を支えるコミュニケーションであり、自治圏そのものであった。私見では、こうした女性の自治圏、男性の自治圏の併存とその相互関係が成り立っている状況は、機械化する前の農山漁村では一般的であったと考えている。老若男女が総出で働いていたからである。

産業革命期以降、都市が拡大し、工場化と機械化が始まり、第二次産業が勃興すると、それまで培われてきた女性の自治圏と男性の自治圏の併存関係は崩れていった。とりわけ女性の自治圏は新しい産業構造が展開し始めた都市部では見えにくくなり、成り立たなくなり、忘却されていったのだと思われる。魚津の米騒動がいつの間にか都市の男性が語るマスター・ナラティヴに回収されていった背景として、こうした社会の大転換を見逃すことはできない。

明治末期、魚津をふくめ、北陸や中越の村々から、若い女性たちが「労働者」として他出する姿を、横山源之助は次のように記録している。


昨月末、余は伏木港より魚津に帰らんとして直江津便の汽船に乗れり、船中二、三十人の女、いずれも紺《こん》の風呂敷に包めるものを傍に置き、今日結《きょうゆ》ったらむと思わるる髪を気にして、手を鬢《びん》に加えながら室《へや》の隅に輪を作りて坐しおれるを見る。船の方に港湾《まさ》を出でんとするや、俄《にわ》かに立ちて争うて窓に倚《よ》り、首を出して遥かに陸上を眺め、程経て漸く坐りぬ、顧ればかれらの多くは瞼辺紅《まなぶちあか》く、中には手を顔に当てながら後方に向けるもありし、やがて船の岩瀬に着ける時、その一人は傍の旅人に「まだ直江津へは来ませぬか」と尋ぬるを見たり。

これを聞く、彼女らは工女となりて埼玉地方に赴く者なるを、夜に入り、船の魚津湾に至れる時、またもや十幾人の少女入り来りしを見る、同じく機業場に赴くものにあらざるか。近年、中越地方より工女となりて他地方に赴くもの頗る頻繁を加え、四、五日前も小名木川綿布会社の募集人は、五十幾人の少女を集めて東京に去れり[21]

工場で働くために村を出た彼女たちは、まさに第一章の高井としをであり、第二章に登場した女性労働者たちにほかならなかった。工場で働き始めた女性たちは、故郷のおかかやおばばたちとは異なる、近代が生み出した新しい場所と人間関係の中に生きることになった。その中で次第に、女性たち独自の自治圏は薄れ、自身の意志と言葉を持たなくなっていったように見える。それはいったいなぜなのだろう。第二部でアメリカの工場で働く女性たちの日常を描きつつ、その比較の中で、あらためて考えてみることにしよう。

一〇〇年を経て、再び潮騒を聞く

米騒動は富山県下の浦々に呼応して起こる年中行事のようなものであった。[22]
魚津の米騒動から一〇〇年を経て、今、もう一度その「潮騒」に耳をすまそうという機運が高まっている。「おかかたちの視点から米騒動を再考する」という取り組みは、新史料の発見にも背中を押されて、二〇一八年夏には『百年の蔵』[23]というドキュメンタリー映画へと結実し、その三年後の二一年には、『大コメ騒動』[24]という映画となって上映された。『大コメ騒動』には、おかかたちを統べるおばばに言わしめた、印象的な台詞《せりふ》がある。

理想や主張で腹いっぱいになんがやったら誰も苦労せんわ！

白い背広姿で街頭に立って演説している、おそらく東京か大阪からやって来た政治家か運動家におばばが言い放った一言である。この一言には、「腹いっぱい」になるための、したたかな言動を続けてきた女性ならではの実感と皮肉が込められている。漁に出る男たちに一升飯を持たせるために、自分たちは野の草、海の草を主とし、米を少し混ぜて主食とする。そうした炊事場での日々の苦労と機転に根ざした一言である。

本章でみてきたように、米騒動の発端と言われる女性たちの行動は、無知でも無謀でもなく、確固たる意志による周到な行動であったのだといえる。日常茶飯に根ざしているが故であろうか、半ばヒステリックで突発的な騒動のように描かれてきたが、そのこと自体を問い直さなければならない。日常茶飯に根ざしているからこそ、大袈裟《おおげさ》に見えずとも、確実に社会を支え、変えていくしたたかさや周到さがあった。この側面にこそ、光を当てなければならない。

『大コメ騒動』の監督もまた富山県の出身であり、この映画の製作を後押しした岩波ホールの総支配人だった高野《たかの》悦子《えつこ》もルーツが富山県にある。地域の人たち自身による、地域の女性たちの生きざまへの再評価から、世界の見方を転換していこうとする確かな手ごたえを感じるのは、私だけではないはずである。

高野は、映画を通して女性監督の活躍や女性の新しい生き方について語ってきた人でもある。また、自身の仕事を通して女性が拓きうる世界を社会に伝えてきた存在ともいえよう。[25]そうした視点から見ても、一〇〇年前の魚津の潮騒は、今まさに、新しいメッセージとして現代社会へ伝えられようとしている。

魚津に端を発したと言われる「米騒動」が各地へ波及した一九一八年頃、世界では労働をめぐって大きな議論が始まろうとしていた。
次章では、主に一九二〇年代の女性労働運動に焦点を当て、まずその特徴を明らかにする。結論をやや先んじて言えば、世界の動向と比較して、日本では女性自身が主体になった運動はささやかに過ぎ、緩慢であった。それはなぜなのか。そして、本章で見たように、産業革命期に女性たちの自治圏が縮小し、「わたし」という主語を失っていったのはなぜなのか。その問いについては、明治初期まで時代を遡り、新しい女子教育の試みとその挫折《ざせつ》の歴史をふまえた上で論じる必要があるだろう。

【第三章註】

1 北日本新聞社編集局編『米騒動100年』北日本新聞社、二〇一八年、二六頁。
2 前掲1、二一頁。
3 前掲1、二四頁。
4 前掲1、二四頁。
5 金澤敏子・向井嘉之・阿部不二子・瀬谷實『米騒動とジャーナリズム——大正の米騒動から百年』梧桐書院、二〇一六年、二二五頁。原典は朝日新聞（二〇〇五年三月二二日付け）。
6 前掲1、二六頁。
7 前掲1、二四頁。
8 以下の大阪の様子は、栗原康『大杉栄伝——永遠のアナキズム』角川ソフィア文庫、二〇二一年に依拠している。
9　前掲8、一四頁。
10　藤野裕子『都市と暴動の民衆史　東京・1905―1923年』有志舎、二〇一五年。
11　前掲10、二四〇頁。
12　藤野裕子「労働者の不満　暴力へ」北日本新聞社編集局編『米騒動100年』北日本新聞社、二〇一八年、一八二頁。
13　北原糸子『都市と貧困の社会史――江戸から東京へ』吉川弘文館、一九九五年。
14　立花雄一『評伝 横山源之助――底辺社会・文学・労働運動』創樹社、一九七九年。以下の横山源之助の生い立ちなどは、同書に依拠した。
15　立花雄一「横山源之助と米騒動」『大原社会問題研究所雑誌』四八七、一九九九年、四一～四九頁。
16　前掲15、四三頁。
17　前掲15、四八頁。
18　前掲15、四一頁（具体的には下記の論文である。横山源之助「世人の注意を逸する社会の一事実」『国民之友』一八九七年、第三四〇～三四一号、第三四五～三四六号。横山源之助「地方貧民情況一斑――一種の貧民救助」『労働世界』一八九八年、第一二号。横山源之助『横山源之助全集　第一巻（日本の下層社会）』明治文献、一九七二年、所収）。
19　前掲14、一一頁。
20　湯澤規子「漁業集落における女性の就業形態とその変容――銚子市長崎町を事例として」『歴史地理学調査報告』（九）、二〇〇〇年、一九～三二頁。湯澤規子「銚子沿岸地域における籐加工業と漁家経営――伝統的家族経営における家族構成員の役割」『歴史地理学調査報告』（一〇）、二〇〇二年、四一～五四頁。

21　横山源之助『日本の下層社会』岩波文庫、一九八五年（初版は一九四九年、底本は一八九九年に教文館より刊行）、三一八～三一九頁。
22　前掲15、四八頁。
23　監督は神央。二〇一八年公開。
24　監督は本木克英。二〇二一年公開、ラビットハウス、エレファントハウス。
25　高野悦子『私のシネマライフ』岩波書店、二〇一〇年。

第四章

月とクリームパン

近代の夜明けと新しき女たち

彫刻「女」荻原守衛（碌山）作、1910年、碌山美術館蔵

通るのは肥料《こやし》車が主で、それは随分侘しい町筋、私は例の櫛巻に筒袖で、味噌漉しをさげてお惣菜を買いに行く、夕方裏長屋のおかみさん達の解散した後、井戸端で明日の米を洗い、手桶に水をいっぱい汲み込んで、お勝手の木戸を締める時、頭の上に鎌のような銀色の新月を仰ぐ風流はまたなく嬉しいものでありました。[1]
（相馬《そうま》黒光《こっこう》）

関東大震災と「新しき女」たち

一九二三年九月一日に関東大震災が起こった。甚大な被害の中で、東京の数多《あまた》の工場群も被災を免れなかった。その時、二一歳だった高井としをは細井和喜蔵と共に避難するため、電車に乗り込んで名古屋へと向かった。細井が執筆に着手したばかりの『女工哀史』はまだ完成していない。

混乱の最中《さなか》、九月一六日に伊藤野枝はアナキストの大杉栄とその甥《おい》の橘《たちばな》宗一《むねかず》と共に、甘粕《あまかす》正彦《まさひこ》率いる憲兵隊に拘束され、虐殺された。社会運動の大衆化による熱狂への取り締まりは、以後、厳しくなるばかりであった。大震災後の混乱を受けて「治安維持ノ為ニスル罰則ニ関スル件」が公布され、一九二五（大正一四）年には治安維持法が制定されている。

この大震災の中で幸いにも倒壊を免れた新宿のとあるパン屋は、「地震パン」、「地震饅頭」、「奉仕食パン」の三品を、夜を徹して製造し、被災民の胃袋を満たすことに奔走していた。パン屋の屋号は「中村屋」といった。創業者として相馬愛蔵《あいぞう》と名を連ねるのは、震災当時、四七歳であった相馬黒光という女性である。

高井としを、伊藤野枝、相馬黒光。関東大震災時に東京という同じ都市に生きながら、その後の人生が大きく異なるこの三人の女性はそれぞれ、それまでの一般的な女性とはどこか異なる「新しき女」たちであった。既に述べたように、高井としをは女性労働者として平凡な存在でありながら、その思想の表現と実践には非凡なものがあった。

「新しき女」あるいは「新しい女」という言葉は、世界に目を向けてみれば、一九世紀後半に登場した、フェミニストの理想を体現したような女性たちを表した言葉であることに気づく。「新しき女」とは例えば、男性が支配的な社会において、自分は自律した人格ある人間だと主張する女性のことをいう。そうした女性像は、二〇世紀以降の女性をめぐる思想や運動にも、少なからぬ影響を及ぼした。ノルウェーの作家、ヘンリク・イプセンの戯曲『人形の家』は、まさにそうした女性像をノラという女性に投影して描いており、世界的に有名になった。この戯曲は、日本でも明治末期、一九一一年に坪内逍遥《つぼうちしょうよう》率いる文芸協会によって公演されている。一九一二年には平塚らいてうが読売新聞紙上にて『新しい女』の連載を開始した。
おそらく、こうした文芸思潮を受け取り、伊藤野枝は一九一三（大正二）年に雑誌『青鞜《せいとう》』に、「新らしき女の道」[2]という短文を寄稿している。一部引用しよう。

新らしい女は今迄の女の歩み古した足跡を何時までもさがして歩いては行かない。新らしい女には新らしい女の道がある。新らしい女は多くの人々の行止まつた処より更に進んで新らしい道を先導者として行く。（中略）
新らしい道は何処から何処に到る道なのか分らない。従つて未知に伴ふ危険と恐怖がある。（中略）
先導者としての新らしき女の道は畢竟《ひつきよう》苦しき努力の連続に他ならないのではあるまいか。

『青鞜』は、一九一一（明治四四）年から一六（大正五）年に平塚らいてう、伊藤野枝らが中心となって刊行された婦人月刊誌である。日本初の、女性による女性のための雑誌の創刊について、自らも『谷根千』という雑誌を女性三人で創刊した経験を持つ森まゆみは「無謀な話であり、それは冒険といってよかった」と評している。[3]

女性による文芸雑誌の発刊を実現した意義は大きく、それは、当時、欧米で活発になっていたフェミニズムの思想や運動を日本へ紹介することにもつながった。実際、発刊の翌年には、日本で「人形の家」が上演されたことに関する特集が組まれている。

しかし、その後に掲載された作品の内容やメンバー自身の奔放と見える行動がもとで、「新しき女」を主張する『青鞜』は世間からの批判の対象ともなった。そのため、当時、近代女子教育の中心的役割を担っていた津田《つだ》梅子《うめこ》や成瀬《なるせ》仁蔵《じんぞう》も、『青鞜』や「新しき女」の議論には慎重であるべきだという立場をとるようになった。

伊藤が一九一六年に夫と子どもを残して家を出て、大杉栄をパートナーとするようになり、『青鞜』のメンバーで大杉とも関係のあった神近市子《かみちかいちこ》による大杉の刺傷事件が起こるなどして同誌は廃刊となっている。そして後に、関東大震災の混乱の中で、伊藤は命を失った。

相馬黒光は伊藤野枝よりも約二〇歳年上で、一世代前の女性といえる。一九一三（大正二）年に刊行された『新らしき女』という一書があるが、[4]その本の中で相馬黒光は「新しがらない新しい女」と紹介されている。「人形の家」の日本公演があり、「新しき女」が話題になっていた頃の黒光は三五歳であった。けれども、彼女はそれ以前に既に「新しき女」の思想と実践を備えていた。つまり、『青鞜』以前の女性たちに目を向ければ、すでに異なる生き方の模索があったと考えられるのである。

それは、欧米から遅れて輸入した思想や実践なのではなく、アメリカで展開していた様々な女性運動を同時代的に参照し、交流していた結果、生み出された試みであった。その担い手の中心は、旧士族の娘たちである。以下ではその源流を辿ることにしよう。

良妻賢母が新たな女性教育にとって代わった

近代日本における女性労働運動史を考えてみようとする時、一九二〇年代は一つのターニングポイントであったといえる。

愛知県の紡績工場で初めてストライキを目の当たりにし、一枚のビラをきっかけに高井としをが上京したのが一九二〇年の初夏、亀戸で女工として働き始めた高井としをが後に『女工哀史』の著者となる細井和喜蔵と出会ったのも二〇年、細井和喜蔵が『女工哀史』の執筆に着手したのが二三年、亀戸の女工たちが「自由に外出する権利」を手に入れたのが二七年であった。

だが、当時の女性労働運動が総括されている、協調会がまとめた『最近の社会運動』の労働組合運動「婦人労働組合運動」の項をみると、[5]全体としてみれば、それは一部の動きに過ぎなかったことがわかる。同報告によれば、「かくの如き多数の無産婦人団体の組織は、一見無産婦人陣営の発展を想見させるが、然《しか》しそれ等は少数の知識階級婦人を中心としたもので、労働者は殆《ほと》んど之れに与《あず》からず、組合内に於ける婦人労働者の組織はその為めに寧《むし》ろ却《かえ》って閑却された観がある」[6]という状況であった。

一九一八年に大原社会問題研究所の幹事に就任した婦人労働論者の河田嗣郎《かわたしろう》（一八八三～一九四二）は、二四年に刊行した『家族制度と婦人問題』の中で、①最低労賃制の制定、②同一様の仕事に対する同一様の報酬と合わせて、③女子労働組合の設立（イギリスを紹介、知識階級や有産階級からの協力を得る）を提案している。[7]つまり、河田がこの提案をした二〇年代の日本では、そのいずれもが成立していなかったことになる。

管見の限り、男性労働者の組合運動に比べて、近代日本における女性労働者の組織と運動については、第一章で論じたような単発的なストライキなどを見る以上の展開はないように思われる。[8]これは本書第二部で詳述する、アメリカ合衆国の女性労働運動とは大きく異なる状況であった。その違いの背景には何があったのだろうか。

結論を先取りして言えば、その背景には二つの要因があると推察される。一つは、産業革命期における女性労働の誕生とその衣食住を含めた管理体制の確立である。農山漁村を出て新しい職と経験を得たとはいえ、女性たちには工場の生活で集団としての行動と統率が求められた。工場経営自体も、女性が「わたし」という主語を持ちにくい、いわば大きな家父長的システムによって運営されていた。

第三章で見たように、男性に優先的に米を食べさせるとはいっても、女性の発言権が小さくなく、自治組織も存在していた地域もあった。しかし、そうした地域を出て、労働者として工場で働くようになると、農山漁村とは異なる、むしろ、より強固な家父長制度に取り込まれていった場合もあっただろう。

もう一つは、明治期に始まった新たな女子教育の挫折である。実は幕末維新期から一九世紀末にかけて、欧米を参照した新しい女子教育の実践が始まり、家父長的な社会における女性の位置づけや生き方からの脱却を目指して、女性たち自身が「わたし」という主語で論じたり、発言したりした形跡が確認できる。ところが、その流れは二〇世紀に入る頃には下火になっていく。新しい女子教育や女性像の模索に代わって、家父長制と親和的な良妻賢母論が台頭し、いわゆる「近代家族」が誕生し、それが産業革命を支えるひとつの仕組みに組み込まれていったからである。では、挫折した新たな女子教育とはいったいどのようなものだったのだろうか。

以下では、女工の「人格」をめぐる議論を展開した鈴木文治《すずきぶんじ》の思想と実践を入口にして、現在から約一五〇年前の明治期まで遡り、新しい女子教育導入の形跡を辿る。そして、産業革命が始まる以前に展開した、幕末維新期の女性たちの葛藤や挑戦について考えてみることにしたい。

「労働者は機械に非ず、器具にあらず、また家畜でもない」

キーワードは「人格」と「キリスト教」である。

第二章では大原孫三郎の「人格向上主義」に触れ、女工たちを「人格をもつ一人の人間」として認識することは、当時における「女工観の転換」であったと説明した。実は同時代にもう一人、女性たちの「人格」を尊重することを主張した人物がいた。それは、吉野作造の活動を支えた鈴木文治（一八八五～一九四六）という人物である。第一章で述べたように、名古屋市の紡績工場で働いていた高井としをが一人の人間として目覚めるきっかけは、吉野作造の言葉が書かれた一枚のビラだったことを思い出しておきたい。
日本近代史の中で吉野作造を知っている人は多くとも、この鈴木文治を知っている人はそれほど多くない。鈴木の評伝を著した吉田千代《よしだちよ》はその理由を次のように説明している。

近代日本の歴史の中で社会運動に関与した知識人は多い。しかし、それらの人々の中でも、鈴木文治ほどに人間・労働者を愛した人は稀《まれ》である。労働者を産業における「召使い」としてではなく、何よりも重要なパートナーとして待遇することを経営者たちに訴えてやまない最初の人であった。まさに彼は、日本に伝統的な専制的な労使関係に替えて、民主的な労使関係を力強く提唱した知識人であったといえよう。
だが、わが国においては、とかく華やかな革命論的あるいは闘争主義的活動への評価は重視されても、温健で地道な運動に対する評価は概して低い。そうした傾向の中で鈴木文治に対する評価もこれまで決して高いものではなかった[10]。

高井としをが、屑糸拾いの幼女工として大垣の東京毛織株式会社で働き始めた一九一三（大正二）年の前年の夏、東京では鈴木文治が一四名の賛同者とともに「友愛会」を発足させた。「『労働者は人』である。労働者は機械に非《あら》ず、器具にあらず、また家畜でもない。人としての権利、利益、幸福を主張しなくてはならない[11]」として、労働者の「人格」の尊重を訴えた鈴木や同会の考え方は[12]、確かに二〇世紀初頭から激しさを増していた民衆暴動の喧騒にかき消され、等閑視されてきたように思われる。

近代都市の暴動について論じている藤野（二〇一五）によれば、鈴木や友愛会が唱えた人格を修養していく「修養主義」といった考え方は、一般社会の規範（通俗道徳）に則って生きることで工場労働者の地位を改善する試みであった。しかし、男性労働者は修養主義のもつ欺瞞《ぎまん》性を鋭く見抜き、そこから離れていったのだという[13]。そのような解釈もあって、男性労働者に焦点を当てた研究が多かった労働運動史研究の中では、鈴木文治の思想や実践はそれほど重要視されてこなかったのだともいえる。

アメリカを起点にした女性労働者へのまなざし

では、女性労働者に焦点を当ててみた場合はどうであろうか。以下では、同会が日本で初めて女性労働者を対象とした雑誌『友愛婦人』を刊行したことや、日本の婦人労働組合運動の嚆《こう》矢《し》となったことを確認しておこう。そのうえで、その流れが後に、女性労働運動のうねりにつながったのか否か、その要因を含めて論じてみたい。

友愛会は「労働者は資本家と並び立つのでなければ、真の幸福は期しえない」という理念のもと、英国のフレンドリー・ソサイティーを参照しつつ、明治時代の社会運動の失敗に鑑み、つとめて穏健着実なる運動方針を掲げていた。顧問には桑田《くわた》熊蔵《くまぞう》（法学博士）、小河滋次郎《おがわしげじろう》（法学博士）、評議員には高野岩三郎《たかのいわさぶろう》（法学博士）、堀江帰一《ほりえきいち》（法学博士）などを擁していた。小河滋次郎は、当時の日本で、新たにその必要性が高まっていた社会事業を担う草分け的存在でもあった。[14]
鈴木は第一次世界大戦中の一九一五年と一六年、「労働使節」としての命を受けて、二度渡米した。この派遣はアメリカ合衆国カリフォルニア州での排日運動が激化する状況を受け、日米関係の悪化を憂慮した渋沢栄一《しぶさわえいいち》や東京商業会議所会頭の中野武営《なかのぶえい》、島田三郎《しまださぶろう》らが中心となって進められた、民間親善外交の一環であった。
鈴木はカリフォルニア全土を回った後、北米大陸を横断して東部のシカゴ、ナイヤガラ、ボストン、ニューヨーク、ワシントン、ニューオリンズなどにも足を運んだ。ワシントンではアメリカ労働総同盟（ＡＦＬ）本部を訪れ、ニューヨークでは縫製工組合のストライキの現場にも足を踏み入れている。
一九一六（大正五）年に使節としてカリフォルニア州労働同盟大会に出席した後、鈴木は帰国した。同年九月には友愛会婦人部の会員が一六五六人に達し、①出版部、②講演部、③人事相談部、④表彰部、⑤内職奨励部を設け、機関紙『友愛婦人』を発刊している。その冒頭に掲げられている「婦人部趣意」を下記に引用しておこう。

世の中は男ばかりの世界ではなく男ばかりで保つて行くものではありません。人間の半分は女で、女の心懸けやう、働きやう一つによつて、此世《このよ》をば明るくもし、暗くもすることが出来るのであります。友愛会は労働の品位を高め日本の労働者の境遇を改めやうとして起つた団体であります。がこれまで重に男の人達のために働いて参りました。併《しか》し男と同じやうに工場や其他の所で働いて居る婦人、又は男を助けて家庭の内で働いている婦人方のために、何事か致さねばならぬという感じが此頃特に著しくなりました。そこで茲《ここ》に友愛会に婦人部を設け、追々いろいろの事業をしたいと思ふのであります。[15]

受け容れられなかった「人格の向上」

これはまだ推測の域を出ないが、鈴木はアメリカで女性労働者たちが発刊する雑誌や機関紙を目にしたのではないか。後述するように、一九〇三年にはアメリカで全国女性労働組合連盟が発足し、同連盟は「Life & Labor」と名付けた機関紙を発刊していた。世界の労働運動の実態を知る好機として渡米を快諾した鈴木が、こうしたアメリカの労働運動に無関心であるはずはなかった。
帰国した年に、鈴木は労働者の「人格」に関わる次のような言葉を残している。

労働者の人格を尊重し、その能力を以て国家の発達に必要なりと認めたるが故なりと信ずる[16]

アメリカ労働大会に参加した鈴木が見たものは、国力が労働団体の健全な発達によって支えられている社会のありようであった。そして、それとはまったく対照的な日本の状況を痛感し、国家が法律を設けて労働者保護の政策を執ることは、単に弱者を救うという意図では不十分なのだと主張したのである。鈴木はこうした考えにもとづいて、工場法に対しても労働者の立場をふまえて批判することを忘れなかった。

鈴木の言動を見ると、この時代に労働者に対して「人格の向上」によってその待遇や立場を変えていこうとする主張は、確かに存在していたことがわかる。ただし、第一回ＩＬＯには「人格向上主義」を掲げた大原孫三郎ではなく武藤山治が選ばれて出席し、鈴木文治ではなく、吉野作造が労働運動の牽引者《けんいんしゃ》となって表舞台に立っていた。これを見れば、労働者に対する「人格の向上」という考え方を受け入れる思想的土壌が、当時の日本社会にはまだ十分には存在していなかったのだといえる。それは政治家や運動家だけでなく、労働者自身にしても同様であった。とりわけ男性労働者にとって、「人格の向上」という考え方は「欺瞞《ぎまん》」に過ぎないと受け取られていたのである。

友愛会は第一回ＩＬＯ総会が開催される直前、一九一九（大正八）年の八月に、婦人部を独立させた。[17]友愛会の婦人部の活動は、日本における女性労働者自身による労働組合の嚆矢と位置づけられている。しかし、翌二〇（大正九）年七月には本所押上《おしあげ》富士瓦斯紡績工場におけるストライキの惨敗により、早くも婦人部は消滅してしまった。二三（大正一二）年春ごろからは、僅《わず》かながらも男子組合内に婦人会員が加入するようになった。その後、ようやく労働婦人連盟が創設され、機関誌『労働婦人』の刊行をみたのは、二七（昭和二）年七月のことであった。

宮城県における思想的風土――近代におけるキリスト教の役割

鈴木は労使関係思想以前の人格平等の思想に支えられた、「人格主義的調和論」を展開したといわれるが、そうした思想はどのように獲得されていったのだろうか。その背景を考える上で見逃せないのは、故郷の宮城県でキリスト教の影響を深く受け、その交友関係の中で自らの思想を深めていったことであろう。

鈴木は一八八五（明治一八）年、宮城県栗原《くりはら》郡金成《かんなり》町金成で、新興の酒醸造業の家に長男として生まれ、一〇歳の時に、父とともに金成正教会でキリスト教の洗礼を受けた。中学への進学によって下宿暮らしとなるが、偶然にもその下宿先が吉野作造の友人である小学校教師の家だった。吉野作造は宮城県志田《しだ》郡大柿《おおがき》村の出身である。当時、宮城県尋常中学校（現在の仙台一高）を卒業して仙台の旧制二高に進学していた吉野と鈴木は、こうして仙台で出会い、多感な青年期を共に過ごしたのである。吉野がキリスト教の洗礼を受けた後は、二人の友情はより深まり、吉野は鈴木の生涯において、無二の存在となった。その後の鈴木は、山口高校を経て、東京帝国大学法科大学に学ぶことになる。

仙台藩のキリスト教は、一六一一（慶長一六）年に、スペイン人宣教師ソテロ神父が伊達政《だてまさ》宗《むね》を敬慕して仙台に来て布教したことに始まる。その後、厳しい弾圧の時代を経て、金成村には明治二年、同村出身の医師、酒井《さかい》篤礼《とくれい》によって再びキリスト教がもたらされた。酒井は前年にニコライ神父から洗礼を受け、ハリストス正教の信徒となった。紆余《うよ》曲折を経ながら、やがてキリスト教福音の種は金成村で育てられていった。

鈴木の評伝を著した吉田は、鈴木のその後の運動とキリスト教との関わりを次のように総括している。

彼は自伝の中で労働運動創立の動機の第一に「幼年時代よりキリスト教の雰囲気の中に育って来たこと」をあげているが、大逆事件後、社会運動の「冬の時代」といわれる中から「友愛会」を創立し、大正デモクラシーの潮流の中で労働運動へと身を投じて行くことになる文治は、このようにして金成村というキリスト教的土壌の中で少年時代を育まれながら、広く人類社会へと目を注ぎ始めていたのであった。[18]

鈴木や吉野の出会いと親交、その後の運動への展開に目を向けてみると、近代の幕開けにおけるキリスト教の影響が非常に重要であったことに気づく。[19] そう考えた時、宮城にはもう一人、新たな時代を拓いていく重要な人物がいたことに言及しないわけにはいかない。
後に、新宿中村屋の創業者の一人となる女性、相馬黒光である。

北のアンビシャス・ガール

星良《ほしりよう》（後の相馬黒光。以下黒光と記述する）は、一八七六（明治九）年、仙台藩の藩士の家系に生まれた。かつての武士たちの中には、外国へ行き、キリスト教を学び、「神の前での平等」を主張する人びとが少なくなかった。そのような気風の中で育った黒光も、キリスト教の影響を受けて仙台教会に通い、宮城女学校、横浜のフェリス女学校、明治女学校と進学し、開明的な校風の中で人格を形成していった一人である。
学び舎《や》を転々としているのには、訳があった。黒光自身は、東京にある明治女学校への憧れがあったが、家の事情でそれが叶《かな》わず、まずは宮城女学校へと進学した。明治女学校への憧れを記した黒光自身の言葉を引用しておこう。

さて小学校を終り、いよいよ自分自身の願望を強く抱く年頃にもなりまして、私の心を惹きつけるものは、東都に於ける明治女学校の名声でありました。同じ仙台から出てそこに学んでいる先輩もあり、中でも久保春代《くぼはるよ》さん――後に青柳有美《あおやぎゆみ》氏夫人――は帰省の度に必ず教会に出席されましたので、私はこの方を通じて明治女学校の様子を知り、その進歩的芸術的な教育、学校から出ている『女学雑誌』のこと、教育界の彗星《すいせい》的存在として識者の耳目を驚かしつつある校長巌本善治《いわもとよしはる》氏、あざやかな訳文で名高い夫人の若松賤子《わかまつしずこ》さん
(後略[20])

進歩的芸術的であり、『女学雑誌』という雑誌を発行している、という点がほかのどの女学校とも異なる同校の特徴であった。宮城女学校に通う先輩たちも『女学雑誌』を読んで、大いに影響を受けていたらしい。ある日、その先輩たちが女学校に対するストライキを起こした。それが原因で、一八九二(明治二五)年に彼女たちは退学処分になっている。

明治二四、二五年頃といえば、各地にミッションスクールが設立され始めていた女子教育の勃興期にあたる。それらの学校はアメリカからの教員と資金で経営されていた。先の女学校に対するストライキとは、こうした教育風潮に対して、日本人としての伝統を重んじて教育して欲しいという希望を伝えたものであったと、黒光は自ら述懐している。こうした生徒たちの反発に対して、宮城女学校は退学という処分を下すに至った。
一方、彼女たちが憧れていた明治女学校は、ミッションスクールとは流れを別にする芸術教育の系譜を有し、日本人によって創立された学校であった。退学した先輩五人の内、三人はこの多年憧憬《しょうけい》されていた明治女学校に編入した。こうした顚末の中で、黒光も先輩たちの後を追って自発的に退学して上京し、一旦はフェリス女学院に入学した後、退学して明治女学校へ編入したのである。

黒光の「大志《アンビシャス》」を受けとめた明治女学校

ところで、黒光たちを惹《ひ》きつけてやまなかった明治女学校とは、いったいどのような学校だったのだろうか。評論家の神崎清《かんざききよし》は次のように評している。

つねに歴史家が、日本の婦人の進歩の里程標として説く、日本女子大と青鞜社の以前に、この明治女学校の存在したことは特に強調されなければならない。時代の暴風の通過したあとの廃址《はいし》から礎石を起して記念碑を立てよう。そしてその碑面を仰ぐものは、次の文字を発見するにちがひない。

新しくして堅固な女性のために！[21]

実際にこうした言葉が刻まれた石碑はないが、歴史の中に埋もれてきた、明治女学校の足跡とその意義を辿ることは重要だと思われる。

東京都千代田区六番町《ろくばんちょう》三丁目一、JR市ケ谷駅から南に延びる日テレ通りの坂を上り、右に曲がって番町文人通り《ばんちょうぶんじん》へ入ってほどなくすると、「明治女学校跡」という記念碑が目に入る。もとは一八八五（明治一八）年一〇月一五日、九段下牛ヶ淵《うしがふち》に牧師の木村熊二《きむらくまじ》らによって開校された学校がこの記念碑のある場所に移転し、さらにその後、大火によって校舎を失ったことにより、一八九七（明治三〇）年に東京都北豊島郡巣鴨へ移転した。

一九〇九（明治四二）年に閉校するまで、僅か二四年間という短い教育実践ではあったが、同校の存在に、近代日本女子教育の試みと挫折の歴史が凝縮されているように思われるので、以下、その経緯を述べておこう。

明治女学校についての研究の第一人者である青山なをは、同校の創立を次のように意義づけている。

アメリカの人たちのきづいた精神的蓄財が、つまり文化的伝統が、ぢかに日本人の心を動かし、更にひろく日本人の間にひろがる生命の波動を語りつたへる物語なのである。[22]

アメリカへ渡り、心を動かされたのは、明治女学校の創立者、木村熊二であった。学校設置願には四名の教員の名がある。その一人が木村熊二であり、津田梅、人見《ひとみ》銀《ぎん》、富井《とみい》於菟《おと》が続く。木村熊二は開国間もない一八七〇（明治三）年、二五歳の時に、森有礼《もりありのり》が小弁務使として渡米する際に同行した留学生の一人であった。アメリカではミシガン州のホープ大学や神学校に学んだ。渡米してから一二年を経て帰国すると、キリスト教による人生観と世界観を拠りどころとした教育者として、特に女子教育に力を注いだ。その試みの一つが明治女学校の設立だったのである。「帰朝の後深く我国婦人の教育の欠くるに感ずる所あり」というのがその理由であった。
木村がアメリカで、どのような精神的蓄財や文化的伝統を見たのかについては、渡米前に結婚した妻鐙子《とうこ》への手紙などから推察することができる。渡米して二年目に、木村は次のように綴っている。

日本の女は無学ニ而《て》　当地の女とくらべ候へは　実に気の毒の様に存じ候[23]

ここで木村が言う「無学」は、女性たちを嘲笑《ちょうしょう》しているのではなく、大学を含めた教育の機会が極めて少ないことを嘆いているという意味である。木村はアメリカで親しんだヘルプス一家の娘たちが進学し、男性と伍《ご》してのびのびと高度の学術教育を受ける機会を得ていることを目の当たりにしていた。その状況と日本を比べて嘆いたのである。

木村は農学者でキリスト者であった津田仙《せん》と維新前から知り合っており、帰国後にその親交を深めた。津田仙が麻布東町に創立した、「学農社」という農学校の出身者である巌本善治が木村の後を継いで明治女学校の校長になったことからも、そのつながりを知ることができる。そして何より、日本から最年少の女子留学生として渡米した津田梅子が、明治女学校の創立時の教師として名を連ねていることが注目される。

私たちはともするると、第二次世界大戦以前の女子教育は、一様に女性にとって不条理なものであったと考えがちである。しかし、明治初期から中期までは、男女平等に教育機会を整えていこうとする確かな胎動があった。明治女学校の研究者、青木なをは次のように言う。


学制の中に四民平等の思想がうち出され、脈うつてゐることを、みとめることは重要である。そして、四民平等の思想は、社会の底部に声をひそめてひそんでゐた女性の存在を、こと新しく意識の表面にうかばせた。一般人民といひ、農工商をあげ、つぎにことさらに「婦女子」を添加するところに、新鮮な発見の驚きが鼓動してゐる。[24]

学制の発布に先行して出された「学割着手順序」には、次のように詳述されている。

人間ノ道男女ノ差アルコトナシ男子已ニ有学女子学フ事ナカル不可《べからず》且人子学問ノ端緒ヲ開キ其以物理ヲ弁《わきま》フルユエンノモノ母親教育ノ力多キニ居ル故ニ博《ひろ》ク一般ヲ論スレバ其子ノ

才不才其母ノ賢不賢ニヨリ既已ニ其分ヲ素定スト云ヘシ而《しか》シテ今日ノ女子後日ノ人ノ母ナリ女子ノ学ハサル可《べか》ラサル義誠ニ大イナリトス故ニ小学ノ教ヲ敷キ従来女子不学ノ弊ヲ洗ヒ之ヲ学ハシムルコト務テ男子ト並行セシメンコトヲ期ス是小学ヲ興スニ就テ第一義トス[25]

一見すると、女子教育は「良妻賢母」を育てるためにあると見える。だが、明治中期以降に「良妻賢母」を理由として女子教育が阻止されていくことに比べ、明治初期には逆に、女子教育推奨の理由、男女教育機関の同時促進の理由になっていることに留意しておく必要があるだろう。

明治前期におけるこうした新しい教育の風が吹く中、森有礼や木村熊二の渡米があり、さらにその延長線上に、五名の女子（吉益亮《よしますりよう》、津田梅子、山川捨松《やまかわすてまつ》、上田悌《うえだてい》、永井繁《ながいしげる》）のアメリカ留学があった。アメリカで目の当たりにした、新しい女性たちの活躍の場を日本にも作ろうという、彼ら、彼女らの思想と志の交流が、明治女学校の創立へとつながったのである。

相馬黒光が宮城女学校を退学してフェリス女学院を経て明治女学校に編入したのは、同校が創立からおよそ一〇年を経た頃であり、独自の教育活動を活発に展開していた最中《さなか》であった。当時の在学生たちは、存分にその新しい教育の風を胸いっぱいに受けとめていたことだろう。

黒光は憧れの明治女学校で学ぶ中で、当時、校長となっていた巌本善治から「黒光」というペンネームを授けられた。[26]「アンビシャス・ガール」と呼ばれるほど、夢多き才能あふれる学生であった黒光に対して、「才鋒《さいほう》をつつめ」という意味で名づけられたものであった。以後、彼女はこの黒光という名前を好んで使うようになった。
宮城女学校との違いを、黒光は次のように言っている。

宮城女学校では語学としての英語は身につきましたが、教科書は制限があって、どんなに読みたくてもせいぜい歴史的なものの範囲を出ないのでしたが、明治女学校の学問のしようは、最初からそういう埒《らち》を越えていて、じつに豊潤な文芸の野に展《ひら》けていました。（中略）教えるものと教えられるものとがぴったりしていて、その間に自《おの》ずから何を学ぶかという目標が定まる、学問と人との間にいささかの間隙《かんげき》もないのでした。[27]

パン屋の女将となって仰ぐ月

明治女学校で深い教養と文学的素養を磨き続けた黒光が、キリスト教を通じて知り合った恩師の媒酌で相馬愛蔵と夫婦となったのは、一八九七（明治三〇）年、愛蔵二八歳、黒光二一歳の時であった。相馬愛蔵は信州安曇《あずみ》郡白金村から出て東京専門学校（現早稲田大学）で学び、帰郷して実家の養蚕業に専念していた青年であった。二人が結婚したのは、仙台にいた二人の青年、鈴木文治と吉野作造がキリスト教を通して親交を深めていた頃のことである。
黒光は、この結婚を機に作家になる夢を棄て、田園生活に理想を求めて信州に嫁した。そして子どもを授かり、愛蔵としばらくは農業と養蚕に勤《いそ》しむ日々を送った。しかし、それは長くは続かなかった。女性としての新しい生き方に向き合い続けた理想と、地方農村での暮らしの現実の間で苦しみ、心身の不調に陥ったからである。
そのため、相馬夫婦は再び上京することにした。そして本郷に家を借り、独立独歩、二人は新たな生活を支えるために、見よう見まねで新しい商売、すなわち「パン屋」を開業したのである。場所は東大正門前、時は一九〇一（明治三四）年、年も押し迫った一二月三〇日のことであった。
二人とも書生上がりの素人という自覚から、「冒険のやうには見えても、西洋にあつて日本にまだない商売か、或《あ》ひは近年やうやく行はれて来たが、まだ新しくて誰が行つても先づ同じこと、素人玄人の開きの少いといふ性質のものを選ぶのが、まだしもよささうであつた」と慎重に検討した結果の開業であった。[28]
周囲の驚きと心配をよそに、店の経営は順調そのものだった。一九〇四（明治三七）年に売り出したクリームパン、ジャムの代わりにクリームを挟んだワッフルが評判を呼ぶと、店はとにかく忙しく、繁盛した。けれども、どんなに忙しくても黒光の読書熱は冷めることはなく、いつも書物を手放さなかったという。[29]
黒光は傍らに幼子を寝かせながら、頭を櫛巻にして木綿の筒袖を着て、台所脇の猫の額ほどの小さな製造所でワッフルを焼くようになった。そうした日々のある夕方に、裏長屋の井戸端で明日の米を洗い、手桶《ておけ》に水をいっぱい汲《く》み込んで、お勝手の木戸を締める時、頭の上に鎌のような銀色の月を仰いだ。その風流は、彼女にとってまたとなく嬉しいものであったという。
こうした黒光自身の筆が生き生きと語る、創業期の苦労とそれを乗り越えていく達成感、パン屋の女将としての日々の暮らしのささやかな幸せを知る時、彼女はじつは「大志」を棄てたのではなく、新たな「大志」を得て、次なる舞台へと飛躍したのだと諒解《りょうかい》される。中村屋は、相馬黒光の名義による会社組織であったことも重要である。本書前半で見てきた「わたし」という主語を失った女性ではなく、黒光は一人の人間としての人格をもった、経営者として位置づけられていたからである。

かつて情熱を傾けた、文学やキリスト教という信念を通して得た豊かな感性は、おそらく彼女の人格を育む土壌となった。中村屋の歴史を振り返った時、数々の新規事業の立ち上げに伴う困難を希望に変えることができたのは、彼女の人格に負うところが大きいと感じられる。クリームパンを焼いて暮らしを立てる忙しい毎日の中で、ふと仰ぎ見た月に風流を感じる感性は、黒光その人の人格を形成した、明治女学校での学びとキリスト教からくる人間観や世界観と無関係ではないだろう。その意味で、やはり黒光は近代を先駆ける「新しい女」であった。

例えば、中村屋がどうして繁盛しているのか、と問われ、黒光は次のように答えている。

「ただ自ずと来たり結ぶ機縁により、ただその縁に従うて力一杯の努力をいたしますうちに、不知《しらず》不識《しらず》ここに至ったものであります。その機会というようなものは、いつも初めは一つの危機として来るか、あるいは一つの負担として現れました」[30]。「危機」や「負担」を「機縁」や「機会」と信じて前に進む彼女の生き方そのものは、この後も幾度となく中村屋の企業活動の方向性を定めることになっていく。

中村屋の逸品は「出会いの物語」から生まれた

中村屋は一九〇七（明治四〇）年に支店を新宿に設けた。二年後には本店を新宿とし、製造所の拡大と経営の多角化に着手する。同年には和菓子、二〇年には洋菓子、翌年からロシアパン、二七年には純インドカリー、月餅、中華まんという代表的な三商品が加わるとともに喫茶部を開設し、レストラン事業も開始した。途中、二三年に株式会社に改組し、中村屋は一商店から企業へと成長を遂げた。

本章冒頭の写真は、黒光を心象《モデル》として、彫刻家、荻原碌山《おぎわらろくざん》が製作した「女」と題する作品である。新しい時代を切り拓く女は身悶《みもだ》えながら、未来を見据えている。黒光が歩んだ黙移の道は静かで凛《りん》としているが、しかしそれは、言葉に尽くせない情熱、葛藤、慟哭《どうこく》、歓喜、愛情が次々と交錯しながら往来する道でもあった。その往来がもたらした一つ一つの「出会いの物語」が中村屋を代表する商品へと結実し、それこそが、中村屋という老舗《しにせ》企業を支える唯一無二の財産になっていったことはじつに興味深い。

純インドカリーは、一九一五（大正四）年にインドの独立運動家ラス・ビハリ・ボースを一家協力して保護したことがきっかけで生まれた。後に娘（俊子《としこ》）と結婚したボースは名実ともに中村屋の家族となった。ロシア文学に造詣《ぞうけい》が深かった黒光は、目の見えぬロシア詩人が寄宿した時にはロシアの衣食住に新たな興味を持ったという。彼がいつも着ていたルパシカを中村屋の制服とし、ボルシチを喫茶部のメニューに加えたのは、こうした経緯からであった。

他にもギリシア系亡命ロシア人の職人を受け入れたことがロシアパンのきっかけに、北海道のトラピスト修道院を追われた人を受け入れたことが調布の仙川に中村牧場を開くきっかけとなり、ロシアから来た菓子職人や中国人に請われて雇い入れたことがロシアチョコレート、月餅、中華まんへと結実したのである。黒光が言うように「一々みな不思議な縁[31]」なのであった。

黒光を「光」に喩《たと》えるならば、彼女が照らしたものはただ商売の道にとどまらなかった。店員を「家族」とし、国内外から中村屋を頼って訪れる人びとを「客人」として迎える姿勢は一貫しており、そうした理念からすれば、数多《あまた》の芸術家たちとの交流から「中村屋サロン」が誕生したのは、ごく自然の流れであったのだろう。

日本とインドとロシアと中国、店主と店員、商業と文学と芸術、為政者と流浪の人びと、男性と女性。その間にある矛盾と葛藤を受容していく黒光の生きざまは、かつて彼女が憧れた明治女学校の教育経験にその根幹があるように思われる[32]。

明治女子教育の挫折

しかし、その後の近代という時代において、黒光のような女性が増えることはなく、むしろ、稀《まれ》な存在となっていった。

一九三五(昭和一〇)年一〇月二七日、新宿中村屋で、「婦人文化の揺籃《ようらん》　明治女学校を語る」という会が催された。出席者は青柳はるよ、稲垣吟《いながききぎん》、片山鑑《かたやまかん》、三宅花圃《みやけかほ》、乗竹《のりたけ》ろく、相馬黒光、司会は神崎清であった。その中に、こんなやり取りがある。

教育が非常に勃興する時でございましたね。森文部大臣があゝいふ誤解からあんな御災難にお遭ひになりますまでは非常な勢ひで女子教育が進みましてございます。教育を受けないで居られませんやうで、その渦に巻き込まれるやうでございました。まるで日本の社会が俄《にわか》に変って参りまして、昔の女ぢゃゐられなくなりました。

（中略）

すっかり気性が変りまして、遠慮ばかりしてゐたのが急にお転婆になりました。

あの時分には討論会が盛になって、安藤たねさんなぞはよく女子教育を仰しゃったもんでございますよ。

あの森さんがなくなられるまでは、女子学生は勉強に専念して、白粉《おしろい》などはつけなかったのでございましたが、森さんがなくなられて、女子教育の進歩が挫折してからといふものは、みんな急に白粉をつけておめかしをするやうになりました。[33]

同窓会的な談話の中に、当時の具体的な様子が垣間見える。

「森さん」というのは、近代日本の外交官であり教育者であった森有礼のことである。森は第一次伊藤博文《いとうひろぶみ》内閣の初代文部大臣となったが、一八八九（明治二二）年二月一一日、大日本帝国憲法発布式典当日に、暗殺された。享年、四一歳であった。

森有礼は生前に、アメリカの有識者に日本の教育について意見を求め、その返答をまとめた『Education in Japan』や、アメリカの教育についてまとめた『Life and Resources in America』などを著した。彼は日米の教育を架橋する役割を担うはずの人物にほかならなかった。

しかし、日本の女子教育は明治前期に新たな試みが誕生したものの挫折し、明治後期には良妻賢母論が女子教育の抑制要因として働くようになっていく。さらには本書冒頭でみてきたように、産業革命の中で、労働者となっていく女性たちは「わたし」という主語や人格を手離し、失っていくことになる。

その一つのきっかけが、欧米の女性やその教育の実践に感銘を受け、それを日本の女性たちにも経験させようと奮闘していた、森有礼の早すぎる死であったことは否めないだろう。

津田梅子とアリス・ベーコンが見た日本近代

こうした状況を忸怩《じくじ》たる思いで見ていた一人の女性がいた。一八七一年に日本からの最年少留学生として六歳の時にアメリカへ渡り、一一年を経て一七歳で帰国した津田梅子である。彼女は津田塾大学の創立者で、日本の女子教育に多大な功績を残したことで知られている。だが、彼女の帰国直後の葛藤や、再留学の経緯など、当時の女性と学問をめぐる社会状況との関わりについては、これまであまり注目されてこなかった。科学者としての津田梅子の足跡を追った古川安《ふるかわやす》の仕事によって、近年ようやくその詳細が伝えられるようになったばかりである。[34]

津田梅子はワシントンＤＣ近郊のジョージタウンに暮らすチャールズ・ランマン家に預けられ、一一年間をアメリカで過ごした。ランマンは、森有礼のもとで書記をしていた人物である。梅子は八歳で自ら進んでキリスト教の洗礼を受け、ハイスクール・レベルの市立女学校に通い、多くの学びと経験を得た。

ところが、国費留学生としての使命感を持ち、帰国後は教師になろうと考えていた梅子を待っていたのは、女性教師として働く場所がない、という日本社会の現実であった。それは速やかに要職に就いていく男子留学生たちとは対照的な扱いであり、梅子はそのことに失望したという。

梅子はその後、いくつかの職を転々としつつ、一八八五（明治一八）年九月に学習院の女子部が独立して開校した華族女学校の教師となることができた。けれども、同校で女子学生たちと向き合う中で、アメリカ合衆国と比べて女性の社会的地位が低い現状と、女性たち自身がそのことをあまり問題と思っていないことに気づき、梅子は戸惑いを隠せなかった。

一八八五年九月といえば、明治女学校が開校したのとちょうど同じ時期でもあり、またその最初の教師に津田梅子の名前があったことを思い出すと、この二つの学校の違いを梅子がどのように感じていたのかは、興味深いところである。

華族女学校に勤めて五年目に入る頃、梅子は大学教育を受けるために、再びアメリカへの留学を目指すようになった。英語だけを教えていることにも寂しさがあった。梅子は次のように語っている。

単なる英語教師で満足していることは出来ぬ。もっと魂をうち込み得るような仕事がありそうなものだ。（中略）何か専門の研究をして見たい。いまの日本の婦人には、学者というような人もいない。婦人にそういう素質があるか、わたしに思い切った研究が出来るか、また学者になることがわたしの使命であるか——そういうことは、いまのわたしにはわからない。しかし多かれ少なかれ、持って生まれた天分を伸して見たい。女なるが故に学問をしてはならぬというはずはあるまい。[35]

こうした梅子の悩みを受けとめ、親身になって相談に乗ったのは、アリス・ベーコンという女性であった。彼女は梅子と一緒に留学していた山川捨松のホームステイ先の娘であったことが縁で、英語教師として来日していた。後に、梅子の塾創設にも協力した人物である。

アメリカ合衆国で生まれ育った女性であったアリス・ベーコンにとっては、女性が高等教育を受けられないこと自体が驚きであった。彼女が日本滞在時に見聞きしたことをまとめた『明治日本の女たち』には、次のような記述がある。

日本では官立の女子教育がすすめられている。しかし、女子の進路は男子の中等教育にあたるまでの段階までしか用意されておらず、それ以上はまだない。女子師範学校の教員育成をするために、高等師範学校に何人かの女学生が受け入れられているだけである。（中略）つまり女学校はあくまで女性に必要なことを教えるところであり、それ以上の教育は不要であるばかりか危険であるとさえされている。教育を授けることでその知性と精神を大いに高めることができる、ひとつの人格として女性を認めようとする意識は、一般の日本人男性のあいだにはあまりみられない。むしろ、妻や母としての義務をちゃんと果たすことのできる女性を教育すべきだという考えばかりが目立つ。それでも今日の日本が、一九世紀前半のイギリスやアメリカと同程度の段階であるならば、今後間違いなく進歩が

図4-1　再度のアメリカ留学時代の津田梅子。ブリンマー大学（Bryn Mawr College）にて

津田梅子資料室所蔵

みられるだろう。[36]
これは、最初に彼女が来日した年から一〇年余りを経た一九〇二年の追記であることをふまえると、津田梅子が再度の留学に出ようと決意した時代状況を想像することができる。人格を持つ一人の人間としての女性に、男性と同じ教育機会を用意するという明治時代初期の理想は薄れていき、とりわけ高等教育においては実現するには至らなかった。
社会における女性の位置づけについて、アリス・ベーコンは農村と都市を比べて、次のような記録も残している。

田舎ではどこでも、女性は野良仕事をし、お茶を摘み、穫入《とりい》れし、収穫を市場へ持っていくのに加え、蚕を育て、絹糸や綿糸を紡ぎ、機を織るなどして直接生産に関わり家族に収入をもたらしている。このように女性が大切な労働力となっているところでは、一般にみられる男女間の地位の差異は著しく狭まる。しかし、都市部の女性や、間接的にしか、あるいはまったく生産に関わらない女性には、他人にかしずくような、アメリカでは卑しいとしかみなされない奉公以外に仕事はない。このような理由で、階級が高くなればなるほど、また同じ階級であれば都市に近くなればなるほど、男女間の地位の差は明確になるのだと思われる。[37]

アメリカ育ちの津田梅子もまた、アリス・ベーコンと同様の違和感や驚きを覚えたことだろう。こうした近代日本の社会状況に戸惑いながらも、アリス・ベーコンという理解者を得、そして父である津田仙や留学時代に築いた人脈に支えられて、二四歳になった梅子は、フィラデルフィア郊外にある女子大学、ブリンマー大学に特別生として迎え入れられることになったのである（図4-1）。

時は一八八九（明治二二）年七月、森有礼がこの世を去ってから、五か月が過ぎようとしていた頃のことであった。

【第四章註】

1　相馬黒光『黙移――相馬黒光自伝』平凡社ライブラリー、一九九九年、一八七頁。
2　伊藤野枝『底本　伊藤野枝全集　第二巻　評論・随筆・書簡一――『青鞜』の時代』學藝書林、二〇〇〇年。
3　森まゆみ『『青鞜』の冒険――女が集まって雑誌をつくるということ』集英社文庫、二〇一七年、一三頁。
4　X生『新らしき女』聚精堂、一九一三年。
5　協調会編『最近の社会運動』協調会、一九三〇年、三〇七頁。
6　前掲5、三一〇頁。
7　河田嗣郎『家族制度と婦人問題』改造社、一九二四年、一五七～一六六頁（湯沢雍彦監修『「家

族・婚姻」研究文献選集五』クレス出版、一九八九年、所収）、河田の議論については下記の論文で論じられている。大城亜水「日本における家庭支援の一起源―河田嗣郎の所説を中心に」『神戸常磐大学紀要』第一一号、二〇一八年、一二五～一三六頁。
8 ただし、岸和田の婦人労働運動など、各地域にはいくつかの先例がある。これらを含めた検討は今後の課題としたい。その際には法政大学大原社会問題研究所編『婦人労働史資料一　労働組合婦人部設置をめぐる論争と「婦人同盟」関係資料（一九二六～八年）』法政大学大原社会問題研究所、一九五五年などをふまえて考察する予定である。
9 上野千鶴子『家父長制と資本制――マルクス主義フェミニズムの地平』岩波現代文庫、二〇〇九年。
10 吉田千代『評伝鈴木文治――民主的労使関係をめざして』日本経済評論社、一九八八年、ⅱ～ⅲ頁。以下の鈴木に関する記述は同書に依拠した。
11 鈴木文治「資本家諸士に告ぐ」『労働及産業』一九一七年、六月号（法政大学大原社会問題研究所編『日本社会運動史料　機関紙誌篇　労働及産業（五）』法政大学出版局、一九七二年、三三八～三四三頁所収）。
12 中村勝範「鈴木文治と大正労働運動（上）――友愛會結成前後を中心として」『法學研究』三二（一）、一九五九年、四三～六七頁。
13 藤野裕子『都市と暴動の民衆史――東京・1905―1923年』有志舎、二〇一五年、二五八頁。
14 湯澤規子『胃袋の近代――食と人びとの日常史』名古屋大学出版会、二〇一八年。
15 法政大学大原社会問題研究所　総同盟五十年史刊行委員会編『日本社会運動史料　機関紙誌篇　友愛会婦人部機関紙　友愛婦人（一）』法政大学出版局、一九七八年、四頁。

16　鈴木文治「産業上の立憲政治」『労働及産業』一九一六年、三月号、三一四〜三二一頁。（法政大学大原社会問題研究所編『日本社会運動史料　機関紙誌篇　労働及産業（三）』法政大学出版局、一九七一年、一九六〜二〇三頁所収）。
17　理事に野村《のむら》つちの（富士瓦斯紡績押上工場）、山内《やまのうち》みな（東京モスリン吾嬬《あずま》工場）、常任委員に市《いち》川房江《かわふさえ》が名を連ねている。
18　前掲10、二八〜二九頁。
19　近代社会とキリスト教の関係については、以下の文献に詳しい。山下須美礼『東方正教の地域的展開と移行期の人間像――北東北における時代変容意識』清文堂出版、二〇一四年。
20　前掲1、一七〜一八頁。
21　『婦人文化の揺籃　明治女学校を語る　昭和十年十月二十七日於新宿中村屋』（私家版）。
22　青山なを『明治女学校の研究　青山なを著作集　第二巻』慶應通信、一九八二年、四四〇頁。以下、明治女学校についての記述は、同書に依拠している。
23　前掲22、四三五頁。
24　前掲22、六頁。
25　前掲22、七頁。
26　島本久恵『俚譜薔薇来歌』筑摩書房、一九八三年。
27　前掲1、八〇頁。
28　相馬愛蔵『一商人として』岩波書店、一九三八年、九頁。
29　前掲4、一三七頁。
30　前掲1、一八二頁。
31　前掲1、一八九頁。

32　ほかにも明治女学校の卒業生として、後世の女性に影響を与えた人物に羽仁もと子がいる。詳細は、斉藤道子『羽仁もと子——生涯と思想』ドメス出版、一九八八年を参照。
33　前掲21。
34　古川安『津田梅子——科学への道、大学の夢』東京大学出版会、二〇二二年。
35　吉川利一『津田梅子伝』津田塾同窓会、一九五六年、一七二〜一七三頁。
36　アリス・ベーコン著、矢口祐人・砂田恵理加訳『明治日本の女たち』みすず書房、二〇〇三年、二八三〜二八四頁。
37　前掲36、九三頁。

第二部

アメリカの女性たち

第五章

野ぶどうとペン

女性作家の誕生

「傑出した女性たち」。バーネット、オールコットら
Eminent Women 1884.Smithsonian Open Access（National Portrait Gallery）

家庭の中のすべての哲学は書斎ではなく、その多くは台所で創り出される。台所では成熟した女性が料理したり洗濯をしながら、高尚なことを考えたり思いやりのある行動をしたりする[1]
（ルイーザ・メイ・オールコット）

第一部において幕末維新期、産業革命期に生きた日本の女性たちの足取りを辿《たど》る中で、当時の女性たち、あるいは労働運動家、そして女子教育の推進者たちがアメリカ合衆国から少なからぬ影響を受けていたことがわかってきた。しかしこれまで、日本の女性労働運動史研究の中では、イギリスを参照することはあっても、アメリカ合衆国と日本との関係に言及したものはそれほど多くない。
そこで第二部では、産業革命期のアメリカ合衆国を舞台として、そこに生きた女性たちの人生を辿り、日本の女性たちとの知られざる交流史の断片を拾い集めてみることにしたい。次章ではアメリカの産業革命期に農村から工場へ働きに来た女性たちに焦点を当てる。その前史として、本章ではまず、一七〜一九世紀前半のアメリカ女性史を概観しておきたい。工場へ働きにくる女性たちが育った家や地域が、どのような特徴や歴史的背景をもっていたのかを知るためである。

図5-1　津田梅子と開校当時の協力者たち。左から津田梅子、アリス・ベーコン、瓜生繁子、山川捨松

津田梅子資料室所蔵

ウッズホールで津田梅子が見たもの

一八八九年に再びアメリカへ渡った津田梅子は、二年目の夏、つまり一八九一年七月から八月にかけて、マサチューセッツ州のウッズホール海洋生物学研究所の夏期コースに参加していた。この研究所は、大西洋に面するケープ・コッド（鱈《たら》の岬）の突端に位置する。

同研究所は、アメリカにおける生物学の進展に最も影響を与えた拠点の一つといわれており、津田梅子は最初にこの研究所に足を運んだ日本人女性となった。日本人では野口英世《のぐちひでよ》が一九〇〇年代初頭に、團勝磨《だんかつま》が三〇年代にしばしばここに滞在している。[2]

同時代の日本では、女性で生物学などの科学分野を大学で学ぶ場は皆無であったが、アメリカにはそれがあった。梅子と同時期にウッズホールに滞在し、実習をするアメリカの女子学生たちの写真が残っている。日本には無かった、そのような学びの場に身を置くことができた梅子の感慨が想像される。

この研究所およびブリンマー大学で、梅子は科学者、とりわけ生物学者としての情熱に目覚め、良き同志や師を得ることができた。しかし、帰国後の梅子は生物学者としての道は選ばず、女子学生たちが学ぶ場を創出するため、教育者の道を選び、その後の人生を賭《と》した。日本には、女性が自立した科学者として認められる機会がまだ無かったことに加えて、まずは女性たちが高等教育を受けられる場を整えることが最優先だと考えていたからだろう（図5－1）。

一方アメリカでは、一八七〇年までに、高等教育機関に籍を置く女性は一万一〇〇〇人（全学生の二一％）にのぼり、その一〇年後には四万人（全学生の三二％）に達していた。[3] 彼女たち

図5-2　海上から見た1882年頃のウッズホール

View from Water of Woods Hole, Massachusetts, 1882. Smithsonian Open Access

は教職、保育といった、当時拡大しつつあった女性の職業に参入し、未婚で自活する「新しい女」として新たなライフスタイルを築き始めていた。実際、一九世紀末に大学教育を受けた全アメリカ人女性の内、ほぼ半数が結婚しなかったといわれている。結婚より仕事を選んだ女性たちは、子どもを産み育てる代わりに、若い世代を教育し、貧しい人の世話をし、女性と子どもの健康を向上させるセツルメント・ハウスや全国消費者同盟など、様々な活動に尽力するようになる。

アメリカにおけるセツルメント・ハウス運動は、梅子が二度目に渡米した一八八九年に、二人の若い大学卒業生が、シカゴの貧しい移民居住区にハル・ハウスを創設したことに始まる。ソーシャル・ワークという名前がまだ無かった時代、オルタナティブな「新しい家族」を模索する試行として始まったこの運動は、その後、多くの主要都市に広がった。このような組織は後に、女性が新しい発想を得て活動し、社会運動を行う際に相互に助け合う自立と連帯の基盤になっていった。

津田梅子が自分の意志で再び渡米し、生物学という学問との出会いを通して目の当たりにしたのは、学問に対する純粋な喜びはもちろんのこと、それに加えて、研究所で共に学ぶ「新しい女性」たちの人生に対する姿勢や、アメリカ合衆国における女性を取り巻く新しい社会の胎動にほかならなかった。

アメリカ大陸に降り立った最初の女性たち

梅子がひと夏滞在したウッズホールは、有名な海洋生物学研究所の存在によって世界の生物学者たちに知られているが、ウッズホールを知らないアメリカ人でも、大西洋に鉤型《かぎがた》に延びたコッド岬には特別な感慨を抱く人が少なくない。というのも、一六二〇年、いまから約四〇〇年前の一一月二一日に、長い船旅を終えてメイフラワー号が最初に錨《いかり》を下したのは、このコッド岬の北端だったからである。沿岸を探索した結果、定住に適当な土地と判断できなかったため、メイフラワー号は岬にそって移動し、今日のプリマスに辿り着いた。移民してきた人びとが第一歩を踏み出したマサチューセッツ植民地は、その後、商業地域として大いに繁栄していくことになる。

アメリカ大陸に降り立った最初の女性たちは、イギリスのピューリタン、クエーカー、アイルランドのカトリック、スコットランドのプレスビテリアン[4]などであり、移住の目的は、信教の自由と経済的機会を得ることであった。ニューイングランドと中部の植民地では、たいてい女性は家族と一緒に移住してきた。一七世紀の末になると、もう一つ別の女性の集団が到着し始めた。それは、アフリカから労働のための奴隷として連れて来られた女性たちである。

ヨーロッパから、そしてアフリカからやって来た女性たちは、植民地時代初期、つまり一七

〜一八世紀にどのような暮らしをしていたのだろうか。この激動の時期に関する研究は少なくないが、女性たちに注目した研究に限ってみると、それほど多いとはいえない。

比較的よく知られているのは、この新しい植民地は、当初はジェンダーの区分に基づく男女についての明確な観念が浸透していた社会であったということである。神の前では魂は平等であると信じるプロテスタントでさえ、家庭内では女性は当然、男性に従属すべき存在であると考えていた。[5] また、植民地時代、女性たちは正式な教育を受けることができなかった。ニューイングランドでは、少女は見習いや女中として他家へ奉公に出され、そこでの日々を通して読み書きの初歩を学ぶことがせいぜいであった。

つまり、一九世紀に津田梅子が出会ったアメリカ合衆国の新しい女性たちが誕生する以前には、おそらく「わたし」や「わたしたち」という主語を持たない女性たちが多くを占めていた時代もあったことになる。そればかりか、一七世紀の植民地時代において、「わたし」や「わたしたち」という主語で発言するような女性は疎《うと》まれ、裁かれ、コミュニティから排除されることのほうが一般的であった。

例えば入植が始まった一七世紀のニューイングランド地域では、そうした女性たちを宗教的な異端者、あるいは魔女として排除しようとする裁判が頻発した。アメリカ女性史上に刻まれ、とくに有名なのは、以下の二つの事件である。

一七世紀、新しい女性は追放され、魔女にされた

一つ目は一六三六年〜一六三八年に起こったアン・ハッチンソンをめぐる裁判である。アンは一五九一年にイギリスで生まれ、聖職者で教師でもあった父親から、当時の一般的な女性たちよりもはるかに恵まれた教育を授けられた。二一歳の時に繊維商のウイリアム・ハッチンソンと結婚し、信教の自由を主張する宣教師ジョン・コットンに師事して熱心に学ぶようになる。コットンが一六三三年にアメリカへ移住した翌年、それを追うようにハッチンソン一家も現在のボストンへと移住した。夫はできたばかりの植民地で商業的な成功をおさめ、アン自身は病人の看護などを行うようになった。[6] 彼女の聡明《そうめい》さと親切な態度は多くの人を惹《ひ》きつけたという。

ほどなくして、一五人の子どもの母親であり、かつ助産師でもあったアンは、多数の男女を家に招いて「恩寵《おんちょう》」という教義を説く勉強会を開くようになった。当時のピューリタンの牧師たちが善行や世俗的な成功である「業」ばかりを強調することに対して、アンは業によっては稼ぐことのできない神の恩寵を強調した。その主張は、当時において世俗的な成功を決して手に入れられない女性たちにとっての希望となり、女性に「わたし」という主語を持たせる可能性を孕《はら》んでいたともいえる。

こうしたアンの言動への支持が高まると、それを家族、宗教、政治のヒエラルキーに対する脅威とみなした宗教的権威者、政治的権威者は彼女を裁き、沈黙を命じた。そしてアン・ハッチンソンはアンティノミアニズム（反立法主義）と名づけられて破門されたうえ、家族と共に、ボストンから南に下ったロードアイランドの小さな植民地に追放された。一六四二年に夫が亡

くなった後、アンは再び子どもを連れてロングアイランドの入り江近くにあるオランダ植民地（現在のニューヨーク市域）に移住した。ほどなくして、彼女はそこで、祈りの最中に先住民の襲撃によって五人の子どもたちと一緒に殺され、その生涯を閉じたのである。[7]
アンに対して恩赦が与えられ、追放令が撤廃されたのは、それから三五〇年を経た、一九八七年のことである。アン・ハッチンソンは現在、マサチューセッツ州議会議事堂の前に、生き残った唯一の子どもスザンナと寄り添った姿で記念碑として佇《たたず》んでいる。
二つ目の出来事は、アンがこの世を去ってから五〇年を経た一六九二年に、マサチューセッツ州のエセックス郡セイレム村で起こった魔女裁判である。魔女裁判の嵐は一七世紀には定期的に起こっていたが、セイレムのそれは、アメリカ最大にして最後のものだったと伝えられている。裁判の結果、拷問され、処刑された一四人の女性と六人の男性は、何らかの形で体制の秩序を脅かしていると見られていた人びとだった。例えば、兄弟や息子がいないために遺産を直接相続した女性は、男系による財産譲渡という秩序を乱したと見なされた。口うるさい老女は、自分の分をわきまえたくない意思表示をする者と解釈された。
事件は少女たちの取るに足らないような、小さな魔術から始まった。それは当時のニューイングランドの至る所で若者たちが夢中になっていた、ささやかな運命占いであった。しかし、この時に少女たちがパニック状態に陥ったことが魔女呪術《じゅじゅつ》の被害であるとみなされ、それが瞬く間に村中に知れ渡っていく。その結果、魔女の嫌疑がかけられた者たちが次々と逮捕され、投獄され、そして処刑されるに至った。だが、その後、少女の内の何人かが、パニックはすべて作り話だったと告白したことで、裁判は唐突に終了したのである。

これまでこの出来事は、その怪奇的で異常な部分が強調されるきらいがあった。ところが、実際には怪奇的なのではなく、「名もない、口べたな人々の退屈な日々の生活の中に根ざしている」出来事だったのだという新たな見解が、膨大な一次資料にもとづいて提示された。[8] ポール・ボイヤーらによれば、歴史家は一六九二年という特異な年について論じることはあっても、「セイレム村の長年の歴史、あるいはそこに住んだ普通の人たち—男たち、女たち、そして子供たち—の生活を探究しようとしなかった」のだという。では、彼らの歴史と生活からは何が見えてくるのだろうか。

植民地期のアメリカでは、誰もが予定調和的な将来が約束されているわけではない日々の中で、不安に苛《さいな》まれていた。少女たちもその例外ではなかった。彼女たちは将来の不安を抱えていたがゆえに、未来を占う超自然的な現象を弄《もてあそ》んだのであった。つまりこの事件は、当時のニューイングランド地方に生きる、ごく普通の少女たちの不安や鬱屈《うっくつ》した気持ちの発散に端を発していたのだといえる。

重要なことは、こうした少女たちの行動が叱責《しっせき》されることはなく、むしろ巧みに利用されて魔女裁判へと展開したことであろう。この事件の決定的要因は、周囲の大人たちの思惑にあったからである。具体的に言えば、二つの状況がそれを説明している。第一に、商業的に成長・発展し続けていたセイレム町と、伝統的な農業に固執して斜陽の一途を辿るセイレム村との間に相克があったということ、第二に、セイレム村内部にも、商業と農業の選択と村のアイデンティティをめぐって派閥の対立が生じていたことである。そして、結果的に魔女として告発されたのは、セイレム村の商業推進派閥の人びとばかりであった。
この出来事の背景にある、セイレム村のおかれた保守的な状況と、そこに日々生きるがゆえに蓄積していく人びとの恨みや嫉妬《しっと》、憂鬱などを見逃すことはできない。とりわけ女性は、こうした経済的、社会的不安定を背景とする、漠然とした不安のはけ口になることが少なくなかった。[9] 自分の地位やアイデンティティが脅かされる、変化の激しい流動的な社会ではなおのことである。魔女として告訴された人びとは、村にとっては部外者であり、流動的な者たちばかりであった。彼女たちのライフヒストリーを丹念に追ったポール・ボイヤーらは、次のような共通点を見出《みいだ》したと述べている。

自分たちの従来の生活様式を変更して、全てを新しく始めることになる、馴染《なじ》みの薄い経済活動に従事して、社会の梯子《はしご》を上へ上へと昇っていった経歴をもっていた。[10]

時代に先駆けて変化していこうとする女性たちが集中的に裁かれ、処刑されたということになる。つまり、セイレムでの出来事は、一七世紀の植民地時代に新しく建設された町や村での暮らしにおける、光と影の中に存在した女性に対する社会的圧力と、経済的緊張の帰結にほかならなかったのである。

一七～一八世紀、女性たちは様々な顔と役割をもっていた

特別な事件に関係するもの以外、女性たちの生きざまや日常茶飯事は記録に残りにくく、それゆえにこれまで多くの研究成果を得てきたとはいえなかった。こうした研究動向に対して、ハーバード大学で女性史を研究してきたローレル・サッチャー・ウーリッチは、次のように問題提起している。

この時期の暮らしの中心にいた女性たちに対して、歴史家たちは注意を払ってこなかった。[11]

ウーリッチは、一七～一九世紀のニューイングランド地方に生きた、具体的な女性たちに関する貴重な調査を地道に積み重ねてきた歴史研究者の一人である。著作、『GOOD WIVES（良き妻たち）』では、一六五〇年～一七五〇年までの一〇〇年間にわたるニューイングランド地方の女性たちを、イメージと実態との両側面から分析した。

ウーリッチは、植民地時代初期の一七世紀には、暮らしの中で明確な性的分業が成り立っていたことを論じている。例えば、植民地時代の女性たちの一日の流れは次のようなものであった。

かまどの火持ちをよくし、火をうまく取り扱い、パン生地を発酵させ、パンを焼き、肉を煮る。その合間をぬって、酪農や養鶏をし、季節ごとの急ぎの仕事に勤《いそ》しむ。例えばチーズ、バターを作る、サイダーやビールを醸造する、家畜をほふり、ベーコンを燻《いぶ》す、そして家庭菜園

の手入れなどをする。家族のために衣服やキルトを縫うこともある。糸を紡いだり、粉を挽《ひ》いたりすることなどは他人に依頼し、その代わりにチーズ、バター、卵などを販売することもあった。

ウーリッチによれば、こうした日常茶飯事の中で生まれる女性間の物々交換のネットワークは、村の生活では重要な役割を果たしていた。ところが、重要であるにもかかわらず、こうしたネットワークや経済活動は極めて個人的でローカルなものであり、取引は口約束によるものばかりだったので、記録に残されることは稀《まれ》であった[12]。

第三章で、富山県魚津の女性のインフォーマルなネットワークが、じつは社会を動かしている重要な要素であったと触れた。アメリカ植民地時代の女性たちの日常茶飯の世界にも、それと類似のネットワークや経済活動が存在していたことは興味深い。女性たちが様々な顔と役割を持っていたことも共通している。

一八世紀になると、都市の成長と商業の発展が植民地の経済を再編していった。北部には商人エリート層が、南部にはプランテーションを営むエリート層が出現し、都市部には財産を持たない労働者層が増加し始めた。入植第二、第三世代になると、入植時の共同体は次第に弛緩《しかん》し、女性と男性の活動を分化させ、新しい家族形態が形成された。そうした中で、個人や家に関することは次第に商業や政治から分離され、周辺に追いやられるようになっていったのである。

その一方、この時代には家の管理と家族の世話に専念する、「美しい淑女」という女性の理想像が誕生した。淑女は夫の仕事について口出しをせず、いかなる取引、商売にも関与することはなかった。こうした女性たちが増える一方、先述したような一七世紀の女性たちが形成していた女性の間の取引や交換のネットワーク、互助の世界は次第に希薄化していった[13]。『GOOD WIVES』はまさに、こうした「美しい淑女」の誕生史を検討した研究である。同書によれば、GOOD WIVESとしての女性たちには、様々な役割と立場が生まれた。すなわち、「家政婦」として、「夫の代理人」として、数は少ないが「女主人」として、「配偶者」として、「母」として、「隣人」として、「クリスチャン」として、などである。とりわけ後の独立戦争下では、男性に代わって、多くの役割を果たすようになり、個々の性格と同じくらい、時代状況が女性たちを、時代を担う逞《たくま》しい主人公へと変貌《へんぼう》させていったのだという。

植民地時代初期のニューイングランド地方では、ジェンダーは人種や階層、年齢、地域と同じくらい社会を構成する明確な差異であった。したがって、彼女たちの日々の物語を描くことは、この時代を理解するためには必要不可欠なのだとウーリッチは強調している。そして『GOOD WIVES』は、これまで忘れられてきた全体世界の半分、つまり女性たちの日々の物語が、植民地時代初期のニューイングランド地方に限らず、現代社会においても同様に重要であることを示唆している。

炉辺の番と学問への扉

アメリカ独立革命以前の女性たちの多くは、母親や祖母が経験したのと同じような人生を歩んだ。その人生とは、周期的に訪れる妊娠と出産、家事という骨の折れる労働の繰り返しであった。識字率が上昇したとはいえ、女性は男性と比べてはるかに遅れており、新しく設立された学校のほとんどは、女性に対してはその扉を固く閉ざしていた[14]。

政治も男性だけの領分となっていったが、一七七六年にアメリカ合衆国として独立宣言を出す議論と戦火の中で、少しずつ、女性は公の場に活動の機会を得ると同時に、家庭に新しい政治的な意味が付与されるようになっていく。

出征による男性の不在のため、農場や商売を差配するようになり、イギリス製品の不買運動に協力し、紅茶ボイコットのためにハーブを栽培してお茶を淹《い》れ、糸を紡いで布を織り始めた女性たちは、家庭での責任を果たすことを政治活動へとつなげていった。要するに、女性たちはGOOD WIVES（良き妻）として、政治的な活動に積極的に参加する機会を手にするようになったのである。

個々の人間は完全な者になり得る無限の可能性を持ち、教育を受けた市民は合理的で正しい共和制社会実現の基盤となる。これは、一つの階級がほかの階級に従属する社会への批判を投げかけたヨーロッパの啓蒙《けいもう》思想であり、独立革命の政治理論の基盤でもあった。

ところが、結局のところ、「すべての人間は平等に創られている」とうたった独立宣言が示す「人間」からさえも女性は除外され、それは男性のみに適用されるものに過ぎなかった。そのため、独立戦争下で女性たちが日常茶飯の世界から政治に関与することができたとはいっても、独立戦争後も、政治や公の議論から女性が除外される状況は根本的には変わらなかったといえる。「誰かが炉の番をしなければ」、その誰かとは女性の事である、と主張したフランスの思想家、ジャン＝ジャック・ルソーの言葉はそれを象徴して余りある。[15]
公の場で政治的に活動することが難しい状況の中で、一七八〇年代には、女性たちは教会内で裁縫サークルや慈善団体などのボランティアの集まりを組織するようになった。こうした草の根の活動を通して、女性の地位に関する議論が女性たち自身によって重ねられていった。イギリス国教会とは異なり、アメリカに根付いた福音主義的な宗教思想を教える教会は、男性と女性、白人と黒人、文字を読める人と読めない人の区別なく、集会や礼拝に参加できる場であった。こうした場がその後の女性たちの組織化や活動に及ぼした影響は小さくなかっただろう。
女性たちが取り組み始めた社会的な活動と、女性たちを「炉辺の番」として家庭にとどめておこうとする共和制理論との矛盾と葛藤《かっとう》はその後、「共和国の母」という思想が生まれることで、妥協点を見出していくことになる。それはすなわち、共和国を支える道徳的な市民を育て上げるという責任を女性に与えることにより、家庭を通じて政治的な役割を担うものへと位置付け直す考え方であった。
「共和国の母」という思想が誕生したことで、女性たち自身の政治意識は家庭の内側に向けられていった。母親という立場こそが市民権を得る根拠と認識され、家事は美化されていくようになったからである。さらに、女性や家事をめぐるこうした思想的転換は、一七八〇年代に女子教育に関する議論を引き起こし、女性のための学校が創設される契機となった。アメリカ合

図5-3　炉辺の番をする女性と猫

Arnold William Brunner（1857-1925）作、1883. Smithsonian Open Access

衆国が誕生して間もなく、女性たちが本格的な教育と学問に出会うための閉ざされた扉がついに開かれたのであった。これは、アメリカの女性教育史としても、重要な転機にほかならなかった。

津田梅子がウッズホールで出会ったのは、アメリカで女性たちへの学問の扉が開かれてから、およそ一〇〇年後の社会を生きる女子学生たちの姿であった。つまり、女子教育という観点で見れば、日本とアメリカの間には、約一〇〇年のタイムラグがあったことになる。

女性の仕事にも大きな変化が訪れた。西部開拓の時代には女性たちも西へ移動し始め、共和国の母としての意識と思想を拡張していった。織物などの家内工業を営む機会も増加し、また、助産師や看護師、教師など、女性が収入を得られる職業機会も必要に迫られて増加した。教育が普及すると公立小学校が誕生し、識字率も高まっていった。こうした学校には、多くの女性たちが教師として積極的に採用されるようになったことも見逃せない。

アメリカにおける女性作家の誕生

ボストンのアン・ハッチンソンとセイレムの魔女裁判をつなぐ、一人の作家がいる。セイレム出身者で、当該裁判で重要な役割を果たした人物の子孫、ナサニエル・ホーソンである。彼はセイレムでの事件を『緋文字《ひもんじ》』という小説として発表し、アン・ハッチンソンをモデルに、小説『ハッチンソン夫人』を執筆した。

その冒頭を読むと、この小説を執筆した当時、一九世紀初頭に台頭してきた女性作家について、男性作家であったナサニエル・ホーソンが、どのように感じていたのかをうかがい知ることができる。

女性の知性は決して男性の知性に影響を与えないし、女性の道徳でさえも決して男性の徳を作るものではない。自然のはっきりした区分線を任意の区分と間違える誤った鷹揚《おうよう》さや、批判に余念がなく、批判を和らげることのない慇懃《いんぎん》さは上手《うま》く仕事を実行し、よちよち歩きの幼児期にある我が国の文学に、少女っぽい弱弱しさを加えた。その邪悪さは大きくなっている。それでもアメリカの女性の大勢は家庭的な人種である。しかし、無分別な煽《せん》動《どう》が持続し、彼女たちの心が炉辺から離れたら、女性のペンは男性のペンよりも多く、より多産になる。もっとも平等に奨励されたらではあるが。（社会の支持はわずかであるためにもちろん制限があるが、それらの制限の中で無限に増加している）インクのしみのついたアマゾンは、実際的な圧力を加えてライバルを追い払い、ペティコートは翻り、文学界で勝利をおさめている。[16]

これは、一八三〇年一二月の『セーラム・ガゼット』という雑誌に短編小説として発表された。まずこの文章から、この時期になると、アメリカにも女性作家が誕生していたことを読み取ることができる。こうした状況を男性作家はあまりよく思っていなかったこと、その根拠として、ここでも「炉辺から離れる」ことへの懸念が記されていることが興味深い。

女性作家のことを書いたホーソンと、ハッチンソン夫人を追放したマサチューセッツの教会の牧師たちは、才能ある女性に対して同じ恐れを抱いた点で共通していると思われる。女性作家とハッチンソン夫人は、従来の秩序、すなわち「女性は炉辺の番をして家庭にいるべき」という秩序を乱し、女性作家たちは男性の仕事の領域に侵入し、男性作家や牧師たちの立場を危うくする存在だという認識を持たせたのである。[17]
では、女性がペンを持ち始める状況とは、どのようなものだったのだろうか。それは識字率の上昇とも不可分な動向であった。先に述べたように、女性に対しても教育や学問への扉が開かれ、各地に公立学校が設立され、そこで多くの女性が教師として働くようになると、女性の識字率は上昇していった。それと連動するように、文章を書く文筆家や小説家、それを読む読者が女性たちの中からも生まれ、増加していくようになったのである。
アメリカ初の女性小説家となったサラ・ジョセファ・ヘイルは、ニューハンプシャー州ニューポートで生まれ、もとは地元の小学校教師であった。二五歳で弁護士と結婚して五人の子どもを授かった後、結婚して九年目に夫を亡くし、未亡人となった。その後、彼女は一八二七年に奴隷制にも言及した『ノースウッド――北と南の生活』を出版したことで、小説家としての地位を確立する。日本において彼女は、童謡、「メリーさんの羊」の作者として知られていることが多いが、アメリカの女性雑誌の編集長として、また、多くの職業作家を育てた編集者として活躍した女性でもあった。[18]
『ノースウッド』が高く評価されたことで、サラ・ジョセファ・ヘイルは当時ボストンで刊行されていた女性雑誌『レディース・マガジン』に編集者として招かれ、さらにその後、フィラデルフィアで刊行されていた『ゴディス・レディース・ブック』の編集者となった。

彼女は生涯、女性たちにペンで発言する場所を用意し、女性たちが職業作家として自立しうる出版のありかたを追究し続けた。その功績は非常に大きい。

以下、日本でもよく知られている二人の作家を取り上げて、一九世紀のアメリカで、女性たちが書くことを通じて発言する場を獲得し、自立した女性として生きる道を模索していった過程について考えてみたい。

図5-4　サラ・ジョセファ・ヘイルの肖像画

Auguste Edouart (1788-1861) 作、1842. Smithsonian Open Access

野ぶどうとペンがバーネットを作家に導いた

一人目は『小公子』、『小公女』そして『秘密の花園』の作者として知られる、フランシス・ホジソン・バーネットである。『小公子』は第四章で登場した明治女学校の校長、巌本善治と結婚した若松賤子によって、一八九〇年に翻訳が試みられた。

時はちょうど、津田梅子が二回目の渡米を果たした頃のことである。

バーネットは一八四九年にイギリスのマンチェスターに生まれ、幼いころに父を亡くし、経済的には恵まれた状況にはない少女時代を過ごした。一八六五年、一六歳の時にアメリカ合衆国テネシー州に家族と共に移住してから、バーネットは職業作家を目指すようになった。先に述べたように、すでにサラ・ジョセファ・ヘイルのような女性の作家が活躍し、女性雑誌も流布し始めていた時代であった。

バーネットの自伝的小説には、[19]彼女が作家を目指して奮闘する様子が克明に描かれている。イギリスのマンチェスターに住んでいた頃は、お金がないということが服装や家に表れ、惨めさや憂鬱さに苛まれたが、自然に恵まれたアメリカの移住先ではその状況が一変した。森の中で鳥を追いかけたり、野ぶどうを採ったり、そのツルで東屋《あずまや》を作って遊んだり、想像力を発揮して自由で楽しい日々を過ごしたという。

とはいえ、兄弟の稼ぎは気楽な暮らしができるほどは十分でなく、お金が足りないことが身にしみることもあった。そうした日々の中で、バーネットは妹と一緒に、自分にも「何かできることがあればいいのに」と真剣に考えるようになり、物語を書いて収入を得ることを思いつく。空想好きの少女の物語を兄たちはからかうばかりだったが、バーネットは左腕に子猫を抱いて物語を書き続けては、妹に読んで聞かせていた。

自分で書いた物語を投稿して収入を得るという大胆な考えが浮かんだのは、いくつかの雑誌に「寄稿者への回答」という欄があることに気づいたのがきっかけだった。その雑誌とは、先

図5-5　ベリー摘み

Winslow Homer (1836-1910) 作、1872. Gathering Berries, from Harper's Weekly, July 11, 1874.Smithsonian Open Access

に見た『ゴディス・レディース・ブック』などであった。地域の人たちが好んで読んでいたおかげで、バーネットにも時々それが回ってくるチャンスがあったのだという。

そこでバーネットは原稿を投稿することを思い立った。しかし、郵送するための切手、そして結果を返送してもらうための切手を買う現金がない。どうにかして現金を手に入れなければならないと悩むバーネットのもとに、市場で野ぶどうを売れば、一ドルを手に入れられるという情報が舞い込んだ。早速、バーネットは妹を連れて丘の上の森で野ぶどうを摘み、日が暮れるころには、ブリキのバケツを野ぶどうで一杯にして新鮮なぶどうの葉で覆い、家路についた。

この野ぶどうを売って、ようやくバーネットは切手と用紙を買うのに十分な現金を手に入れることができた。そして彼女は次のような一文をしたためて、原稿を送ったという。そこには明確に、原稿から報酬を得たいという希望が記されていた。
同封した原稿『デズボラ嬢の苦難』が、雑誌掲載にふさわしくないと判断されましたときは、同封致しました返送用の切手をお使いください。私の目的は報酬です。[20]
こうして、テネシー州東部の山の中に暮らす少女と、フィラデルフィアの雑誌出版社にいる編集者とがつながり、原稿が行き交うようになったのである。『デズボラ嬢の苦難』は二〇ドル、追伸で送った作品は一五ドルで採用という返事が届き、野ぶどうとペンが、バーネットという一人の少女を、アメリカを代表する作家へと導いていくことになった。
なお、バーネットのデビュー作は『デズボラ嬢の苦難』ではなく、二番目に送った『ハートとダイヤモンド』だった。この作品は一八六八年に、サラ・ジョセファ・ヘイルが編集長を務める『ゴディス・レディース・ブック』に掲載された。

もうひとつの『若草物語』

もう一人の作家は、『若草物語』の作者として知られるルイーザ・メイ・オールコットである。サラ・ジョセファ・ヘイルがフィラデルフィアで『ゴディス・レディース・ブック』の編集にあたっていた頃、オールコットは同じフィラデルフィアで敬虔《けいけん》なピューリタンの家に四人姉妹の次女として生まれ、闊達《かったつ》な少女時代を過ごしていた。その後、家族と共に、あるいは一人でコンコードやボストンなどに何度も住まいを移しながら、ニューイングランド地方で生涯を過ごした。

『若草物語』は、ルイーザ・メイ・オールコットの自伝的小説とも言われており、とりわけ次女のジョーと重なるところが多い。一方、小説の中でジョーは最終的に読者の期待に応《こた》えるかたちで結婚するのに対し、ルイーザ・メイ・オールコット自身は、生涯結婚することはなかった。様々な職に就いて働きつつ小説を書き続け、『若草物語』で名声を得てからも、家事を切り盛りし、姉妹を物心両面から支援し、両親を介護し、早世した妹の子どもを引き取って世話をした。そして、父親を看取《みと》った二日後、五六歳でその人生を閉じている。

ルイーザは一〇歳の時から亡くなる四日前まで日記をつけて

図5-6　ルイーザ・メイ・オールコット

George Kendall Warren Studio, 1872. Smithsonian Open Access

おり、現存する日記を全て収めた *The journals of Louisa May Alcott* が出版されている。以下では日本語に翻訳された『ルイーザ・メイ・オールコットの日記――もうひとつの若草物語』[21]を参照しながら、彼女の生涯とアメリカの女性たちについて考えてみたい（以下、同書からの引用の頁数注記は割愛した）。
一〇歳のルイーザが記した最初の日記は、次のように始まる。

一八四三年八月四日金曜日
朝食が終わったら、お皿を洗った、それからお勉強をしました。お父さまとケイさんとレインさんは、シェーカー教徒の共同体へ行って、夕方までもどってきませんでした。お勉強のあとは、昼食までおさいほうをして、昼食が終わったら行水をして、それからウィラードさんのお家《うち》へ行きました。帰ってからは夕食まであそび、そのあとは『オリヴァー・ツイスト』を少し読んで、ちょっとものの思いにふけってからねました。とっても楽しい一日でした。

日々の出来事の中に、イギリスの作家、チャールズ・ディケンズによる児童文学作品を読んでいる。孤児のオリヴァーが様々な困難を乗り越え成長する物語を、ルイーザはどのような気持ちで読み、想像力を膨らませていたのだろうか。
物思いにふけるのが好きな少女は、一三歳になると自分だけの部屋を手に入れた。

一八四六年三月
長いあいだ待ちのぞんでいたわたしだけの小さな部屋をやっともらえた。とても幸せ。ひとりですごすのはわたしにはいいことだもの。(中略)
生涯の計画を立てた。十三歳になったのだもの。もう子どもじゃない。
一三歳にして既に生涯の計画を立てるのは少し大人びていること、少女っぽいものがあまり好きではないことを自覚していることも加筆されている。ルイーザは自分の部屋を「わたしの小さな王国」と名づけた。
一七歳の頃の日記では、どのような人間になりたいのか、女性の生き方を自問している様子がうかがえる。
一八五〇年五月
(前略)十七年間生きてきたけれど、知っていることはまだほんの少し。わたしがなりたい人間――ほんとうに立派で役に立つ女性になるには、まだまだ知らなくてはいけないことがたくさんある。
同年の八月、ルイーザは、当時出版されたばかりのセイレム事件を描いたナサニエル・ホーソンの『緋文字』を読み、真実味があって説得力のあるこの作品が好きだと記している。この年の日記から「収入」のメモがあり、針仕事、教師などをして、それぞれから僅《わず》かばかりの収入を得ていたことがわかる。

初めて書いた「競い合うプリマドンナ」という物語が、活字になって五ドルをもらったことが記録されているのは一八五二年、一九歳の時である。この頃、ルイーザの母アビゲイルは、ボストンで社会奉仕の仕事をするようになっていた。アビゲイルは、女性たちにきちんとした職場を見つけてあげたいと「雇い人斡旋《あっせん》所」の開設を思い立ち、実現させている。ルイーザは後に、自身の人生の中でも、作品の中でも地域や女性たちの「連帯」について思索し続けることになるが、それはこうした母の姿から少なからぬ影響を受けていたためだと思われる。

哲学は台所から生まれる

二〇代後半になると、少しずつ安定した原稿料が手に入るようになっている。しかし、ルイーザは教師、女中、針仕事などにも従事し、相変わらず家事を切り盛りしながら、その合間に作品を書き続けた。直接収入にならないような様々な活動をも含めたすべてが、彼女の日常生活世界そのものだった。

例えば、少年兵のための「裁縫会」や「包帯作り」、兵士の服作りなどに従事することもあった（図5-7）。

また、慈善団体のバザー、手紙の代筆、家族や知人に頼まれた縫物、古い服の繕いなどがあり、とりわけ針仕事には膨大な時間を費やしている。

図5-7　女性と戦争

Winslow Homer (1836-1910) 作、1862. Our Women and the War, from Harper's Weekly, September 6, 1862. Smithsonian Open Access

一八六二年のある日の日記には、次のように記されている。

縫い物をしながら、そのあいまに「スリリングな作品」を書いた。こんなふうにして仕事をこなすのは奇妙だけれど、結構おもしろい。

このような状況で執筆することによって、ルイーザは「家庭の中のすべての哲学は書斎ではなく、その多くは台所で創り出される。台所では成熟した女性が料理したり洗濯をしながら、高尚なことを考えたり思いやりのある行動をしたりする（All the philosophy in our house is not in the study; a good deal is in the kitchen, where a fine old lady thinks high thoughts and does kind deeds while she cooks

and scrubs.)[22]」という信念を獲得していったのだろう。
また、家の仕事を切り盛りしながら収入を得る喜びも率直に語っている。例えば、繕いを繰り返して六年も着て、パッチワークのようになったドレスを原稿料でようやく新調したことを引き合いに出して、「頭脳で稼いだお金で買ったものはいつもそうだけれど、とてもうれしい」と綴《つづ》っている。

労働文学としての『仕事』

『若草物語』を書く五年前、ルイーザはある作品を書き始めている。

一九六一年一月――二十八歳
新しい作品に取りかかった――「成功」［のちに「仕事」と改題］――でも、それは母が病気になるまでのこと。その後はインク入れにコルク栓をして、看護婦に早代わり。
（中略）
二月――「きまぐれ」を手直しして改作した。（中略）わたしはインクがそばにありさえすれば、世界がまた混沌《こんとん》とした状況にもどろうとぜんぜんかまわなかった。

ルイーザの母が病床に伏して看病が必要になったために執筆を中断したこの作品は、再び書き始めては中断することを繰り返しながら、じつに一二年という歳月を経て、一八七三年にようやく出版されている。

『仕事』は、ルイーザ自身の二〇代後半から三〇代にかけての様々な仕事の経験をもとに少しずつ加筆され、大人向けの小説として発表された。そうした経緯もあって、同作品は一九世紀のニューイングランド地方における女性の働き方や人生などを考える上で、多くの示唆を与えてくれる。しかし、日本では『若草物語』のみが紹介されるにとどまっており、一部の研究者の論文をのぞいて、『仕事』を含めその他の作品についての言及はほとんどない。

さらにいえば、アメリカでも集中した論議がなされていない領域として、女性の「労働文学」とでも呼ぶべき作品群が存在する。まさにそこに、ルイーザ・メイ・オールコットの『仕事』が含まれているのである。アメリカの女性作家による「労働文学」を論じた小林(二〇〇三)によれば、初期の女性工場労働者に焦点を当てる「労働文学」は、劣悪な労働条件を常に問題視しつつも、それらの作品が単に「抵抗文学」の域にとどまってはいないという[23]。基本的に「家庭崇拝」のイデオロギーの枠外に置かれていた女性労働を扱う「労働文学」の作品群は、女性が「仕事をもつことの意味」という、きわめて根源的、かつ今日的な主題にもつながっている点で注目されるのである。

『仕事』は、農村の叔父夫婦の家で暮らすクリスティという女性が、二一歳の誕生日を前に「私は自立することにしたわ(I'm going to take care of myself)」と言って、「新しい独立宣言」をする場面から始まる[24]。自分の可能性を試すために一人ボストンへ向かい、女中、俳優、家庭教師、コンパニオン、お針子など、職を転々としながら生き、四〇歳になるまでを描いた女性のライフヒストリーである。
成功と独立を夢見るクリスティは仕事を渇望し、結婚とは無縁の人生を歩んでいく。しかし、紆余《うよ》曲折があり、歳を重ねて精神のバランスを崩し、ついには自殺未遂をするまでに追い詰められてしまう。その後、園芸農家に身を寄せて、家事や花づくりをしながら心身の健康を取り戻し、園芸家と結婚する。ここに至って、物語は一見、一九世紀アメリカの「共和国の母」を礼賛する家庭小説的なロジックに回収されてしまったようにもみえる。
だが、物語はそこからさらに展開する。ルイーザは『仕事』では、結婚後のクリスティが夫の南北戦争への従軍をきっかけに、自らも従軍看護師となって働く姿を描くことで、結婚後に家庭に縛られない生き方もあり得ることを描いた。[25] 夫が戦地で負傷した時、クリスティは経験豊かな看護師として、彼の最期を看取る。最終章では、未亡人となった四〇歳のクリスティが「お互いのために働き、みんなで分け合う」という理念のもと、女性だけが働く農園を営み始める。さらに、クリスティが晩年に取り組んだこうした試みは、中産階級と労働者階級の女性たちを「仲介」し、女性の姉妹同盟、つまりシスターフッドのような「連帯」を生み出していくことになるのである。[26]
クリスティが結婚した後に経験する出来事や人生の選択は、読者の強い要望に押し切られるかたちで描いた『若草物語』におけるジョーの結婚とは明らかに異なるものであった。新しい女性の人生の物語を提示しているからである。クリスティが結婚後に歩んだ人生の描写は、同時代の多くの家庭小説とは異なり、「結婚」は女性の人生にとってのゴールではなく、より充実した人生への通過点であるというメッセージとなっている点が注目される。
二一歳で独立宣言をした一人の女性がその後の二〇年の人生経験、職体験を通して得たのは、「仕事」とは単なる賃金獲得の手段ではない、という実感を伴う哲学であった。それはすなわち、「仕事」とは自立や学びの喜びをもたらし、人生選択の幅を広げ、信仰に支えられ、そして人間同士、女性同士の分かち合いや連帯を生み出すものである、という考え方である。
『仕事』を世に問う一年前の日記に、ルイーザは次のように綴っている。

一八七二年六月――（前略）できることなら家族の生活を支えようと心に決めたのは二十年前のこと。四十歳にしてそれを成しとげた。いま抱えている借金はもちろんのこと、時効になった分も返済しおわった。安楽に暮らせるだけのものもできた。その代償として健康を損ねたけれど、それでもまだ生きている。わたしの成すべきことはまだあると思う。

『仕事』は、華々しく評価された『若草物語』に比べて文学作品としての評価は高くなかった作品と言われる。けれども、ルイーザ自身にとっては、自らの人生を投影させて、本当に伝えたいことを描けたのは、むしろ『仕事』という作品だったのではないだろうか。私は、そう思わずにはいられないのである。

ストーリー・オブ・マイライフ――「わたしの」若草物語

『若草物語』の執筆に着手することになる一八六八年、三五歳になったルイーザは日記に、次のような抱負を記している。
わたしは小さな部屋で忙しくて幸せ。なぜならここには静けさと自由がある。仕事も十分あって、それをこなすだけの体力もあるから。（中略）元気でさえいれば、この一年わが道は明るい。家族を支え、完全に自立して生きていくという夢を叶えたい。実現しますように！

そして、相変わらず、次のような日常を送っていた。
早起きして、パンとミルクと焼きリンゴを食べ、鳩に餌をあげた。それからメイのボンネットを作り、マーミーのフランネルの部屋着の裁断をした。母には雪に埋もれたコンコードの寒さは身にこたえる。午後は編集の仕事と芝居の衣装直し。レスリーが物語の稿料五十ドル、フォードが四十ドルを払ってくれた。アンナと甥たちがやってきた。

この年の五月に、ルイーザはLittle Women（『若草物語』）というタイトルで原稿を書き始めている。編集者に少女向けの物語を、と頼まれて書き始めたものの、「こういう作品は楽しくはない。私は女の子がぜんぜん好きではないし、姉妹のほかはあまり知らない」と心中を吐露《とろ》しているのが興味深い。
二か月後の七月一五日には完成し、翌月にはロバーツ・ブラザーズ社から出版の申し出があった。秋には読者からの手紙も続々と届くようになり、それに対して日記には次のようなルイーザの考えが記されている。

十一月一日――『若草物語』の第二部に着手。一日に一章書けるので、一か月で書きあげられるだろう。第一部がちょっと成功したので、元気が出てきた。(中略)女性の最終目的は結婚しかないかのように、若いお嬢さんたちからは、主人公の女性たちを結婚させてほしいという手紙が来る。でも、わたしは読者を喜ばせるためにジョーをローリーと結婚させたりはしない。

作者の予想をはるかに超えて、『若草物語』は多くの読者を得て、ついにルイーザは職業作家としての名声と成功を手にすることになった。アメリカ合衆国で最初に成功した女性の職業作家ともいわれている。その印象があまりにも強いため、私たちはルイーザ・メイ・オールコットという人物を『若草物語』の作者として、さらにその物語の中のジョーと同一視して、理解したつもりになっていたのかもしれない。
しかし、既に述べたように、ルイーザは『若草物語』以前にも以後にも様々な作品を書いている。そして、実生活の中では、奴隷解放運動などに積極的に参加するなど、『若草物語』だけでは知り得ない、当時の女性を取り巻く時代状況を反映した興味深い人生を歩んでいる。

人気作家となったルイーザは、一八七五年二月にはニューヨーク州のバッサー女子大学を訪問し、四〇〇人の女子学生と話をし、山のようにサインを頼まれ、それに応えている。バッサー女子大学といえば、津田梅子と一緒にアメリカに渡った山川捨松が通った大学である。ルイーザは一八八〇年にはボストン大学の女子学生たちとも会い、「学問を好む聡明な女性たち。みんなが幸運でありますように」[27]とエールを送ることを忘れなかった。

後に、津田梅子がブリンマー大学やウッズホール海洋生物学研究所で出会う、アメリカの闊達な女子大学生たちの中にはきっと、ルイーザ・メイ・オールコットの作品に親しんだ少なからぬ女性たちがいたことだろう。『若草物語』には、ニューイングランド地方に生きた女性たちが、社会や家族の規範、そして激動する時代を受けとめながら抱えた葛藤や逡巡《しゅんじゅん》が、穏やかな日常生活の膨大な描写の中に埋め込まれるように描かれている。

巧みな筆致は、表面的な物語の深層に、もう一つのテーマ、すなわち女性が「わたし」をいかに生きるかという問いかけを潜ませることに成功している。だからこそ、物語に描かれる女性たちの葛藤や逡巡の数々が読者の心に触れ、共感を呼んだのだろう。それが、同書がベストセラーとなった重要な要素だったのではないか。

四人姉妹がそれぞれ異なる人生を摑《つか》み取っていく姿から、「人生には選択肢がある」と気づいた同時代の女性たちもいたことだろう。また、世間や時代から期待される「女性像」に囚《とら》われないジョーの生き方への憧《あこが》れから、学び、働き、生きる意味を見出した女性たちもいたはずである。ほかならぬ、私自身が時空を超えてこの物語に出会い、「わたし」を探し始めた一人であった。同時代におけるアメリカ合衆国の女性たちにとっては、「共和国の母」という良妻賢母になることが期待されていた時代に、その規範を異化する異色の家庭小説であったと、文芸評論家の斎藤美奈子は『若草物語』を意味づけている。[28]

ルイーザは女性会議や婦人社交クラブに出席したり、女性参政権運動に加わったりもしている。例えば一八七九年〜一八八一年の日記には、「いまわたしは女性に参政権運動に参加するよう働きかけている。女性はとても臆病《おくびょう》で保守的」、「参政権などの話で地元の女性たちに会ったけれど、運動に駆り立てるのは至難の業」、「参政権クラブの設立に奔走」とある。

この頃、ルイーザは、『若草物語』を出版したロバーツ・ブラザーズ社に、ハリエット・H・ロビンソンの「マサチューセッツ州における婦人参政権運動」を出版するように働きかけている。実際に、この本はロバーツ・ブラザーズ社から出版された。[29] このハリエットという女性は、次章におけるキーパーソンの一人であるので、後に詳述しよう。

二〇一九年、映画『ストーリー・オブ・マイライフ――わたしの若草物語』が公開された。この映画は、小説で描かれるジョーと、作者であるルイーザを重ね合わせて描いた作品でありながら、小説の『若草物語』そのものの映画化ではなく、一九世紀のニューイングランド地方で自立しようと生きる女性たちの奮闘と葛藤が多分に盛り込まれている。

監督のグレタ・カーウィグは、少女が大人になっていく過程をリアルに描いた自伝的映画

『レディー・バード』などの作品があり、社会や家庭の規範の中で生きる女性たちの葛藤を描く腕に定評がある。おそらく、『若草物語』をモチーフにしつつも、原題の「Little Women : Own Your Story」というタイトルに含まれた言葉に、ルイーザが本当に伝えたかったメッセージを込めたのだろう。

いつの時代も女性たちは、「わたしの人生」をいかに生きるか、生きることができるのか、という問題と向き合ってきた。そして、今も向き合い続けている。それゆえに、ルイーザ・メイ・オールコットの人生、つまり彼女の「マイライフ」、そして「自分自身の物語を生きよう」というメッセージは、今なおその意味を失ってはいないのである。

ペンを執る「新しき女」の群像

最後に、本章の冒頭に掲げた「傑出した女性たち」と題された一枚の写真に立ち返ろう。一八八四年のこの写真には、一二人の女性たちが写っている。名前と主な肩書、作品などは以下の通りである。

・フランシス・ホジソン・バーネット（一八四九～一九二四）／文学者、作家、小説家、脚本家、『小公子』、『秘密の花園』
・ルイーザ・メイ・オールコット（一八三二～一八八八）／ジャーナリズムとメディア雑誌の編集者、文学者、作家、小説家、『若草物語』、『仕事』

・サラ・オルネ・ジュエット（一八四九～一九〇九）／地方主義文学者、作家、小説家、『とんがりモミの木の郷』
・ルーシー・ラーコム（一八二四～一八九三）／文学者、作家、詩人、教育者、編集者
・ハリエット・エリザベス・ビーチャー・ストウ（一八一一～一八九六）／文学者、作家、小説家、『アンクルトムの小屋』
・ヘレン・ハント・ジャクソン（一八三〇～一八八五）／文学者、作家、詩人、ネイティブアメリカンの待遇改善運動家、『不名誉の世紀』、『ラモーナ』
・エリザベス・スチュアート・フェルプス・ウォード（一八四四～一九一一）／フェミニスト作家、服飾研究家
・メアリー・アシュトン・ライス・リバーモア（一八二〇～一九〇五）／教育者、文学者、作家、詩人
・ジュリア・ウォード・ハウ（一八一九～一九一〇）／文学者、作家、詩人、市民権運動家、婦人参政権論者、「リパブリック讃歌《さんか》」の作詞者
・ノラ・ペリー（一八三一～一八九六）／詩人、ジャーナリスト
・グレイス・A・オリバー（一八四四～一八九九）／作家、女性の権利支持者
・ルイーズ・チャンドラー・モールトン（一八三五～一九〇八）／詩人、作家、評論家、女性の物語、ルイーザ・メイ・オールコットの伝記

バーネットやオールコットの名前がみえる。一九世紀にこの世に生を受け、二〇世紀への転換期という同時代を生きたこの一二人の女性たちは、日常に根差した作品の中に、「わたし」を取り戻し、「わたしたち」として連帯していこうというメッセージを込めた作家、編集者たちという共通点でつながっている。すなわち、この写真は、アメリカ合衆国における「新しき女」たちの群像そのものであるといってよいだろう。

彼女たちの作品の多くは、難しい政治論や評論などでは決してなく、日常茶飯の情景と、女性や少女たちの心情の機微を丁寧に描いた物語であった。さらに、その等身大の女性たちの物語を通して、多くの読者に「わたし」を取り戻すことの重要性を伝えようとしたことでも共通している。そうであったからこそ、彼女たちの作品群を通して、数多《あまた》の読者もまた、「新しき女」たちと志を共にするシスターフッドにつながれたのではないだろうか。

次章の冒頭では、この写真に写っている一人である、ルーシー・ラーコムの詩をひもとくことから始めよう。もともと織物工場で働く女工であった彼女が、いかにしてペンを執る詩人となり得たのか。その過程の中に、私たちはシスターフッドの広がりと奥深さを垣間見《かいまみ》ることになるだろう。

［第五章註］

1　Alcott, Louisa May. *Her Life, Letters and Journals*. Ed. Ednah D. Cheney. Boston:Roberts Brothers, 1889. *Cali-*

fornia Digital Library. Web.p124.
2　古川安『津田梅子——科学への道、大学の夢』東京大学出版会、二〇二二年、七〇～七四頁。
3　サラ・M・エヴァンス著、小檜山ルイ、竹俣初美、矢口祐人訳『アメリカの女性の歴史——自由のために生まれて』明石書店、一九九七年、二三四頁。
4　プロテスタントの一派。
5　前掲3、四六頁。
6　倉橋洋子「ホーソーンの作品にみる咎められる女性——「ハッチンソン夫人」について」『共生文化研究』創刊号、二〇一六年、八一～八九頁。
7　前掲3、六〇～六一頁。
8　ポール・ボイヤー、スティーヴン・ニッセンボーム著、山本雅訳『呪われたセイレム——魔女呪術の社会的起源』渓水社、二〇〇八年。以下、詳細は同書による。
9　前掲3、六一～六四頁。
10　前掲8、二三三頁。
11　Laurel Thatcher Ulrich, *Good WIVES: imagine and reality in the lives of women in northern New England, 1650-1750*, Vintage Books, 1991, p.4.
12　前掲11、四七～四八頁。
13　前掲3、六四～六六頁。
14　前掲3、七六頁。
15　前掲3、九五頁。
16　前掲6、八一～八九頁。
17　前掲6、八八頁。

18　パトリシア・オッカー著、鈴木淑美訳『女性編集者の時代――アメリカ女性誌の原点』青土社、二〇〇三年。以下、同書に依拠して記述する。
19　フランシス・ホジソン・バーネット著、松下宏子・三宅興子編訳『バーネット自伝――わたしの一番よく知っている子ども』翰林書房、二〇一三年。以下、同書に依拠して記述する。
20　前掲19、三一七頁。
21　ジョーエル・マイヤースン／ダニエル・シーリー編、マデレイン・B・スターン編集協力、宮木陽子訳『ルイーザ・メイ・オールコットの日記――もうひとつの若草物語』西村書店、二〇〇八年。
22　前掲1。
23　小林富久子「織機の間の知性《マインド》――十九世紀ニューイングランド女性作家による「労働文学」」大井浩二監修、花岡秀・貴志雅之・渡辺克昭編『共和国の振り子――アメリカ文学のダイナミズム』英宝社、二〇〇三年、一〇四～一二四頁。
24　Louisa May Alcott, *Work: A Story of Experience*, 1873.Ed.Joy S. Kasson. New York: Penguin Books, 1994.
25　羽澄直子「意義ある労働を求めて――ルイザ・メイ・オルコット『仕事』」野口啓子・山口ヨシ子編『アメリカ文学にみる女性と仕事――ハウスキーパーからワーキングガールまで』彩流社、二〇〇六年、二一八～二三三頁。
26　相本資子「『仲介者』としての女性労働者――オルコットの『仕事』をめぐって」『英米文学』四九（一）、二〇〇五年、一四五～一六〇頁。
27　前掲21、三一三頁。
28　斎藤美奈子『挑発する少女小説』河出新書、二〇二一年。
29　Harriet Jane Hanson Robinson, *Massachusetts in the Woman Suffrage Movement: A General, Political, Legal and Legislative History From 1774, to 1881*, Roberts Brothers, 1883.

第六章

パンと綿布

ローウェルの女工たち

ローウェルのメリマック社の工場の女工
Merrimack Manufacturing Company, Lowell, Massachusetts (American, founded 1822)
Smithsonian Open Access

私は織る、織る、朝な夕なに
横糸は強く、縦糸もよし
私は織る、母の糧となるパンに
私は織る、日々の糧となるパンに
いつまで織るのかと
女たちの世界がつきまとう

風よ吹け、柳の上に、松の上に
青く静かなメリマック！
汝《なんじ》より光る流れのかなたに
黒き額の姉妹が嘆く

水にはこの根から流れる血が混じり
我らが集める豊かな実は誰のもの

南部にとらわれた黒い女性よ
あなたの苦しみのどれだけが私に
あなたの盗んだぶどうが　わたしのワインに
あなたのためのパンで　私は口を満たす
糸巻きはほどけても　おさえつけられた
魂の血で　糸は赤い[1]

（ルーシー・ラーコム）

「織機の間の知性《マインド》」

フィラデルフィアでサラ・ジョセファ・ヘイルが編集にあたっていた『ゴディス・レディース・ブック』の読者の多くは、中産階級の女性たちであったことで知られる。だが、マサチューセッツ州ローウェルという町の大規模な紡織工場で働く女性たちの多くも、じつは同誌の読者であった。
従来、工場労働者といえば、日本と同様「劣悪な環境で搾取されて働く救いのない存在」というイメージが強かった。しかし、一九世紀初頭に誕生したローウェルという紡織工場地域では、ニューイングランド地方の農村から未婚の女性たちを集め、寄宿舎制度を導入し、当時の中産階級的体裁を持った労働環境を整えた新しい工場運営が展開され、国内外からの注目を集めていた。この工場の労働者となったのは、プロテスタント的倫理を有する家庭環境で育った娘たちであったため、彼女たちは「自己修養」を内面化して向上心をもち、『ゴディス・レディース・ブック』の熱心な読者になっていったといわれている。[2]
工場労働者である女性たちは、こうした雑誌の購読を通じて、一九世紀のアメリカ合衆国で勃興《ぼっこう》し始めた出版メディア、そこで活躍する女性編集者や女性作家たちと出会い、その熱意を受け取ることができたのである。フランシス・ホジソン・バーネットやルイーザ・メイ・オールコットと同様、働く日々の中で、読者欄からの情報に大いに刺激を受けた女性たちもいたことだろう。
というのも、ローウェルでは、女工たちが自ら小説や詩などの文章を書き、編集し、それを

『ローウェル・オファリング（ローウェル便り）』という雑誌として刊行していたからである。同誌は書店で販売もされていた。同時代を生きたイギリスの女性ジャーナリスト、ハリエット・マーティノーは、こうした女性労働者たちと彼女たちが生み出した雑誌を「織機の間の知性（Mind among the Spindles）」と称して、高く評価した。

その評価は、決して過大なものではなかった。なぜなら、『ローウェル・オファリング』の投稿者や編集者はすべて工場で働く女性労働者たちであり、その中には、後に女性運動家となるハリエット・H・ロビンソンや、労働運動家サラ・ベイグリーがいたからである。ハリエット・H・ロビンソンは、前章で触れた、ルイーザ・メイ・オールコットが出版を進めた『マサチューセッツ州における婦人参政権運動』の著者であることを、ここで思い出しておきたい。

そしてもう一人の特筆すべき人物に、「労働文学」という分野を切り拓《ひら》いていく作家として活躍した、ルーシー・ラーコムが挙げられる。本章の冒頭に掲げた詩は、彼女が綴った「織る」というタイトルの一編の作品である。

この詩には、工場で綿布を織るのは家族を養い、自分が生きていくためだと自覚する一方、その白い綿布は、南部の奴隷女性たちの血で染められているのだと感じる「苦悩」が表現されている。織機の間で働く北部の女工が、そこで織られる布を通して南部の奴隷女性たちの生に思いを馳《は》せる。こうした「感性」と「知性」が、確かに労働者の内面に存在していたことがわかる、貴重な作品といえよう。

ルーシー・ラーコムが「織る」という詩を発表したのは一八六九年である。リンカーン大統領が奴隷解放宣言を発したのが六二年であったことをふまえると、彼女は日常を描いたように見える詩の中に、自らの政治的な主張もしたたかに織り込んでいたのだと理解できる。つまり、工場で働いていた若い頃の気づきや思索は、その後の彼女の人生を方向づけることになったのである。

ではなぜ、彼女たちは織機の間にこのような「知性《マインド》」を持ちえたのだろうか。

一八三〇年代にローウェルで働く女工たちは、当時の社会改革者たちによる講演を聞く機会があった。もちろん、ルーシー・ラーコムもそれらの講演会を聞いた一人である。講演会に招かれた一人に、奴隷制度反対主義の詩人であるジョン・グリーンリーフ・ウィティアーがおり[3]、イギリスでニュー・ハーモニーという実験的共同体を生み出したロバート・オーエンがいた[4]。こうした機会も、女工たちの知性に少なからぬ影響を与えたものと思われる。しかし、おそらく織機の間の知性は、外部からの影響だけでなく、彼女たちの生い立ちや、寄宿舎生活の中で育《はぐく》まれた、女性たちのコミュニティに根ざしていた部分も大いにあったのだと考えられる。

そこで、本章では産業革命期に「織機の間の知性」が生まれた背景を理解するために、ローウェルの女工たちの日々に焦点を当て、一九世紀半ば頃までのアメリカの織物工場と女性労働者たちの日常生活世界と労働を把握していきたい。

アメリカ織物業史には三つの画期がある

アメリカ合衆国では、一八世紀末から一九世紀にかけて産業革命と綿織物業の勃興が生じた。

その発祥の地はアメリカ合衆国北東部、メーン、ニューハンプシャー、バーモント、マサチューセッツ、ロードアイランド、コネチカットの六州からなるニューイングランド地方であった。労働市場を視野に入れると、その産業史には三つの画期が含まれる。

まず、一七九〇年にロードアイランド州にイギリスの綿紡績技術が移植され、周辺に住む女性たちによって手織りの綿布生産が始まった（ロードアイランド型）。次に一八一四年、マサチューセッツ州東北部ウォルサムに商人資本家集団「ボストン・アソシエイツ」が紡織兼営織布工場を設立した（ウォルサム型）[5]。さらに一八二三年にはより大きな工場がチャールズ河畔の農村イースト・チェルムズフォッドに建てられた。これ以後、この地域は大規模な工業都市となり、寄宿舎制度下で管理された農村出身の未婚女性を中心とする労働力、巨額資本と水力による紡織一貫生産システムは「ローウェル型工場」とも呼ばれ、国内外の注目を集めた[6]。

一九世紀末から二〇世紀初頭におけるアメリカ合衆国の女性労働について概観した論文によれば、ローウェルの綿工場は、若い女性の雇用を見込んで建設された。日本と同様、繊維工業は女性労働市場として重要な位置を占めていたからである[7]。

最後の段階として一九世紀中期以降、アイルランドやカナダからの多くの移民が低賃金労働者として労働市場に参入し、若年女性労働者に取って代わる。これ以後、単身の移民のみならず、「家族雇用」という形態で、移民家族が織物労働者として工場で働くようになった。

続いて、ボストン・アソシエイツは一八三八年にニューハンプシャー州マンチェスター市に大規模な産業計画を実現し、アモスケグ社を中心とした世界最大の織物工業都市を出現させた[8]。

ローウェルと同様、同市でも一九世紀中期以降は移民家族が織物労働者の中核を担うようになった。[9]
以上の三段階のうち、本章では周辺農村から未婚の女性たちが労働者として集まっていた時代、すなわち第一～第二段階におけるローウェルに焦点を当てる。

ローウェルの女性労働者の「生活」と「労働」

既に述べたように、ローウェルが織物工場地域になった時、最初に労働者として集まって来たのは、周辺農村出身の未婚の女性たちであった。彼女たちは慣れ親しんだ農村を離れた後、ローウェルで、いったいどのような日常を過ごしていたのだろうか。
まだ子どものルイーザ・メイ・オールコットがマサチューセッツ州に暮らし、児童文学『オリヴァー・ツイスト』を読んでいた頃、偶然にもその作者であるイギリスの作家、チャールズ・ディケンズは、一八四二年に同じマサチューセッツ州のローウェルを訪れていた。『アメリカ紀行』の中で、ディケンズはローウェルで働く女性たちを次のように記録している。

ここの女子工員たちは皆よい身なりをしていた、と先ほど言ったが、この表現は当然ながら大変清潔であるという意味をも含んでいる。彼女たちは、手軽なボンネット帽をかぶり、暖かそうなマントとショールを身につけ、木底靴やコルク底靴以上のものは履いていなかった。（中略）若い女性らしい作法や振舞いをし、それは労働の重荷に心のすさんだ野獣のそれではなかった。（中略）彼女たちは近くのさまざまな宿舎に住んでいる。（中略）工場から少し離れた所で、そのあたりでは最も高くて心地よい場所に、彼女たちのための病院、いわば病人用の寄宿舎、が建っている。（中略）第一に、非常に多くの寄宿舎に共同出資によるピアノがある。第二に、ほとんどすべての若い女性たちは貸し出し図書館に出資している。第三に、彼女たちは『ローウェルだより』という名の定期刊行物——「工場で活発に働く女性たちによってのみ書かれた、独創的な記事の宝庫」——を自分たちで作成している。そして、それは、それ相応に印刷され、刊行され、売られる。（中略）働くことがいわば彼女たちの身分である。実際、彼女たちはよく働く。これらの工場で彼女たちは一日平均で十二時間働くが、それは疑うべくもなく労働であり、しかもかなり連携を要する気の抜けない労働である。[10]

図6-1　Lowell Mill

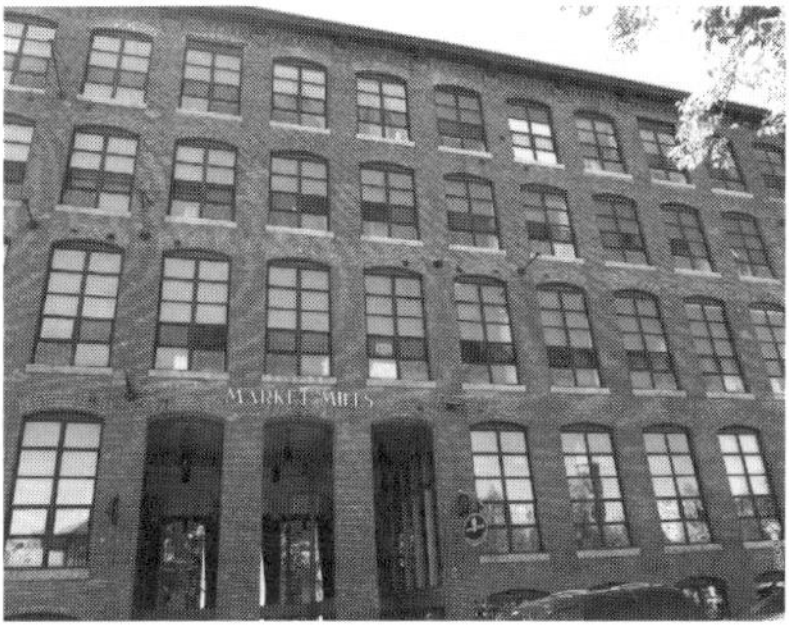

現在は観光施設などにリノベーションされているローウェルの工場（2018年、筆者撮影）

工場の外には学校、教会、宿舎、病院など、充実した様々な設備が建設されていること、平均一二時間の気の抜けない作業に励む「労働者」である女性たちが、寄宿舎の共有ピアノや図書館での読書などの余暇を楽しみ、『ローウェル・オファリング』と題した定期刊行物を自ら作成していたことを伝えている。[11] 寄宿舎において、女性たちの衣食住、教育、娯楽が引き受けられていたのは日本と共通している一方、女性労働者自身による定期刊行物が存在していたことは、日本とは異なる点として注目される。創刊当時、同誌は六・二五セントで複数の書店で販売されていた。同誌は一八四〇年~四五年の間に刊行されていたことをふまえると、ディケンズがローウェルを訪れたまさにその時期に刊行されていた、ユニークなコンセプトの雑誌であった。
ディケンズは『ローウェル・オファリング』についてさらに詳述し、次のように評価している。女性労働者たちが書いた作品の内容をうかがい知ることのできる記述を引用しよう。

今日の仕事が気持よくなされ、また明日の仕事が気持よく迎えられるのに、従事する人の身分によって、その仕事が人間的でないとか、あるいは賞賛に値しないということになるような、そんな身分などまったく知らない。(中略)文学的産物としての『ローウェルだより』の価値について言えば、その日のつらい労働のあとでこういう娘たちによって書かれたという事実をまったく度外視したとしても、それはおびただしい数のイングランドの年間刊行物と比べてもひけをとらないということだけを述べておこう。その話の多くは、工場と、そこで働く人たちについてのものであるということ、また、その話は自制心によってどんなことにも満足する習慣を教え、さらに拡大された慈悲の心というよき教訓を教えているということを知って喜ばしい思いがする。書いた人たちが自分の故郷に残してきた、あの人里離れた場所において示されるような自然の美に対する強い感情が、健康によい村の空気のように全ページを通じて息づいている。華やかな服、華やかな結婚、華やかな家、また華やかな生活への言及はほとんどない。[12]
『ローウェル・オファリング』については、これまでにも、書簡、自叙伝などを通して、彼女たちの生活世界を描いたいくつもの研究が蓄積されている。[13]それらを参照すると、工場では住み込みの寮母が寄宿舎で暮らす女性たちの衣食住全般を受け持ち、雇い主である「企業」が女性労働者たちの「生活」と「労働」の両側面に関与していたことがわかる。
当時のアメリカ合衆国において、こうした寄宿舎制度は画期的なものであった。織物業勃興期にこの地に来た女性たちは皆若く、木造の寄宿舎に三〇～四〇名が集まって暮らしていた。[14]一階には通常、台所と食事をするダイニングルームがあり、寮母の部屋があった。二階には四～八名用の寝室が並んでいた。
現在のローウェルには、かつての工場や寄宿舎の建物が当時のまま保存され、博物館や店舗にリノベーションされている。寄宿舎博物館に入ると、正面の第一展示場に女工たちの食事のレプリカが展示され、台所やダイニングルームを見学することができる（図6－2、図6－3）。

女工たちは腹痛に悩まされていた

一九世紀前半のボストン近郊、ローウェルの女工たちは、工場内に食堂がなかったようで、寄宿舎ですべての食事を食べていた。ローウェルで働いていたある女工が従妹《いとこ》に宛てた手紙によると[15]、お昼ご飯や夜勤前の夜ご飯は、工場から寄宿舎へ食べに帰り、そこから再び工場へ戻るという生活だったことがわかる。
工場からの往復も含めて四五分間しかなく、とにかく大急ぎで食べなければならないから、いつもstomachache（腹痛）に悩まされていたことが綴られている。stomach（胃袋）のache（痛み）とはストレートな表現である。手紙には、朝四時三〇分に起床して働く彼女たちにとって、昼に食べるのがdinnerで、夜勤前の夕方に食べるのがsupperとある。これは博物館に展示されていた食事のレプリカの説明とも一致するので、寄宿舎での暮らしに共通していたのだろう。三食は食べているが、lunchがない。工場時間独特のライフスタイルである。
彼女たちが一番楽しみにしていたのは正午に食べるdinnerだったらしく、ある日のメニューは次のようであった。

ローストチキン、ポテトのグレービーソース添え、ベイクドサーモン、カブ、ニンジン、玉ねぎ、トマトの酢漬け、コーンブレッドとバター、デザートにパンプディング、コーヒーか紅茶[16]。

第一部で見た、日本の産業革命期の女工の食事と比べて、豊富な食材に驚かされる。とはいえ、ゆっくりと味わう時間などはなく、長時間労働の合間をぬうように寄宿舎に帰って摂《と》る食

図6-2 「寄宿舎の食事」

Lowell寄宿舎博物館の第一展示場（2018年、筆者撮影）

図6-3 「寄宿舎の台所」

Lowell寄宿舎博物館の第一展示場（2018年、筆者撮影）

事は、故郷の農村の生活とはずいぶん異なるものだったことだろう。

女工たちは経済的に自立していた

ローウェルの女性たちを中心に、一九世紀のニューイングランド地方における女性たちの暮らしや働き方を研究したトーマス・ダブリンは、具体的な四人の女性たちの手紙を資料として、農村から工場へやって来ることが、どのような変化であったのかを論じている。[17] その中の二つの事例を紹介しよう。

ローウェルから数マイル離れた、ニューハンプシャー州ロチェスターで育ったサラ・ホジソンとエリザベス・ホジソンは姉妹である。姉妹や家族の手紙を見てみよう。彼女たちは一〇代半ばから働き始めた。まず姉のサラが家を出て、一八三〇年にローウェルの織物工場に就職した。その二年後に、妹のエリザベスは地元の学校で教師としての職を得た。女工と教師は、アメリカ南北戦争以前における女性の二大職業である。そのため、この二人の手紙のやり取りは、二つの職業を比較しつつ、女性たちの人生を知り得る貴重な史料だとトーマス・ダブリンは述べている。

姉のサラは一六歳の時に、友人二人と一緒にローウェルのメリマック社で働き始めた。三人は同じ寄宿舎に住み、同じ工場の同じ部屋で働いた。友人の一人であったウェルシーは、以前ローウェルで働いていた経験があったため、新しく入ってくる女工たちをサポートする役割を担っていた。サラも、ウェルシーのサポートを頼りにすることができた。

働き始めたばかりのサラの手紙には、家族への愛と故郷のことが書かれており、ホームシック気味であったことが読み取れる。しかし、例えば、母親には次のような前向きな言葉を伝えている。

I like my boarding place very well.[18]
私は寄宿舎を、とっても気に入ってるわ。

サラはローウェルで暮らすようになってからの戸惑いを両親に相談することもあった。例えば、もし自分が仕事を辞めて実家に帰ったとしたらどう思うかなど、仕事そのものというより、人生の選択について折々に悩んでいたようである。織物工場で働いた一〇年間にわたって、彼女は家族との強い絆《きずな》を保ち続け、両親からのアドバイスを求めることも忘れなかった。
サラの家に帰ることへの迷いに対して、妹のエリザベスは次のように答えている。

（前略）we do not know better than you or so well either when you have earned as much as you will want to spend.[19]
あなたが、自分自身が使いたい分のお金を稼げていることを考えると、私たちはどちらが良いか、判断することはできないわ。

妹からのこの返事には、初期の紡織工場で働いていた女性たちが見出した、「経済的な自立」という新しい状況がはっきりと記録されている。地元の教師として働いていた妹のエリザベスは手紙だけでなく、金銭出入の記録を残しているが、それによれば、一八三二年〜四一年の約一〇年間に稼いだのは一八五・七二ドルであった。ひと月に換算すると約一・五ドルとなり、後述する工場での月給と比べると約一〇分の一程度の賃金だったことがわかる。同期間中の支出は七五・七六ドルであったので、手元に残った貯金は一〇年間で一〇九・九六ドルであった。妹のエリザベスは、教師と工場労働者との大きな賃金格差を認識しているからこそ、姉が工場で働くのをやめて、実家に帰ってくるのが本当に良いかどうか判断できず、複雑な気持ちで返事をしたに違いない。

けれども、女工であれ、教師であれ、この時期の女性たちは結婚するまでの数年間を働くことでは一致しており、サラは故郷ロチェスターの靴職人と、エリザベスはマサチューセッツ州の漁師と結婚して家庭を築いた。

もう一人の女性を紹介しよう。メアリー・ポールは、北バーモント州のウッドストック、バーナードなどで育った。彼女は一五歳から二七歳で結婚するまで、様々な職業と場所を転々としながら生きた女性である。最初は実家の近くの農家の家政婦として働き、その後にローウェルの織物工場に就職し、四年間働いた。さらにその後は工場を辞め、故郷バーモントで友人と服(コート)製造の商売を始めた。この友人という人物は、ローウェルで出会った女性だった。おそらく、工場労働の日々の中で知り合ったのだろう。会社経営は軌道に乗らず、その会社が倒産した後は、女中としてニューハンプシャー州に暮らした。家を出てから一二年後、ついに彼女は結婚した。結婚したのは、ローウェルの寄宿舎で世話になった寮母の息子であった。

メアリー・ポールの手紙もまた、先に紹介したサラ・ホジソンと同様に、紡織工場で働く女性たちが家族とのつながりを維持しつつ、経済的には自立していく新しい女性の生き方を明示している。メアリーの場合、職業も暮らす場所も様々に選択し、経験していたことが注目される。また、結婚も含めた彼女の人生は、ローウェルで出会った人びとと深く結びついていた点も興味深い。

新しい経験と過酷な労働、生活環境

農家の自給的な織物生産が、一つの工場の中に集約され、大規模に展開するようになったことは経済的にも、社会的にも大きな転換であった。それは規模だけでなく、織物生産のシステムそのものという点、そして女性の生き方という点でも注目すべき変化だった。農村を離れて工場に働きに来た女性たちにとって、寄宿舎での集団生活や、賃金を得るという経験は、彼女たちが手紙に記したように、これまでにない新しいものであった。以下、ローウェルの国立歴史博物館の資料をもとに、女工たちの寄宿舎と工場での生活について、もう少し詳しく述べておこう。

寄宿舎制度は、ローウェルで誕生した新しいシステムの一つで、一八三〇年代半ばには女性労働者の四分の三が寄宿舎に住んでいた。月々の現金給与支払いがあり、一九三〇年代のローウェルでは、女性の月給は一二～一四ドルであった。そこから、寄宿舎代五ドルが引かれても、十分な現金が手元に残った。この金額は、彼女たちが農村では決して稼ぎ得ないものであり、現金は、実家の父親のもとでは手にすることのできないものであった。

ローウェルの女性たちにとって、工場で働く魅力は賃金だけではなかった。ローウェルという町は、社会的で、文化的で、かつ宗教的な貴重な経験の場を提供していた。仕事の後、女性たちは講義を受けて学びの機会を得たり、展覧会に足を運んだり、遊びに出かけたりすることもできた。

また、女性たちは、生まれ育った田舎では知り得なかった雑誌や新聞を購読できた。知的な刺激を得られる図書館での読書会や文章を書くサークルに参加する女性たちもいた。さらに、この町の衣料品や雑貨の店は、故郷とは比べ物にならないくらい充実していた。プロテスタントの教会もあり、日曜学校や様々な活動が盛んだった。このように、ローウェルという町は、この町で働く女性たちに、農村では決して知り得なかった数々の経験をもたらすことになったのである。

その一方で、過酷な労働、生活環境があったことについても触れておかなければならない。工場というシステム自体も新しい転換そのものだった。工場は、詳細な時間割に沿って、鐘の音で女工たちを管理しながら長時間労働を実現するシステムになっていた。

朝四時三〇分に起床の鐘が鳴り、四時五〇分に朝食の鐘が鳴る。仕事が始まって、終業までの間に食事のために何度か出入りする。一九時に終業の鐘が鳴った。二二時には門限を知らせ

図6-4　ニューイングランドの工場生活「ベル時間」

Winslow Homer（1836-1910）作 New England Factory Life: “Bell-Time”, from Harper’s Weekly, July 25, 1868.

る鐘が鳴った。彼女たちだけでなく、まるで町全体が工場の鐘と共に動いているようであった。工場の外での女性たちの行動も規制されていた。例えば、不適切な行動をした女工がいた場合、寄宿舎の寮母は工場の支配人にそれを報告しなければならなかった。

労働環境は、決して健康的なものとはいえなかった。日曜日以外の毎日、立ち仕事は一日中続いた。糸が切れないように湿度を高くするため、窓を閉め切っており、工場内の気温は高かった。それに、ひどい騒音で満たされていた。

こうした労働環境の中で、労働者たちは肺病やチフスに罹《かか》りやすくなっていた。日が短くなる冬には、日暮れの後にランプを灯《とも》して仕事をしたが、農村出身の女工たちは、そうした働き方は自然に反していると感じていた。寄宿舎は、典型的なイギリスの生活環境よりも改善されたとはいえ、混雑していて、風通しも良いとはいえなかった。

女工たちの社交と連帯

決して健康的とはいえない工場において、経営者が工場労働者を管理しようとする一方で、経験豊富な女性労働者は新入りを社交的に扱い、職場に連帯感と自由を生み出す重要な役割を担うようになっていた。こうした女性たちの社交と連帯の象徴が、『ローウェル・オファリング』だったのだと考えられる。女性たちにとって、工場での労働と寄宿舎での暮らしは、新しいコミュニティが誕生する機会でもあった。
それに関連して、エリザ・アダムスという名前の一人の女工を紹介しよう。彼女の持ち物や記録が、ローウェルの国立歴史博物館に保管されている。エリザは一八四一年、二六歳の時にニューイングランド地方の田舎からローウェルへやって来て女工となった。[20]
彼女は強い精神力を持ち合わせた女性で、働き始めてから僅か一年後に雇用主に抵抗するストライキに参加し、労働者の連帯を促す詩を書いた。彼女が残した記録から、ローウェルの女性労働者の多くが持っていた「自己修養（self-improvement）」の精神を、彼女も共有していたことがうかがえる。
その後、エリザはペンシルバニア州やニュージャージー州を含めて、九年間で合計七つの工場を渡り歩きながら働いた。生涯独身であったが、彼女は「私の子どもたち」と呼んだ三人の少女たちを養子とし、教育を授けた。そして一八八一年、六六歳でこの世を去っている。

エリザのような女性たちが中心となって、女性たちは工場や寄宿舎で言葉を交わし、文章を書き、やがてその中から『ローウェル・オファリング』を編集する女性たちが現れたのであろう。

自らを「耕し」、「わたし」という主語で語る

『ローウェル・オファリング』に掲載された文章を読んでいて興味深いのは、彼女たちの生活世界の中には、「わたし」あるいは「わたしたち」という主語が明確に存在していたという点である。彼女たちは「わたし」という主語をもちながら、物語、エッセイ、詩などを通して「生きること」、「働くこと」、「暮らすこと」、「家族や故郷を思うこと」、「愛すること」などについて論じている。それらは、女性たちから女性たちへの呼びかけや励ましである場合もあり（史料1）、課題を共有しようとする試みでもあった（史料2）。

『ローウェル・オファリング』に掲載された、実際の作品を見てみよう。

史料1

A Woman's Voice to Woman
…rather let us extend to them the hand of kindness to cheer and gladden their lonely path, and let us

be ever ready to throw the mantle of charity over our sister's faults.
…Let us no longer so far forget the higher and holier feelings of our nature, as to yield to the base passions of envy and falsehood, for the unholy purpose of dimming the bright and priceless gem of woman's virtuous reputation.
(Author unknown, The Lowell Offering Series I, No.4, 1840, pp.52-53.)[21]

女性たちに対する女性たち自身の声
……むしろ、私たちは彼女たちの孤独な道を応援し、喜んでくれるように優しさの手を伸ばし、私たちの姉妹の過ちに慈善のマントを投げる準備を整えましょう。
……誠実さという明るく貴重な宝石を曇らせるような妬《ねた》みや偽りのもとになるような感情をもつことがあったとしても、私たちの本質には崇高で神聖な感情もあるということを忘れないようにしましょう。

この作品のタイトルには、「声」を通じた女性たち同士の呼びかけ合い、つまり連帯の原点を見ることができる。実際、文章の中にも「姉妹」という文言が用いられており、工場内の女性たちは血縁の有無にかかわらず、お互いを姉妹のように認識し、励まし合う意思を読み取ることができる。

史料2

Our last appeal is to those who should support us, if for no other reason but their interest in "the cultivation of humanity" and the maintenance of true democracy. There is little but this of which we, as a people, can be proud.
(H.F. The Lowell Offering, 1842, October, p.24.)[22]
「人間性の育成」と民主主義を保つことに関心を持つことは言うまでもなく、私たちを支えてくれる人びとに向けた最後の主張です。これはささやかではありますが、人間として私たちが誇り得ることです。

史料2の中にある"the cultivation of humanity"という言葉は、女性労働者自身が、働くことや生きることについて、単に食事をしてエネルギーを摂取し、体力を回復するという以上に、「人間として生きる」ことの意味を問うていると解釈できる。[23] ハリエット・H・ロビンソンもその著書の中で、一八三二年〜四八年の工場生活を振り返り、「初期の工場で働く女性たちにとって労働者という区分は品位を下げるようなものではなく、むしろ熟練職工には美徳があるだけでなく、"self-cultivation"の能力がある」と評価し、記している。[24]
それは、彼女たちの多くがピューリタンの末裔《まつえい》の娘たちであり、「自己改善」という生活信条と、「自己信頼」という生活信念を含む、ニューイングランド地方の思想的な背景と無関係ではないと思われる。[25] 実際、一八四〇年代初頭のローウェルには、自己修養クラブ（Mutual Self-Improvement Club）が存在していた。[26]

cultivationは「耕す」という意味である。自分の人格を「磨く」、「修養する」というニュアンスを、「耕す」という言葉で表現していることは、農家出身の娘たちが共通して持っていた、地に足がついた等身大の知性《マインド》の特徴であったのかもしれない。

ローウェルの工場で働く女性たちは一八三四年二月に初めてのストライキを実行し、それはその後、一日一〇時間労働立法を求める請願運動[27]へと発展し、The Lowell Female Labor Reform Association（LFLRA、1845-1847）が組織された。LFLRAは、アメリカ合衆国の女性史の中でも最も早い時期に設立された女性労働組織に位置づけられる。この運動は『ローウェル・オファリング』でもその経緯が報告されたため[28]、さらに多くの女性たちにその主旨が伝えられた。

織機と紡錘車、窓の宝石――ハリエット・H・ロビンソンのライフヒストリー

本章の最後に、『ローウェル・オファリング』にかかわった女性たちの中で書き手として中心的役割を果たした二人の女性について触れておきたい。

一人目はハリエット・H・ロビンソン（一八二五〜一九一一）である。彼女は、前章で触れた、ルイーザ・メイ・オールコットが出版を提案した『マサチューセッツ州における婦人参政権運動』の著者であり、『織機と紡錘車《ぼうすいしゃ》――ローウェル・オファリングからスケッチした初期の女工たちの生活』という自伝的作品を残している。[29]以下、この作品を参照しながら、彼女のライフヒストリーに耳を傾けよう。

ハリエットが六歳の時に父が亡くなると、母は四人の子どもたちの空腹を満たし、育てるために働き始めた。ところが、うまくいかず、知人が子どものうち、ハリエットを引き取ろうかと提案した。しかし、母親は「私は一日に一食しか食べられないが、子どもは手放さない」と言って、申し出を断ったのだという。

母親は家の軒先で小さな商店を営み、飴《あめ》や薪《まき》などを細々と売っていたが、収入は少なく、次第に困窮していった。一つのベッドで互い違いに五人が一緒に寝るような暮らしだった。そんな中でもハリエットは毎日学校に通い、土曜日の教会学校で裁縫の技術を身につけた。

ある時、未亡人になっていた母の妹から、町へ出るようにとアドバイスを受けた。ハリエットにとって叔母にあたるこの女性は、ローウェルの寄宿舎の寮母として働いていたため、その一室を姉家族と一緒に暮らすように手配してくれたのだという。こうしてハリエットと家族は、工場が立ち並ぶ新しい町で暮らし始めたのである。ハリエットは、叔母が取り仕切る寄宿舎のキッチンで、真っ白なテーブルとたくさんのパンに感動した記憶を綴っている。

母は工場労働者たちの生活を世話する家政婦として働き、子どもたちはそれを手伝った。ハリエットはお皿を洗うなどして働いた。こうした状況の中で、ハリエットは一〇歳になる頃には、稼いで家計を助けるために工場で働くことを決意し、週二ドルの賃金で雇われ、ボビン工として働き始めたのであった。

当時、すべての女工たちは朝の五時から夜七時まで働き、朝食と夕食の時間が三〇分ずつ付いていた。つまり、毎日約一三〜一四時間働き続けるような環境だった。ましてや子どもたちにとっては、過酷であったことは言うまでもない。だが、ハリエットにとっては、一日三食食べることができ、可愛がってくれる年上の少女たちと話すことは幸せであったし、彼女たちから良い影響を受けることができたのだという。冬の長い夜にはグループで集まってそれぞれの物語を話し合ったり、母親たちが歌っていた古い歌を一緒に歌ったりした。おしゃべりの内容には、それぞれの小さな希望や願いごと、私たちが成長するためには何が必要か、などのテーマが含まれていた。
こうした子ども時代を過ごしたハリエットは、働きながら公立学校で学び、教会で個人指導を受け、濃密なコミュニティの中で、女工たちの雑誌『ローウェル・オファリング』に詩や散文を書くような女性へと成長していったのである。ハリエットは、初期の工場が教育に果たした役割の重要性について言及し、その理由を次のように述べている。

なぜなら、労働の動機づけがなければ、お金を稼ぐチャンス、それを自分なりに使うチャンス、工場で働く人びとの時代や市民社会への影響力は確実に失われていたからである。[30]

労働者たちが自分自身の技術や教養を高め、職場でそれなりの役割を得るためには、教育の機会が非常に重要であった。それは男性だけでなく、女性にとっても同様であったのである。少女から女性へと成長したハリエットは、学ぶことや本を読むことの喜びを綴っている。ハリエットは自伝の中で、ルーシー・ラーコムが書いた『ニューイングランド地方の少女たち』を引用しながら、本を持ち込めない工場内で、女工たちがどんなことをして、何を考えていたのかを綴っている。[31] 例えば、次のような印象的な一文がある。

工場の窓には新聞の切り抜きが貼られていて、それを女工たちは「窓の宝石」と呼んでいる。[32]

「窓の宝石」は“window gems”と記されているところが印象深い。gemは一般的に宝石を表す時に使われるjewelryという語句に対して、より原石に近い、しかしそこに輝きが含まれているという意味があるからである。[33] 言葉や文章を読みたいという欲求が工場の中に満ち、窓に貼り付けた新聞の切り抜きを「宝石」と感じる感性が存在していた。このエピソードに引き寄せて、ハリエットは女工たちがお気に入りの詩や讃美歌、抜き書きを持ち込み、織機の枠に貼り付けて仰ぐようにして眺めたり、思いを馳せたりできるようにしていた事例を紹介している。彼女たちがそのようにしているのは、年上の女工たちが入っている「自己修養サークル（The Improvement Circle)」や作文グループに憧れていたからでもあった。

こうしてハリエット自身も詩や文章を書くようになり、新聞や報告書を作るようになった。これが、後の『ローウェル・オファリング』へとつながっていくのである。同誌が創刊された時、ハリエットは弱冠一五歳であった。

工場で働いた女性たちが農村に帰ると、工場娘と見下されるどころか、新しいファッション、新しい本、新しいアイデアを携えて大都会からやってきたと歓迎された。ハリエットがこう説明したのは、工場で、寄宿舎で、語り合い、学び合い、分かち合い、自己を耕していこうとする働く仲間や後輩たちの姿を日々目の当たりにしていたからに違いない。もちろんそこには、ハリエット自身も含まれていた。

『ローウェル・オファリング』の源流――ルーシー・ラーコムのライフヒストリー

工場の窓に張られた新聞の切り抜きを「窓の宝石」と表現し、本章の冒頭に掲げた詩を書いたのは、ルーシー・ラーコム（一八二四〜一八九三）である。卓越したこの想像力と表現力はまさに、「織機の間」で育まれた知性にほかならなかった。

先に紹介したハリエット・H・ロビンソンの一つ年上で、同じくローウェルで女工として働いた経験をもつ彼女は、マサチューセッツ州のビバリーという海辺の町で生まれた。六人姉妹、二人兄弟、合わせて八人の子どもたちの下から二番目がルーシーであった。幼い頃から本を読むことが好きで、二、三歳という非常に早いうちから、台所にいる叔母の隣で本に親しんだ。

ところが、そうした穏やかな日々は一八三五年に終わりを迎えた。父が亡くなったからである。未亡人となった母は子どもたちと、新しくできた工業都市であったローウェルに住む場所を探して移り住むことになった。

ローウェルには寄宿舎組合があり、そこで働く家政婦の職があり、若い女性たちには工場で働く機会が豊富にあった。ルーシーの母親は、寮母としての職を得て、ラーコムは一一歳になると工場で働き始めた。当時はラーコム家だけでなく、職を求めてニューハンプシャー州の山村や海辺の地域から、ローウェルへやって来る人びとが少なくなかった。

ローウェルの工場で働いた一〇年間は、ルーシーの人生に大きな影響を与えた。工場労働者の中には、熱心に本を読み、講演会を聞き、ノートをとるような、学ぶことを渇望する女性労働者たちがいて、ルーシーはこうした女性たちと親しくなったからである。また、彼女たちのささやかな蔵書に触れ、好きな読書を続けられたことも重要である。

さらに興味深いことに、妹のエメラインは、寄宿舎で女工たちの寄付によって運営する二つ折りの新聞をつくり始めた。途中で運営が難しくなったものの、それを引き継いで「The Casket（小箱）」という名前に変えて、新しい情報誌が生み出された。ルーシーはすぐに、同誌における詩の提供者となった。

ルーシーたちはこのような活動に夢中になり、より活動範囲を広げたいと切望した。こうした状況の中、工場で働く女性たちによって、いよいよ一八四〇年の一〇月に、『ローウェル・オファリング』が誕生することになったのである。初期の編集者は、ハリエット・ファーリー、ハリオット・カーティスであった。もちろんルーシーは、同誌に詩や随筆を提供する書き手になった。

このような経緯をみると、『ローウェル・オファリング』が誕生する以前から、工場や寄宿舎で、女性労働者たちが詩や文章に親しみ、またそれを書くことを渇望していたことがわかる。女性労働者たちの内面から生まれる作品だけで雑誌が構成され、編集される素地は十分にあったのだと思われる。五年間という短い発刊期間ではあったものの、その意義は大きい。
ルーシーがローウェルの工場で働くようになって数年の間に培われた思想は、その後の彼女の思想、詩や散文、そして何よりもその生き方に影響を及ぼすことになった。とりわけ、自分自身を支え、学び続けようとする若い女性の労働者たちと生きる日々は、彼女の中に「社会」についての思索を育んだ。人間が生きる上での他者との関係性やその意味は、彼女の最も大きな関心事となっていったのである。あらためて、本章冒頭の彼女の詩「織る」を読んでみる。すると、そこにはまさに、人間が生きる上での単純ならざる関係性とその意味が象徴的に表現されていることに気づかされるだろう。[34]
ルーシーはその後、教師となり、詩人、作家としても活躍する人生を送った。

【第六章註】

1　パット・フェレロ、エレイン・ヘッジス、ジュリー・シルバー著、小林恵、悦子・シガペナー訳『ハーツ　アンド　ハンズ』日本ヴォーグ社、一九九〇年、四一頁を一部修正。
2　①小林富久子「織機の間の知性《マインド》——十九世紀ニューイングランド女性作家による「労働文学」」大井浩二監修、花岡秀・貴志雅之・渡辺克昭編『共和国の振り子——アメリカ文学のダイナミズム』英宝社、二〇〇三年、一〇四～一二四頁。②「織機の間の知性」と説明したのは、次の本である。H. Martineau, *Mind among the Spindles: a Selection from the Lowell Offering*, 1844, Charles Knight & Co.
3　前掲1、四一頁。

4　前掲2①、一一一頁。
5　阿部武司・平野恭平『産業経営史シリーズ3　繊維産業』日本経営史研究所、二〇一三年、四〇〜四二頁。
6　久田由佳子「工場制度成立期におけるローウェルの女工たち——その生活と労働」『アメリカ研究』第二九号、一九九五年、二二九〜二三九頁。
7　岡田泰男、黒川春子「アメリカにおける女性労働——一九世紀末から二〇世紀初頭」『三田学会雑誌』八四（四）、一九九二年、一〇四〇〜一〇六〇頁。
8　ボストンにおける企業家、名望家が形成した社会構造とその後の展開については、渡辺靖『アフター・アメリカ——ボストニアンの軌跡と〈文化の政治学〉』慶應義塾大学出版会、二〇〇四年に詳しい。
9　タマラ・K・ハレーブン著、正岡寛司監訳『家族時間と産業時間』早稲田大学出版部、一九九〇年、一六〜二三頁。
10　チャールズ・ディケンズ著、伊藤弘之、下笠徳次、隈元貞広訳『アメリカ紀行（上）』岩波文庫、二〇〇五年、一五〇〜一五四頁。
11　平芳裕子「女工、お針子、家庭裁縫——一九世紀アメリカのファッション文化における女性」『神戸大学大学院人間発達環境学研究科研究紀要』七（一）、二〇一三年、四三〜五〇頁。
12　前掲10、一五四〜一五五頁。
13　① Ed. Philip S. Foner, *The Factory Girls*, University of Illinoi Press, 1977, ② T. Dublin, *Women at Work: The Transformation of Work and Community in Lowell, Massachusetts, 1826-1860*, Columbia University Press, 1979, ③ T. Dublin, *Farm to Factory; Women's Letters, 1830-1860*, Columbia University Press, 1981, ④ T. Dublin, *Transforming Women's Work; New England Lives in the Industrial Revolution*, Cornell University Press, 1994. また、女性労働者

自身の自叙伝も刊行されている。⑤Harriet H. Robinson, *Loom and Spindle: Or Life among the Early Mill Girls with a Sketch of "The Lowell Offering" and Some of its Contributors*, Thomas Y. Crowell & Company, 1898.
14　Lowell National Historical Park, *Lowell: The Story of an Industrial City.* に依拠している。
15　JoAnne B. Weisman, *The Lowell Mill Girls: Life in the Factory*, Discovery Enterprises, 1991.
16　前掲15、二二頁。
17　前掲13③。
18　前掲13③、四二頁。
19　前掲13③、五〇頁。
20　前掲14、p.62. に依拠している。
21　The Lowell Offering Series I, No.4, 1840, pp.52-53.
22　Harriet Farley. Lowell Offering の編集、運営に従事した女性労働者の一人。
23　シモーヌ・ヴェイユは「奴隷的ではない労働の一条件」という論文の中で「人民はパンと同じように詩を必要とする」、「生活の日常的実態が詩であることを必要とする」と述べ、労働の中に注意を傾けて美（詩）を創作することで、労働の重苦しい空虚、単調さを耐えうるものにすると論じている。シモーヌ・ヴェイユ著、黒木義典・田辺保訳『労働と人生についての省察』勁草書房、二〇一〇年、二五三〜二六四頁（初版は一九六七年）。
24　Harriet H. Robinson. *Early Factory Labor in New England*, 1889, Wright & Potter Printing Co., p.4.
25　①小田切毅一「アメリカのレクリエーションにみる自由主義の伝統——フランクリン、エマソンに代表される理想像について」『仙台大学紀要』（二）、一九七〇年、七八〜八八頁。②大木英夫『ピューリタン——近代化の精神構造』中公新書、一九六八年。
26　S. Jenkins Cook, *Working Women, Literary Ladies: The Industrial Revolution and Female Aspiration*, Oxford

Univ. pr. on Demand, 2008, p.41.
27　久田由佳子「市場革命の時代における女工たちの労働運動――マサチューセッツ州ローウェルを中心に」『愛知県立大学外国語学部紀要（地域研究・国際学編）』（四二）、二〇一〇年、三一～五〇頁に詳しい。
28　The Lowell Offering Vol.V, 1845, p.96.
29　前掲13⑤。
30　前掲13⑤、四〇頁。
31　前掲13⑤、四六頁。
32　Lucy Larcom, *A New England Girlhood: Outlined from memory.* 1889, Houghton, Mifflin and Co. p.176.
33　gem の解釈については、ブレイディみかこ「珠玉の世界」日本文藝家協会編『ベストエッセイ』光村図書出版、二〇二二年、一三二～一三六頁から示唆を受けた。
34　ローウェル・オファリングやローウェルの女工たちをモデルにした日米合作のミュージカル「FACTORY GIRLS ――私が描く物語」が二〇一九年に公演された。同作品は二〇一九年読売演劇大賞優秀作品賞を受賞した。

第七章

キルトと蜂蜜

針と糸で発言する女性たち

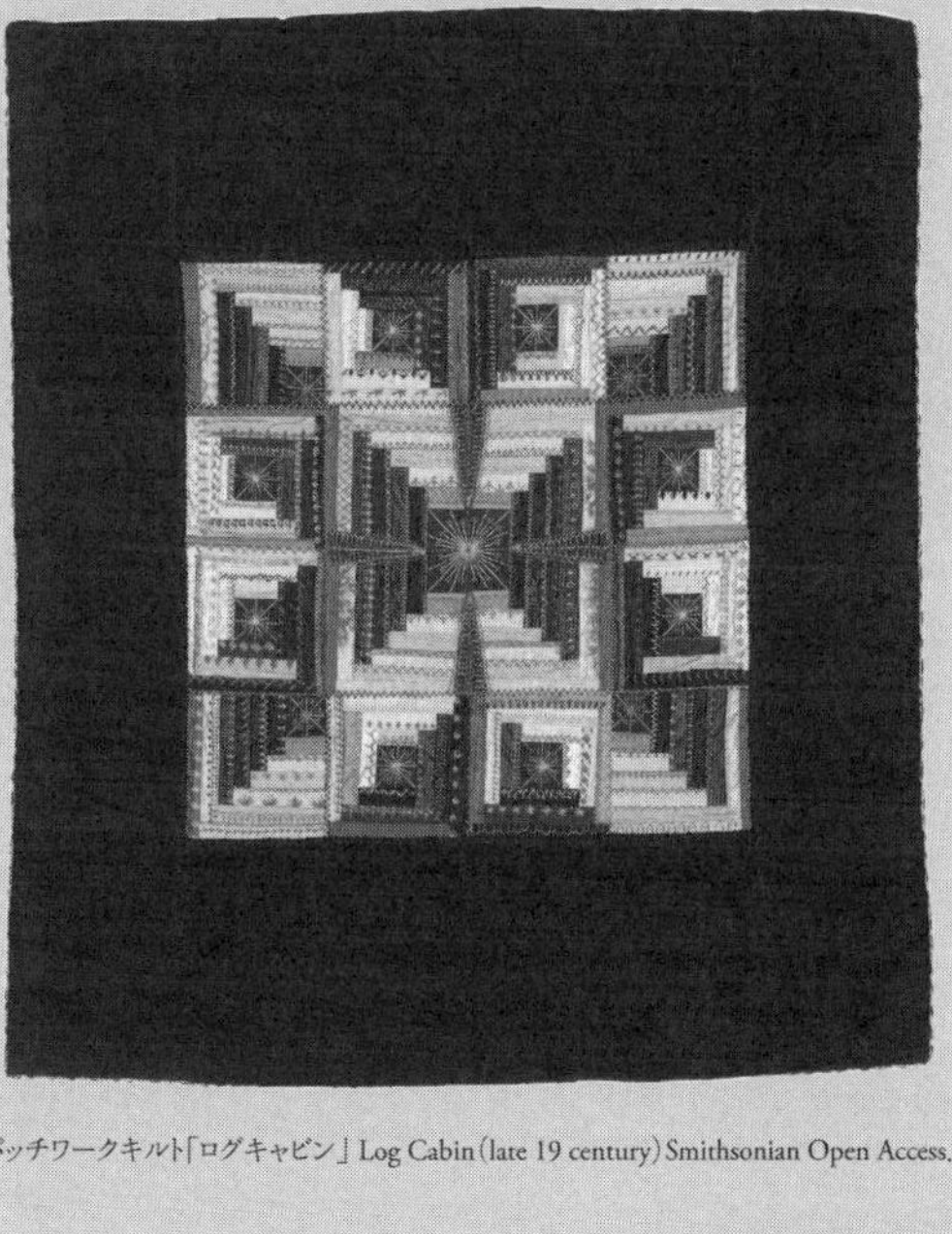

パッチワークキルト「ログキャビン」Log Cabin (late 19 century) Smithsonian Open Access.

I am poetizing and spiritualizing over my "patchwork quilt." Gentle friends! it contains a piece of each of my childhood's calico gowns, and of my mother's and sisters'; and that is not all.
私は今、「パッチワークキルト」について詩的でスピリチュアルな表現をしています。親愛なる皆さん！このキルトには、私の子供時代のキャラコガウンや、母や姉妹のガウンがそれぞれ一枚ずつ入っています。

O, the exultations, the aspirations, the hopes, the fears, the mortifications, the perseverance— in short, all moral emotions and valuable qualities and powers, were brought out in this grand achievement—the union of some little shreds of calico.
ああ、高揚感、願望、希望、恐怖、苦悩、忍耐（要するに、あらゆる道徳的感情、価値ある資質や能力）が、この偉大な業績に引き出されたのです―小さな一枚のキャラコが結びついた作品として。

And back to me, with all its memories of childhood, youth, and maturer years; its associations of joy, and sorrow; of smiles and tears; of life and death, has returned to me The Patchwork Quilt.[1]
そして、幼年期、青年期、壮年期のすべての思い出は、喜びや悲しみ、微笑みや涙、生と死などの連想とともに、「パッチワークキルト」として、私のもとに戻ってきたのです。

アメリカン・パッチワークキルトは生きる尊厳を表現するメディア

冒頭に引用した文章は、前章で取り上げた、紡織工場で働く女性たちが執筆、刊行していた雑誌『ローウェル・オファリング』に寄稿された、「パッチワークキルト」と題する作品の一部で、作者はアネットという女性である。
パッチワークとは、布と布を縫い合わせて作る布のことを指し、その布と布との間に綿を挟んで縫ったものをキルトという。その二つの工程を合わせるとパッチワークキルトとなる。このように説明すると、端布《はぎれ》を縫い合わせる単なる裁縫技術の一種のように見える。しかし、アネットが綴っているように、縫い合わせる布の一枚一枚には様々な思い出が込められているため、縫い合わせてできたパッチワークキルトそのものは、単なる布というよりも、作り手たちの思いやメッセージが縫い込まれた日記のような、一種のメディアであるともいえよう。[2]
実際、一九世紀のアメリカ社会を生きていた女性たちは、自分たちのパッチワークキルトのことを「絵文字の書籍」や「アルバム」、「日記」などと呼んでいた。[3]そして、パッチワークキルトが、自分たちの生涯を雄弁に物語ってくれる大切な記録だと、本章の冒頭で紹介したアネットのように、女性たちは明確に自覚していたのである。
それゆえに、パッチワークキルトはまず、女性たちの日常生活や家庭の内側を知る手がかりとして注目された。子どもがつくるナインパッチ（九枚の布を縫い合わせる基本の技術）、若い女性たちがつくるフレンドシップ・キルト（友人たちが集まって縫うキルト、贈り合ったりもする）、婚約や結婚祝いのキルト、出産祝いや子育てのための小さなクリブキルト、未亡人のキルトなど、キルトは女性たちのライフステージを彩り、生涯を儀式化し、何より、個人に尊厳を与える象徴としての役割を果たしていたからである。さらに、縫う作業と創造的表現が結びついていたがゆえに、女性たちをも結びつけ、一体化させる役割を果たしてもいた。

パッチワークキルトは個人の趣味として作成するというよりも、もともとは数人が集まって、共同で作成するものであった。一枚の布を囲んで集まる女性たちの様子が、まるで巣をつくる蜜蜂《みつばち》（ビー）をイメージさせるということで、パッチワークキルトづくりのコミュニティは「キルティング・ビー」と呼ばれる。そこから生み出される作品と、紡ぎだされるメッセージは、さながら芳潤《ほうじゅん》な「蜂蜜」といったところだろうか。

パッチワークキルトの歴史には、もう一つ重要な意味がある。それは、一九世紀のアメリカ社会に生きた女性たちが、キルトを使って、その時代の社会的、経済的、政治的な意思や発言を、キルトに縫い込んでいたということである。アメリカ社会における女性とキルトの影響を研究したパット・フェレロらは、次のように述べている。

彼女たちは歴史の大きな変動の中で、単なる目撃者ではなく、キルトを通して行動的な参加者になっていったのです。（中略）
一九世紀に入ってからの数十年間は、産業化が始まる前の農村社会で、このような社会は産業化が始まってからも開拓先に残っていました。農村社会の中の若い女性は、伝統的に主婦の仕事だった縫いものやキルトの技術を覚えなければなりませんでした。産業化が

図7-1　友情のキルト【19世紀末】

Friendship quilt（late 19th century）Smithsonian Open Access

始まり社会が変化しはじめると、テキスタイル関係の仕事と共に、女性は家庭を出て工場へと移りました。それにつれて、縫いものが重要な役割を占めていた家庭生活に対する新しい思想が生まれ、女性の地位への反応を引きおこしたのです。

また一九世紀の歴史は、南北戦争前のアメリカ南部のコットン経済と、寄せては返す大波のような、西部に向けての移動とに大きな影響を受けました。テキスタイルの仕事を通して、南部の黒人の奴隷と北部の自由な白人の女性が複雑な関係で結ばれていきました。一方開拓者の女性にとっては、キルトが開拓先で身体的、心理的に生き続けるための支えとなり、新しい土地で生活を向上させる役目を果たしていきました。[4]

日本編、アメリカ編を含め、前章までは、ペンを執り、文章を書く女性たちが、いかに「わたし」や「わたしたち」を見つけ、その主体性を育ててきたか、というテーマで論じてきた。しかし、それだけでは不十分であることがよくわかる。アメリカ合衆国には、ペンではなく、針と糸で発言する女性たちが存在していたからである。アメリカン・パッチワークキルトの歴史をひもとくと、一九～二〇世紀にかけて、産業革命と西部開拓、南北戦争や独立戦争の最中《さなか》に、日常茶飯を支えてきたパッチワークキルトが、一つのメディアとして新たな展開をみたことが明らかになる。したたかに社会に訴えて行動する、いわば「布で発言する女性たち」が登場したのである。

本章ではそうしたパッチワークキルトを一つの切り口にして、東部の都市における女性たちだけでなく、人びとが西へ移動する過程を視野に入れ、西部開拓の前線で生きる農村の女性たちの日々にも目を向けていくことにしよう。

パッチワークキルトの女性史

アメリカのパッチワークキルトの歴史の一端は、一七世紀初頭にヨーロッパから移民としてやって来た開拓者たちの生活の中に見出される。[5] 新大陸で始まった暮らしは最低限の家財道具に支えられていたが、その中のベッドカバーはどんなに小さな布の切れ端でも大切につなぎ合わせることによって、つまり「パッチワーク」によって作られたものだった。

図7-2は、九枚の小さな四角い布を縫い合わせた「ナインパッチ」と呼ばれるデザインである。ナインパッチキルトを三六枚つなぎ合わせ、一六七・六センチ×一六三・八センチの大きな正方形に近い布にしている。用いられている布は、ヨーロッパから輸入された正装用衣装の端切れであり、裏地は赤く染められた綿布である。

このパッチワークキルトの作者はキッシー・オーエンズ・ゲイリー（一八五八～一九四五）という女性であった。キッシーが幼い頃に奴隷として連れてこられた、サウスカロライナ州サルーダの農園のソファにかけられていたのがこのキルトである。彼女はまだ五、六歳の頃に、機織りをしたり、キルトをしたりしなければならなかった。キッシーはその記憶と共に、このキルトを子どもや孫に受け継いでいった。南北戦争後に解放された時にこれを手放さなかったのは、多くの労力と記憶が込められていたからだと、後に彼女は説明したという。キッシーはその後一九二〇年代以降、亡くなるまでの二〇年間をワシントンDCで暮らした。

世代を超えて伝えられたキルトは、彼女の孫にあたる女性によって、アナコスティア・コミュニティ博物館に寄贈された。そのおかげで、私たちは今このキルトに込められた貴重な女性史を伝え聞くことができるのである。

こうした物語が、これまで繕い合わされてきたキルトの数だけ存在しているはずである。その背景として、アメリカ合衆国における紡織業と日常生活世界における布の変化も見逃せない。アメリカ独立宣言がなされた一七七六年頃まで、布は移民する際に持ち込んできたものか、そうでなければ輸入に頼っていた。一八世紀末になって綿繰り機（綿花から種を取り除く道具）が発明されると、一九世紀前半にはアメリカン・キャラコ（平織綿布）の生産が拡大し、国内で自給できるようになった。一八三〇〜四〇年代はアメリカン・キャラコの全盛期といわれる。[6]前章で論じた、一九世紀にマサチューセッツ州を中心に数多く立地した紡織工場がその中心地であったわけである。

当時のアメリカでは、繊維産業が最も盛んな産業へと発展した。一八五一年にはシンガーミシンが発売され、一八五六年には合成染料が開発され、アメリカ合衆国には豊かな衣生活が到来することになる。ローウェルに巨大な紡織一貫工場が誕生し、多くの女性たちがそこで働くようになったのは、こうした布や衣服をめぐる時代の変化を支える根幹だったからである。同時に、この時期からアメリカン・パッチワークキルトが誕生し、都市や開拓地の暮らしの中で、女性たちが自分たちの手でキルトを生み出すようになっていった。

図7-2　刺繍入りナインパッチのキルト【19世紀半ば】

Pieced Nine-Patch Quilt with Embroidery Fancy Pieced Quilt（Mid 19th century）Smithsonian Open Access

女性たちの西部開拓と生活記録――『パイオニア・ウーマン』

アメリカの西部開拓がはじまったのは、一八四〇年代のことである。

西部開拓に関する多くの歴史書は、開拓に邁進《まいしん》する農夫やカウボーイ、保安官たちなど、男性を中心に描かれてきた。しかし、冷静に考えてみれば、西部開拓は男性だけの世界ではなく、彼らと一緒に移動し、大地を耕し、先住民や野生動物の襲撃におびえながらも日々を営む女性たちがいたはずである。その歴史を鮮やかに描き出した本がある。それは、ジョアナ・ストラットンという女性が書いた『パイオニア・ウーマン』という一冊である。[7]「女たちの西部開拓史」と邦訳された副タイトルは、原著ではVoices from The Kansas Frontierであり、これまで忘れられてきた開拓地の女性たちの「声」に耳を傾けようという著者の意志が伝わってくる。

一九七五年の冬、当時、ハーバード大学の学生だったジョアナは、カンザス州の祖母の家を訪ねていた。その時に、屋根裏部屋に大量のタイピング文書があることを発見した。驚くべきことに、それは八〇〇人のカンザスの女性たちが自ら書き綴った、開拓生活の記録だったのである。

この記録を集めたのはジョアナの曾祖母《そうそぼ》、ライラ・デイ・モンローである。ライラは一八八四年にカンザスの地に辿り着き、彼女自身の目で開拓生活の困難と希望を目撃した一人であった。何もない大草原に根を下ろしたカンザスの人びとは、そこに根を張り、コミュニティを形成していった。ライラはそこで出会った女性の強さとしなやかな生き方に心を打たれ、いつかカンザスの女性たちの人生を記録し、保存したいという願いを温め続けていたのだという。

ライラは一八九五年に、最初の女性法律家としてカンザス最高裁判所で資格を得た。そして、二〇世紀初頭には女性参政権運動に積極的に取り組むようになり、「グッド・ガバメント・クラブ」を組織し、その執務にあたった。女性たちがより多くの知識を得られるように、『ザ・クラブ・メンバー』という雑誌を編集し、カンザス州女性参政権協会では重要な役割を果たすようになる。ライラは女性が豊かな知識を持った有権者になり、情報に通じた市民になることが重要だと考え、それを実現するための月刊新聞『ザ・カンザス・ウーマン・ジャーナル』を一九二一年に創刊した。
時を同じくして、一九二〇年頃からライラは開拓時代の女性の生存者を探し、記録を集め始めた。加えて、州全土の女性たちに手紙を送り、自分たちの日常生活と、初期の入植者としての経験を記録するように依頼する。さらに、『ザ・カンザス・ウーマン・ジャーナル』を通して、読者にも寄稿を募った。こうしたライラの呼びかけに応えるように、カンザスの女性たちは過去の経験を綴り、パイオニア・ウーマンたちの膨大な生活記録が集積されたのだった。この記録に対するライラ自身の言葉が残っているので、引用しておこう。

（前略）生活の中で常に雄々しい兵士のように勇敢だった女性、彼女たちにも、カンザスの歴史において、不滅の名声を与えるべきだと思います。政府は先住民を理想化し、偶像化しました。先住民はブロンズや石膏《せっこう》の像となり、カウボーイは歌や話の中で不朽の名声を得、バッファローさえも政府の硬貨のデザインに使われたのに、女性はまったく忘れ去られてしまっていたのです。
この本は開拓生活を女性の立場から見た記録であり、ほかのどんな歴史にも見られないような喪失、無慈悲な苦境、犠牲、危険が描かれています。概して歴史は、優秀な指導者の偉大な輝かしい功績はきちんと記録しているのに、勝利を導くのに大きな力となった男性たちについてはほんの少しだけ、家庭でおこる種々雑多なことを手際よく処理した腹のすわった女性たちについてはまったく触れていないのです。世間は、女性の大胆不敵さ、忍耐、献身ばかりでなく、アメリカのパイオニア・ウーマンがやってみせたような、悪条件をなんとかきりぬける器用さにもまったく気がついていないのです。（後略[8]）
ライラはその後、この記録の編集作業に専念し続けたが、一九二九年にその完成を見ることなくこの世を去った。そして、その仕事はライラの娘、レノーア・モンロー・ストラットンに託された。レノーアは八〇〇人の記録を何年にもわたってタイプし、索引と注を付ける作業をつづけたが、日々の暮らしやコミュニティ活動に忙殺され、やがて、開拓女性の物語は屋根裏の整理箱にしまわれ、静かに忘れ去られようとしていたのだった。
ライラが亡くなって、約半世紀が過ぎた頃、曾孫《ひまご》にあたるジョアナ・ストラットンが屋根裏部屋で出会ったのは、まさにこの整理箱にしまわれた八〇〇人分のライフヒストリーだった。こうしてついに、四世代のリレーは『パイオニア・ウーマン』という一冊の書物として完成し、世に問われることになったのである。

以下ではこの貴重な記録に依拠しながら、西部開拓の日常茶飯の風景を思い浮かべ、女性たちが開拓の地で、いかなる人生を生きたのかを想像してみたい。

針と糸によるメッセージ

美しく肥沃《ひよく》な土地はカンザスの魅力だったが、何もないところに一から自分の家を建て、開墾し、畑を耕してコミュニティをつくり上げるのは、男性、女性、いずれにとっても想像を絶する苦労と努力があった。

プレーリーと呼ばれる大草原をまるで帆掛け船が渡っていくように見えたという幌《ほろ》馬車は、西部開拓の象徴であった。その長い旅を終えて目的地に辿り着くと、開拓民たちはまず、家を作らなければならなかった。十分な材料もないままに、丸太小屋を拵《こしら》え、丸太が手に入らない場所では、土を掘っただけの横穴式の住居や、土と芝で固めた芝土の家を作った。

このような住環境にあっても、女性たちは粗末な小屋を少しでも居心地の良いものにしようと工夫し、いろいろと手を加えた。土間の床には擦り切れた絨毯《じゅうたん》や牛やバッファローの皮を敷いて、色鮮やかなギンガムの布切れを壁にはり、木枠に藁《わら》を詰めて作ったベッドには、パッチワークで仕上げたベッドカバーをかけた。

衣食住のすべてを自給する暮らしの中で、女性たちは家族の衣服を縫う以外に毛布、シーツ、ベッドカバーも作らなければならなかった。何時間もかけて、カーテンを縫ったり、テーブルクロスに刺繡《ししゅう》を施したり、毛布やひざ掛けを編むこともあった。その中でも開拓民の暮らしを朗らかにし、心地良さをもたらしたのは、キャラコやモスリンなどの小布を縫い合わせた美しいキルトだったという。

記録を残した八〇〇人の女性の一人、インディア・シモンズは次のように述べている。

花やシダが細かくアップリケされた小布がつなぎあわさって、バスケットや砂糖壺やこみ入った星形の模様を作っているあのキルト！　一つ一つのキルトには六巻きもの糸が使われ、花びらや葉や幾何学模様のキルト一つ一つに綿が詰めてありました。

家で織った柔らかい毛布、自家栽培の亜麻で織り、まわりを波模様にかがったり切り込み模様をいれたりしたシーツやテーブルセンター、青と白のバラの花の模様や、赤、青、白の自由の木（アメリカ独立以前の旗についていた自由を象徴する木）が母の誕生日の日付と一緒に織りこまれたベッドカバーなどがありました。

開拓の暮らしから生まれたパッチワークキルトのデザインがある。その代表的なものの一つ、「ログキャビン」というデザインは、その名の通り「丸太小屋」を表している（本章の冒頭に掲載したパッチワークキルトの意匠がログキャビンである）。斧一本で丸太を切り、重ねて家を作る方法をイメージして生まれたデザインといわれている。重ねたキルトのブロックの中心に赤を置いた場合は「暖炉」を、黄色を置いた場合には明るい「灯」を、ブロックの色の濃淡は、人生や生活の喜びと悲しみ、丸太小屋の床に差し込む太陽の光を表している。ログキャビンは、アメリカの開拓者の独立心を表した、最もアメリカらしいキルトパターンに位置づけられる。[10]

アメリカン・パッチワークキルトを日本に紹介したジャーナリストの小林恵《こばやしけい》は、「キルトは、果てしなく時間をかけて、喜びも悲しみも縫い込まれたアメリカの女性史」であると述べている。そして、開拓者にとってキルトは毛布に代わる生活の必需品であると同時に、キルトを作る時間が心理的に大きな慰めになっていたと考察している。[11]その理由は二つある。

一つは、パッチワークキルトを通して生活に彩りを与える美しさを生み出していると実感できるのと同時に、日常茶飯の差配の良さを発揮できる、能力の見せどころでもあったからである。もう一つは、キルトを一緒に作る会合（キルティング・ビー）が、コミュニティのつながりを生み出し、共通の精神を育んでいく役割を果たしていたからである。

開拓の暮らしで感じられる孤独や不安も、キルティング・ビーで人が集まり、おしゃべりをすることによって得られる慰めや励ましで乗り越えることができた。キルトを囲んだこのような女性たちの集まりはやがて、教会を通しての慈善事業にもつながり、女性が社会的な事象や出来事に関心を寄せるきっかけにもなった。

アルコール患者撲滅運動の嘆願書の代わりに、何万人もの人たちが署名したキルトは一八九三年のシカゴ万博に展示され、クリーブランド大統領と議会に贈呈された。また、禁酒運動や奴隷解放運動、女性参政権運動では、キャンペーンの旗印としてキルトを作った。つまり、活字ではなく、針と糸によって社会へ訴える無数の女性たちの存在が、キルトには込められていたのである。

キルティング・ビーは正式な送別会として開かれることもあった。[12]西部への開拓熱が高まっていた頃、フロンティアを目指すため、パートナーである男性と一緒に故郷を離れることを余儀なくされた女性たちは、二度と会えないかもしれない友人や親せきにキルティング・ビーを通じて会い、別れを惜しんだ。

旅立つ女性たちのために作られたキルトは「フレンドシップ・キルト」と呼ばれ、一八四〇〜五〇年代に大流行した。時はまさに、カリフォルニア州とオレゴン州を結ぶ陸路を経由して西部開拓の移動が最も盛んになった時期と一致している。フレンドシップ・キルトは作り手の服の切端が縫い合わされ、サインや愛情を込めたメッセージが書き入れられているものが多い。こうした目に見えて触れることができる友情の「記憶」は、離別の悲しみを癒《いや》し、開拓の厳しい暮らしの慰めにもなった。キルトは女性たちやその家族と共に幌馬車に大切に載せられ、アメリカ大陸を横断して伝えられていったのである。

西部開拓へと携えられていったキルトは、時に荷馬車の裏張りになり、壊れやすい陶器を守る緩衝材になっただけでなく、死者の亡骸《なきがら》を包んで棺《ひつぎ》の代わりとなり、埋葬にも使われた。

開拓地では男女はほとんど平等になっていた

開拓地で近所に知人ができると、共同作業のキルトづくりが始まることが多かった。そのような状況は、新しい地域での相互扶助組織や、ネットワークの構築に重要な役割を果たした。隣の家や農場から遠く離れた開拓地ならではの特殊な状況に、女性たちは苦しみ、その状況の中で、新しい世界を作り出さなければならなかったからである。

誰かと一緒にキルトをすることは、そうした意味で、コミュニティ形成に欠かせないものであったといえるだろう。開拓の暮らしを経験した女性たちの多くが、自伝や回想録の中で、女性同士の友情がいかに重要であったかを繰り返し述べているのは、その証左である。縫うことは、見知らぬ女性たち同士の距離を埋め、つながり合うための共通の話題であり、非言語の所作であっても貴重なコミュニケーションの手段にほかならなかった。

開拓地での女性たちの共同作業の場は、初期には個人の家に集まって行われることが多かったが、子どもたちのための学校や教会（どちらの機能も兼ねる場合もあった）が建てられると、女性たちはそこに集まるようになった。

『パイオニア・ウーマン』には、その状況が記述されている。学校や教会は信仰の場であると同時に社交の場でもあり、人びとは自分の家づくりの苦労から逃れる唯一の息抜きとして、一緒にパッチワークキルトをしたり、羊の毛刈りをしたり、トウモロコシから甘いシロップを作る楽しみを分かち合った。

こうした状況から、西部開拓の過程において、女性たちが積極的にコミュニティ形成に関わっていたことがわかる。むしろ、そうせざるを得なかったという方が正確かもしれない。男性たちは開墾や出稼ぎ、買い出しなどで家を長期間離れることが多かった。心細いフロンティアのただ中で、野生動物や先住民からの襲撃におびえながら、女性は一人で、ようやく建てた家と子どもたちを守らなければならなかったのである。

一九世紀の社会では、多くの女性は家庭に閉じこもって家を管理する仕事に勤しむべきとされていた。しかし、開拓地の女性たちにとって家庭とは、生き延びるための労働が山積した、実に過酷な現実だった。そうした状況下では、男性と女性とが明確な性別分業に則《のっと》って暮らすというよりも、家族総出で力を合わせて働かざるを得ない。
ジョアナ・ストラットンはそれゆえ、開拓地では女性と男性の立場がほとんど平等になっていたことを指摘している。実際、開拓花嫁となったある女性は、次のように綴っている。

一家の主《あるじ》である夫に従うようにいわれるかと思っていましたが、そんなこともなかったですね。だいたい、従うなどといっていられませんでしたよ。今は、夫と二人で一家を支えていますし、私の意見は夫の意見と同じくらい力があります。神様が、やりたい気持ちと力と、やらなければならない環境を与えてくださったんですね。よき妻となって家庭を築こうとがんばってきましたが、その成果は家族の者にきいてくださいな。[13]

厳しい現実に向き合って様々な問題を解決していくうちに、女性は夫や子どもや社会からの信頼と尊敬を集めるようになっていった。また、別の女性は次のように言う。

開拓生活にはつらく危険なことばかりではなく、人の持っている能力を引き出し伸ばしてくれる素晴らしさもあるのです。当時のカンザスの女性は、幼い時から自分で解決することを学び、できるだけ冷静に、やらねばならないことをやり遂げ、避けられない危険にはぶつかっていくことを身につけました。そして、荒涼とした大草原を居心地のよい住まいに変え、偉大な西部開拓地にしっかりと根づいたのです。[14]
『パイオニア・ウーマン』の文庫版に解説を寄せた松尾《まつお》弌之《かずゆき》は、こうした状況を次のように説明している。

伝統社会が男性らしさとか女性らしさという概念で規定してきたその「らしさ」から、フロンティアの大自然は、人間を解放してしまったのである。いちいち性別にこだわらないジェンダー・フリーの解放区が出現していた。[15]

従来の社会通念や規範が、厳しい大自然の洗礼を受けて再定義されなければならなかった。これはまさに、アメリカ社会をヨーロッパの延長線上に置くのみでは理解できない、重要な歴史的事象なのではないだろうか。

西部開拓と女性教師——学校で読まれていたオールコットの小説

新しいコミュニティ形成の過程において、男性たちが不在となりがちであった開拓地では、子どもたちの教育も女性たちの肩にかかっていた。正式な学区が制定され、公共資金が学校の設立や運営に届くまでには何年もかかったため、新しい土地で、小さな教会に間借りして、ささやかな学校がつくられた。学校を立ち上げる原動力は、開拓民たちの手に委《ゆだ》ねられていたのである。そのため、校舎の建築と教師の雇用資金は、開拓民たちの共同出資や寄付で賄うしかなかった。そして、そこで教える教師のほとんどは、開拓地域のコミュニティ形成に参加していた女性たちであった。

最初に、読み書きができる女性たちは、どこかの家庭の丸太小屋に子どもたちを集めて教えるようになった。教材も不足していたが、どこの家庭にもある聖書を使用して、読み書きを教えたのだという。床が黒板の代わりであった。ある母親は、開拓地に移住してきた時に、そっと持ってきた本を探し出し、樽《たる》を先生の机にし、物入れの箱や食卓、靴磨きの台などを生徒の机にし、寺子屋のような教室を始めた。

教科書、鉛筆、ペンなどの学用品は不足していたため、家にあるもので使えそうなものは、本、石板、物差し、紙、鉛筆にいたるまで何でも生徒たちが持参した。特に不足していたのは本であった。

教職は最低限の教員資格を持っている男女にひらかれていたが、ほとんどのコミュニティで十分な資金がないため、教員の給料は低かった。そのため、教師になる男性は少なく、女性が教員のほとんどを占めていた。開拓時代には、カンザスの女性の三分の二が学校で教えていたともいわれる。給料が低い分、女性教員は生徒の家に寄宿して回りながら仕事を続けた。マックネアー・ローガンという女性は、学生時代から下宿生活をして、教員になった後も、生徒の家に泊まり歩く経験をした。彼女の生活は次のようなものであった。
毎朝、早起きをして、朝食の用意をしました。食後、私が皿洗いをし、ハティーが拭いてくれました。その家では、毎朝、ビスケットを食べ、夕食には豆ととうもろこしパンを食べることになっていましたから、学校へ行く前に豆を鍋に入れ、休憩時間にパンを作りに駆け戻りました。下校後、ベッドに敷物を敷き、皿を洗い、雑巾をかけ、アイロンをかけ、必要とあれば繕い物をし、土曜日には洗濯をするという忙しさの合間を縫って勉強したのでした。
十六歳で最初の教師の免許を取り、四年間教えました。最初の二学期はフリーキー地区に行き、初任給は十ドル。翌年は十二ドル五十セントに上がりました。どの生徒の家も貧しく、一か所に下宿できませんでしたので、何人もの生徒の家を泊まり歩きました。生徒たちは、私が泊まるのをとても楽しみにしてくれて、「先生、来週は私たちの家に泊まるんでしょう。皆で待ってるわね」と声をかけてくれたものです。[16]
一八八八年に、一九人の生徒を集めて開校した学校の教員になったインディア・ハリス・サイモンズという女性は、生徒たちが故郷から持ってきた本を、大切そうに自分の脇に置いている姿を記憶していた。本は非常に貴重であり、生徒たちが渇望するものでもあった。彼女は次のように綴っている。

> 家庭から寄附された本が先生の箱の机の棚に並べられ、図書館の代わりになりました。丸一年分の『若い仲間（ユースコンパニオン）』があり、情報記事、絵、パズルなどが載っていました。『おしゃべり箱』『ハーパーの若人』などの本や、ルイーザ・メイ・オルコット（『若草物語』の作者）などの読みがいのある本もまじっていて、私たちの要求を十分満たしてくれました。[17]

ルイーザ・メイ・オールコットは、この大草原の小さな学校の図書館に著書が並んだまさにその年にこの世を去っている。著者亡き後も、彼女がこの世に残した『若草物語』は、西部開拓の地でも読み継がれ、新しい女性たちの人生を支え、子どもたちを励まし、来るべき新しい時代を予感させるのに、十分な役割を果たしたのではないかと想像する。

それを可能にしたのは、第五章で見てきたようなアメリカ合衆国における出版文化の急速な発達であった。二〇世紀初頭のカンザスで『パイオニア・ウーマン』の最初の原稿を集めたライラ・デイ・モンローもまた、新聞や雑誌を通して、カンザスに暮らす女性たちに語り掛け、彼女たちの「声」を集めていたことを、ここで改めて思い出しておきたい。

開かれた大学教育の扉をくぐった津田梅子

手作りの学校を開拓地の女性たちが担っているうちに、一八八〇年代には師範学校が教師にとって非常に大きな役割を果たすようになった。間に合わせで急遽《きゅうきょ》教師になった女性たちの中には、師範学校で学び直すことを実現した者もいたからである。彼女たちは新しい教育法を持ち帰り、質の高い教科書を使えるようになった。教師は、当時のアメリカで女性が就ける職業としては、看護師に次いで多い職業であった。

これまで女性には扉を閉ざしていた大学も、全米各地に広がった学校と教員養成の必要に迫られて、限定的ではあるがその扉を開き始める。一八七〇年までに、アメリカで高等教育機関に籍を置く女性は一万一〇〇〇人となり、これは全学生の二一％であった。そして、八〇年においてこの数字は四万人（全学生の三三％）に達した。

大学を卒業すると、女性たちは結婚か賃金を得る仕事かのどちらかを選ぶという選択を迫られたが、一九世紀末に大学教育を受けた全女性のうち、アメリカではほぼ半数が結婚しなかったといわれている。[18] 女性たちは教職、保育など、当時拡大しつつあった職業に参入していった。つまり、経済的に自立した女性が誕生し、新しいライフスタイルが展開し始めたのである。

コミュニティを担い、働き、学び、新しい人生を切り拓いていく女性たちは、『パイオニア・ウーマン』で描かれたカンザスに限らず全米各地で誕生し、大きなうねりを形成するようになっていった。後に全米各地で禁酒運動、女性参政権運動、セツルメント運動など、女性たちの活動が活発に展開したことは、その反映であったといえるだろう。

やや唐突ながら、津田梅子が二度目の留学でアメリカ合衆国へ来たのは一八八九年であったことをここで思い出しておきたい。すなわち、アメリカ合衆国において、女性たちが新しい生き方を実現し始めた、まさにその渦中に梅子は飛び込んだのである。

梅子の留学先であったブリンマー大学は、女子大ではあるが、当時はいわゆる「共和国の母」や「良妻賢母」的女性を育てることを目的としない新設大学として誕生したばかりであった。

梅子は、ブリンマー大学で学ぶ女性たちに大いに刺激を受けながら自然科学の面白さに目覚め、とりわけ生物学への興味を深めていった。それは、同大学が、女性と男性に対してまったく同等に最高水準の学問を授け、研究や研究者を育てる機関としての実践をしていたからこそ、可能になったことである。同大学に留学することができた梅子は、偶然ながら、そうした新しい女性教育を経験する幸運に恵まれたことになる。

知られざる日米女性交流史

津田梅子が日本における近代女子教育に尽力した人物であることは広く知られている。しかし、これまで彼女が生物学にも深く関わった人物であることはほとんど知られていなかった。二〇二二年に古川安による『津田梅子——科学への道、大学の夢』（東京大学出版会）が出版されて、初めて留学時代に生物学に情熱を傾けた梅子の一面が詳細に解明され、世に問われたところである。

同書では、二度目の留学の際にブリンマー大学で学んでいた梅子が、一年間の留学延長を認められた後、生物学への関心をますます深めていった過程が明らかにされている。同書によれば、一八九一年の七月から八月にかけて、梅子はマサチューセッツ州のコッド岬にあるウッズホール海洋生物学研究所で実施された夏期コース研修に参加した。七週間にわたる動物学と植物学の講義、実験や実習に参加していたのは四四名で、その半数は女性たちで占められていたという。

この研究所は、正式には一八八八年に開設されたことになっているが、その前身である「サマー・シーサイド研究所」はそれより七年ほど遡《さかのぼ》った八一年に、ある一人の女性の尽力によって設立された。その女性の名前はエレン・スワロウ・リチャーズという。[19]

エレンは、津田梅子たちが最初の留学でアメリカ合衆国に向かった一八七一年に、マサチューセッツ工科大学の扉を女性で初めて開いた人物である。七〇年にバッサー大学を卒業し、実家の雑貨店の手伝いや教師として働いていた彼女は、さらに学びたい気持ちを抱えてマサチューセッツ工科大学の門をくぐったのであった。その後、化学を中心に研究を進め、産業革命期において人間活動がいかに環境に影響を与えているかを精緻《せいち》な水質調査で実証し、食物と栄養の関係を明らかにするなど、優れた研究を残した。

けれども、エレンは特別研究生として学ぶ機会を得たとはいえ、実はマサチューセッツ工科大学の正規の学生とは認められず、その後も科学者としての職や立場を得ることができなかった。それは、女性たちが科学を学ぶ機会や場所は皆無に等しく、女性に対する高等教育の扉はまず、リベラルアーツや教育関係に限って少しずつ開き始めたところであったからである。化学や生物学をはじめ、自然科学分野は男性に限られた世界であった。

エレンはそうした状態を少しずつ変えていく努力を積み重ね、女性たちが科学を学び、科学者となる道を拓いていった。例えば、一八七六年にはマサチューセッツ工科大学の中に「女子実験室」を設立し、運営した。さらに、女性たちも学べる野外実習施設として、八一年にサマー・シーサイド研究所を開設することに情熱を注いだ。[20] これが後に、ウッズホール海洋生物学研究所となるのである。全米各地で自然科学を学ぶことを希望している女性たちのために、通信教育にも取り組んだ。それだけではない。その後、エレンは、大学女性卒業生の会なども立ち上げ、アメリカ合衆国の高等教育機関で学び始めた女性たちを支援し、組織化することにも尽力している。

こうした経緯をふまえると、もしエレンがいなかったら、津田梅子はウッズホール海洋生物学研究所での研修に参加することはなかったと思われる。また、梅子がそこで多くの女子学生たちが生き生きと学ぶ姿を目にすることもなかったに違いない。

管見の限り、梅子とエレンが直接会ったという史料は見つかっていない。だが、おそらく梅子には、ウッズホール海洋生物学研究所の成り立ちや理念、そこにエレン・スワロウ・リチャーズという女性が関わっていたことを知る機会はあっただろう。

エレンも梅子も生物学に魅せられながら、科学における女性の位置づけが確立されていなかった時代的制約の中で、生涯、博士の学位を持つ「化学者」、「生物学者」として認められることはなかった。加えて両者とも、自身は後の世代の女性たちのために、教育、研究、学問への道を拓いていく「教育者」としてその生涯を賭したという点で共通している。梅子は女性教育に人生を賭すその意義を、エレンという一人の女性の人生に照らして感じ取っていたのではないだろうか。こうした知られざる日米女性の交流史の延長線上で、新しい女子教育の種が、津田梅子によって近代日本という土壌に蒔《ま》かれることになったのである。

多大な功績にもかかわらず、化学の分野で正式に博士の学位を認められることのなかったエレンであったが、人間と環境との関係を身近な日常生活世界から問い直していく仕事は、「家政学」という分野を確立することにつながる。そして「アメリカ家政学の祖」として、歴史にその名をとどめることになった。

そのことを念頭におきながら、次章ではまず、エレン・スワロウ・リチャーズの生涯と業績を紹介し、次にその理念を引き継いだ女性たちの組織とその活動について論じる。二〇世紀後半に差し掛かると、アメリカ合衆国には大移民時代の波が到来し、社会構造が大きく変化し、女性たちが生きることを模索する様々な活動が次々と展開することになるのである。

【第七章註】

1　The Lowell Offering,vol V, 1845.
2　私自身、日本の伝統織物業を担う女性たちの聞き取り調査をした際に、女性たちが自ら保管していた織布の切端に人生を投影させ、その布は記憶を蘇《よみがえ》らせる媒体としての役割を担っていることを論じたことがある。湯澤規子『在来産業と家族の地域史――ライフヒストリーからみた小規模家族経営と結城紬生産』古今書院、二〇〇九年。

3　パット・フェレロ、エレイン・ヘッジス、ジュリー・シルバー著、小林恵、悦子・シガペナー共訳『ハーツ　アンド　ハンズ』日本ヴォーグ社、一九九〇年、一一頁。以下、同書に依拠して説明する。
4　前掲3、一一頁。
5　共立女子大学被服意匠研究室、（有）国際アート編、伊藤紀之監修『共立女子大学創立120周年記念　アメリカン・アンティーク・キルト展　キルトにみる東西染色文化の比較』㈲国際アート、二〇〇六年。以下は同書に依拠している。
6　日本放送協会・日本放送出版協会編『NHK趣味悠々　アメリカンキルトものがたり』日本放送出版協会、二〇〇一年。
7　①ジョアナ・ストラットン著、井尾祥子、当麻英子訳『パイオニア・ウーマン——女たちの西部開拓史』講談社学術文庫、二〇〇三年（原本は、一九八八年にリブロポートより刊行された）。原著は② Joanna L. Stratton, *Pioneer Women: Voices from The Kansas Frontier*, Simon & Schuster, 1981.
8　前掲7①、二九～三〇頁。
9　前掲7①、九一～九二頁。
10　前掲6、一八～一九頁。
11　小林恵「アメリカン・キルトと社会性」NHK取材班『NHK世界手芸紀行②刺しゅう、パッチワーク・キルト編』日本放送出版協会、一九八九年、一三四～一三七頁。
12　前掲3、五〇～五三頁。
13　前掲7①、七三頁。
14　前掲7①、七三頁。
15　前掲7①、四一八頁。

16　前掲7①、二三六頁。
17　前掲7①、二四二頁。
18　サラ・M・エヴァンス著、小檜山ルイ、竹俣初美、矢口祐人訳『アメリカの女性の歴史――自由のために生まれて』明石書店、一九九七年、二三四頁。
19　ロバート・クラーク著、工藤秀明訳『エコロジーの誕生――エレン・スワローの生涯』新評論、一九九四年、一三〇～一三一頁。
20　前掲19、三一二頁。

第八章

ドーナツと胃袋

台所と学びとシスターフッド

エレンとMITの教え子たち（後列の左端がエレン・スワロウ・リチャーズ）
Ellen Henrietta (Swallow) Richards with female students in classroom, 1888.MIT Museum

組織へのつながりが、あらゆる方向において、女性たちを助け、強くし、その地位を引き上げることへの前進となりますように[1]
（ハリエット・クリスビー）

ローウェルの近郊ダンスタブルに生まれた探究心旺盛な少女

エレン・スワロウ・リチャーズは一八四二年一二月三日、マサチューセッツ州ダンスタブルに暮らすスワロウ家の一人娘として生まれた。[2] ダンスタブル村はローウェルの少し西側に位置する場所である。第六章で触れた、ローウェルの女工たちが『ローウェル・オファリング』を刊行していた時期はちょうど、エレンがこの世に生を受けた時期と重なっている。ローウェルの織物工場で働いた女性たちの出身地と同様、ダンスタブル村もまた、ピューリタンの精神が息づくニューイングランド地方の一部であった。

学問に憧れて教養を身につけた父ピーターは、自身の父の農場を継いだ後は、農家と教員を兼ねて働いていた。母親のファニーも結婚前は教師として働く女性だった。教育熱心な両親は、体が弱かったエレンを当時まだ未熟だった公立学校に通わせることはせず、家庭内で教育することにした。外にはのどかな田園が広がり、エレンは自然と触れ合いながら持ち前の探究心を育んでいった。一三歳までには学校のカリキュラムに組み込まれた家事技術を身につけ、手芸や料理の腕では一目置かれていたようである。こうしてエレンは、一六歳になるまでダンスタブル村に暮らした。

一八五八年の四月、スワロウ一家はエレンの教育のためにダンスタブルの田園を売却し、ローウェルにさらに近いウエストフォードという町に引っ越した。父はそこで小さな雑貨店を営むことにし、エレンは古くからこの地域にあるウエストフォードアカデミーに入学する。父が営む雑貨店とアカデミーは道を隔てて向かい合わせに位置していたので、エレンは学校帰りに店に寄り、父の補佐役として雑貨店を切り盛りする役を引き受けた。

農場の仕事から解放されたこともあって、母とは大好きな花を家の周りに育てる楽しみを共有することができた。また、病気がちな母の体調が悪い時には、エレンが料理、洗濯、アイロンかけ、掃除などの家事一切を取り仕切った。のちに「生物学」に興味を持ち、さらには「家政学」を創設するエレンは、こうした子ども時代から娘時代における日々の暮らしに根差した経験から多くを思索したのだろう。

アメリカ南北戦争の渦中、一八六三年の一月一日に、エレンはボストンの新聞で「奴隷解放宣言」を読みながら、社会的立場が低い女性の地位についても思索をめぐらせていた。ちょうどその日、父ピーターは春になったらリルトンという町に引っ越し、もう少し大きな店を経営することになると告げた。それはちょうどエレンが二〇歳の頃であった。

エレンは娘時代から没するまでの人生の中で、小説を読むことにも余念がなかった。おそらく、同時代を生きていたルイーザ・メイ・オールコットやフランシス・ホジソン・バーネットの作品にも触れていたことだろう。もしかしたら、『ローウェル・オファリング』の編集者で後に詩人となったルーシー・ラーコムの作品にも出会っていたかもしれない。

重炭酸ソーダからみた化学の世界

開拓の地で女性たちが集っておしゃべりをし、情報交換をする場所は、前章で触れたキルティング・ビーや学校などのほかに、日々の暮らしを支える「雑貨店」があった。開拓地のコミュニティの必要に応じて、キニーネ剤、キャラコ、雑誌、道具類、農具など様々なものを扱う雑貨店での買い物は、女性たちにとっては何よりの気晴らしであり、たまたま一緒になった友人たちとの立ち話は、寂しさと疲れを癒す貴重な機会でもあった。

そのため、父が営むウエストフォードの雑貨店には日々、多くの女性たちが訪れていた。その買い物客たちとのやり取りに関する、エレンのエピソードがいくつか残っている。例えば、「重曹ではうまく料理ができないので、重炭酸ソーダ（重曹の正式名称）が欲しい」という人と、「重炭酸ソーダではうまくビスケットが作れないので重曹を欲しい」という二人の婦人客が店に入ってきた。重炭酸ソーダと重曹は、名前は違っても物質としては同じものであることをエレンは知識として知っていたが、二人の婦人客は知らなかったのである。こうしたやり取りから、じつは日常茶飯事の中にこそ、学ぶべき化学の知識が埋め込まれていることにエレンは気づき、それについて考えるようになった。

当時、日常生活の中で主に小麦粉を料理する時に膨張剤として用いられていた重曹は、一八三〇年代にイギリスで特許を得て、アメリカ合衆国では一八五〇年代に開発が進み、工業製品として流通し始めていた。現在でも販売されている「アーム・アンド・ハンマー（ＡＲＭ　＆　ＨＡＭＭＥＲ）」という重曹メーカーは、四六年にニューイングランド地方に住んでいたジョン・ドワイドと義兄のオースティン・チャーチによって設立された会社から始まっている。

産業革命が起こり、都市人口が増えて簡便な料理が求められる中、時間のかかる発酵過程を経ずに小麦粉の生地を膨らませる重炭酸ソーダは、台所には欠かせない食材であった。ちょうどこの時代が、重炭酸ソーダを使った小麦粉料理としてスコーン、パンケーキ、ソーダブレッド、ドーナツなどが登場した時期と重なることも興味深い。いずれも小麦粉を使ったファストフードという点で共通している。

エレンは注文をもらった家々に雑貨を配達する仕事も好きだった。「他人はどんな暮らしぶりをしているのか」を学ぶことができたからである。家庭の中に、たくさんの化学的なもの、分析可能なものがあることに気づくことができるエレンの感性は、日々の何気ない日常茶飯の観察を通して磨かれていった。

こうした経験の中で、エレンは雑貨店で扱っている商品の性質をよく知ることの必要性を実感したのだという。エレンの伝記を著したC．L．ハントは、街の雑貨店での出来事や経験が、エレンを科学研究へと導いたのかもしれないと述べているが、[3]おそらくそれは正しい。理論だけで経験が伴っていない学問ではなく、日々の暮らしに根差した事象から、「世間一般に広く伝える必要がある知識」を抽出して探究していく姿勢は、後のエレン・スワロウ・リチャーズの真骨頂となるからである。つまり、研究者としての萌芽《ほうが》は、エレン自身の日常茶飯において培われたものであったといえるだろう。

『ゴディス・レディース・ブック』で初の女子大創設を知る

エレンはアカデミー在学中に、引っ張りだこの家庭教師になっていた。一八六二年に卒業した後はもちろん教師になるつもりでいた。しかし、当時罹患《りかん》した麻疹《はしか》の経過が思わしくなかったため、教師になる計画はひとまず断念せざるを得なかった。その後は体調をみながら、教員として子どもたちを教えたり、中断したりを繰り返すことになる。自分の体調だけでなく、父の雑貨店の手伝いと病気がちな母の世話に多くの時間を割かなければならない状況が原因で、教員としての仕事を中断する時もあった。
二三歳になったエレンは、女性にとっての結婚についても考えるようになっていた。例えば一八六六年の春、彼女は次のように手紙にしたためている。

私が最も思いを寄せ、他のことでは私の理想に最も近い紳士は、私の望むようには自分の妻を扱っていません。でも彼らはたいへん愛し合っている幸福な、ごく平均的な夫婦だとされています。私はよく彼に、私たちは、一緒に暮らすように強制されたら、一週間以上は一緒に暮らせないだろうと言っているのです。(中略)
たいへん幸せだと思っていた私の友達に時に見られる不幸は私を身震いさせるのです。昨日、私の親しい友達の一人についてあれこれ聞いて、私は絶対、結婚という鎖で自分をがんじがらめにしないと、もう少しで誓いをたてるところでした。私は、女の人は私のようにいつも控え目にしているとは思いません。そうでなければ、結婚生活に情熱を燃やせないでしょう。[4]

第五章で登場した、ルイーザ・メイ・オールコットも女性の最終目的が結婚しかないかのような考えに否定的だったことを思い出しておきたい。結婚が女性の唯一の幸せではないと感じている点で、二人は類似している。このように考えていたこともあって、エレンは結婚せずに生きる道を模索し、さらに高い教育を受けようと努力するようになった。だが、前述したように、当時は女性に門戸を開ける大学は皆無に等しく、前途は閉ざされているようにみえた。

ところが、エレンはある日偶然にも、ニューヨーク州境を越えた地域に、バッサー大学という女子大学が創立されたばかりだという情報を得る。その情報は、雑貨店に入荷した『ゴディス・レディース・ブック』に掲載された一片の記事を通してもたらされた。同誌は第五章で既に述べたように、サラ・ジョセファ・ヘイルが編集していた婦人雑誌である。高価な雑誌であったため、村の女性たちの誰もが購読できるものではなかったが、幸運なことに、エレンの父が営む雑貨店には、注文されて届いた同誌が並んでいたのである。

同誌の編集長であったサラ・ジョセファ・ヘイルは、女性たちに役立ち、女性たちが広い世界に羽ばたいていけるように、彼女たちの背中を押すような記事を積極的に掲載していたことで知られる。アメリカ合衆国初の女子大学、バッサー大学設立の知らせは、そうした記事の一つとして、一八六五年発行の七〇号の「進歩の覚書」というコーナーに掲載されたのである。[5]

この小さな記事を読んだとき、エレンはどんなに驚き、心躍る気持ちになったことだろう。

しかも、バッサー大学の設立趣旨は、女性の花嫁修業学校というものではまったくなく、当時男子大学生が学んでいた学問、例えばギリシア語、自然科学、化学などを女子学生にも同レベルで開講する予定だという。その点でも、同大学は女性のためのまったく新しい学びを提供しようとしていたとわかる。当時、これは非常に画期的なことであった。

けれども、エレンにとって一八六六年という年は、進学するどころか、多忙を極め、おそらくそれが原因で体調を崩すことにもなる年であった。家庭や店の切り盛りにとどまらず、教会や日曜学校の仕事、郵便局や読書クラブの運営、隣人や友人の看病、縫物の内職の合間に花の面倒を見て、その技術を教えることもあったという。進学を夢見ながらも、現実の暮らしでは名もなき日常茶飯の事々がエレンの双肩に重くのしかかり、身動きが取れない状況になってい

図8-1　エレンが読んだと思われる記事

VASSAR COLLEGE OPENED.

WE are happy to announce that this great institution will be opened on the 20th of September, when the examination of applicants will commence. Over a thousand applications for admission had been received previous to the first of May.
The idea of this WOMAN'S COLLEGE (the first of the kind ever established in the wide world), designed "*to accomplish for young women what our colleges are accomplishing for young men*," was originated by its founder, Hon. Matthew Vassar, and he gave the munificent donation of nearly half a million of money to carry out his noble plan. The architectural design has been successfully accomplished, and the finished structure now stands in its beauty promising improvement for humanity and glory to God.
In the prospectus, which sets forth the system of instruction to be pursued, the Trustees wisely declare, "It is a MAXIM in this college that the health of its students shall not be sacrificed to any other object whatever." A special school of Physical Training will be provided under the charge of a lady Professor, where regular instruction will be given in the arts of Riding, Flower-gardening, Swimming, Boating, Skating, and other physical accomplishments suitable for ladies to acquire, and promotive of bodily strength and grace. The play-grounds are ample and secluded; and the apparatus required for the Swedish Calisthenics (Boston light Gymnastics) and for such simple feminine sports as archery, croquet (or ladies' cricket), graces, shuttlecocks, etc. will be supplied by the college.
We are particular in giving this information, as we think "these recreations in the open air" should be considered of primary importance in all places of education for young girls.

Godey's Lady's Book And Magazine 1865-08: vol.71, p.173.

た。経済的な負担を両親にかけることもできなかった。

そこでエレンは、古ぼけた青い磁器のスープ皿を貯金箱代わりにして、思いつく限りの仕事をしてお金を貯めることにした。スープ皿に三〇〇ドルを貯めることができ、こうした生活からようやく抜け出し、バッサー大学へ進学を実現したのは、二年後の一八六八年、エレンが二五歳の時のことだった。

その年の九月、エレンはバッサー大学の入学試験を受けるため汽車に乗り込んだ。車窓からはローズグレーの夜明けの空が広がっていた。このローズグレーという色は、バッサー大学のスクールカラーであり、その色はまるで「女性のための新時代の夜明け」を示唆しているかのようでもあった。

学ぶ喜び

女性のための大学教育はまだ緒に就いたばかりで、エレンがバッサー大学に入学した一八六八年の秋はまだ、あらゆることが実験段階にあった。世間一般の多くの人は、女性が大学で学ぶことは時間の無駄だと考えていた。あるいは、学問をすることで女性たちが健康を損なうと信じられていた。そして、もし女性のための学校の存在が許されるとすれば、若い娘の花嫁学校であるべきだと考える人が多かった。

これとは反対に、バッサー大学を創設した実業家マシュー・バッサーは「女性も男性と同じように創造主から知性を与えられているからには、男性と同じように修養につとめ、知性を高める権利を有している。したがって、大学が若い男性に学問を授けているように、若い女性に対しても学問を授ける教育機関の設立は神の摂理に沿うことであり、私の望みである」という考えを持っていた。つまり、バッサー大学は男性と同じ高等教育の機会を女性に与えることを目的としていたのである。

バッサー大学は、既にヨーロッパにおいて「天文学」の業績が高く評価されていたマリア・ミッチェルを教授に迎えていた。かつて、マリア・ミッチェルはマサチューセッツ州コッド岬南方四〇キロメートルに位置するナンタケット島に住む、無名の図書館司書の一人に過ぎなかった。アマチュア天文学者であった父を、難解な数学を使って手助けし、一八四七年に一つの彗星《すいせい》を発見したことで、一躍世界に知られるようになった人物である。ヨーロッパでの業績評価の後、アメリカ合衆国でも彼女はアメリカ芸術科学アカデミーの会員として選出された。女性初の選出であった。

バッサー大学に入学し、ロールモデルとなる魅力的な女性教員との出会いや新しい学びの場を通してエレンが得た喜びは、いかほどかと想像する。経済的な問題が常に彼女を悩ませてはいたが、成績優秀なエレンに対して奨学金が付与されることになり、足りない分の学費は家庭教師をすることによって賄うことができた。

多くの学びの中でもエレンが最も情熱を寄せたのが、「化学」であった。化学の教授チャールズ・ファラーは、日常生活と関連した実用性を見出すための化学を重視し、靴墨、ベーキングパウダー、洗剤や食料品などを実験室に持ち込み、これらの物質が化学的にどのような成分から構成されているのかを分析する手法で、化学の面白さを伝えた。のちにエレンが「台所から社会を変える」実践を展開した萌芽は、このバッサー大学での化学の講義によって育まれたに違いない。

マサチューセッツ工科大学の扉をたたく

充実していたバッサー大学での日々は矢のように過ぎていった。卒業論文発表で優秀な成績を修めたエレンは一八七〇年にバッサー大学で文学士号を得た。その実力が認められ、アルゼンチンの大統領からの申し出によって、教職の道が開けることになっていた。エレンは、田舎の雑貨店のカウンターの中から出てきて大学で学び、ついには海外での教職を得るという大きな可能性をつかもうとしていた。ところが、アルゼンチンの政治情勢が不安定となり、この話は頓挫《とんざ》してしまったのである。失意の中、一縷《いちる》の望みをかけながら、卒業後のエレンは再び実家へと戻り、家事や母親の看病に忙殺された。

そうした日々の中でも、エレンは「女性化学者として仕事に就く」ことを諦《あきら》められずにいた。そこで、ボストンの製薬会社に手紙を書き、自分を雇ってもらえないかと打診した。返信には学生を採用することができないという残念な情報と合わせて、「ボストンの工科大学」についての情報が記載されていた。この大学というのは、バッサー大学と同じ一八六五年にボストンに開校したマサチューセッツ工科大学であった。エレンはバッサー大学で大きな影響を受けた化学のファラー教授と天文学のミッチェル教授からの推薦状を得て、マサチューセッツ工科大学へ手紙を送る。しかし、何週間たっても返事は届かなかった。

じつは、エレンが大学からの返事を待っていた数週間の間に、マサチューセッツ工科大学の教授会ではある議論が始まっていた。それは「エレン・スワロウを科学の特別学生として入学の許可を与えるか否か」だった。その結果、特別学生としてエレンは一八七〇年に入学許可を得られることとなった。こうして翌年一月、エレンはマサチューセッツ工科大学での最初の講義を受けるために、大きな一歩を踏み出すことができたのである。

一八七一年といえば、津田梅子や山川捨松が留学生として日本を旅立ち、アメリカ合衆国に向かった年である。山川捨松はこの留学の間に八一年にエレンと同じバッサー大学へ入学し、日本人女性として初めて大学卒業の学士号を得た。日本で初めて学士号を得た女性は一九一六年に東北大学を卒業した黒田チカと牧田らくであったことを考えると、山川捨松がそれよりも四半世紀も早く学位を得たのは、アメリカにおける女性高等教育の黎明《れいめい》期に立ち会っていた証《あかし》であったのだと改めて気づかされる。留学で彼女たちが目にしたのは、西欧の暮らしだけでなく、まさにこの時期に大きなうねりの中にあった女性教育の黎明期と、そこに挑戦し始めた女性たちの姿だったのである。

人間と環境――ヒューマン・エコロジーとホーム・ケミストリーの誕生

エレンは勤勉さと優秀さとで、次第に教授たち、男性学生たちの信頼を得るようになっていった。マサチューセッツ工科大学の特別学生となった一八七一年、化学を担当する教授からの依頼で、アメリカ合衆国最初の州保健局を創設したマサチューセッツ州の水質調査に協力することになる。工場設置と下町の下水による河川の汚染、下水と上水との関係などが主な調査課題であった。急速な都市化と産業化が進むマサチューセッツ州では、「公衆衛生」に対する関心が高まり、そこに化学が貢献できることをエレンは感じ取り、調査に没頭した。その成果は目覚ましく、化学者としてのエレンの信頼を高めるのに十分であった。

エレンは、生涯にわたって大きな二つの仕事を成し遂げた。その一つは「公衆衛生」への貢献であり、もう一つは「女性教育」への貢献である。マサチューセッツ州での水質調査はまず「公衆衛生」に関する業績となった。この仕事は後に「正常塩素量地図」として一般法則化され、水質に関する衛生学的調査の基礎となる大きな成果へとつながった。さらに、エレンが人間と環境は相互に関わり合っており、影響を及ぼし合うという「ヒューマン・エコロジー」という考え方へと辿り着く最初の一歩となった。アメリカで「環境」を論じた最初の女性は『沈黙の春』の著者、レイチェル・カーソンといわれることが多いが、実はそれよりもかなり先んじて、エレンが「人間と環境」について論じていたことは思い出されても良いだろう。レイチェルの研究拠点であり、津田梅子が生物学に目覚めたウッズホール海洋生物学研究所は、奇《く》しくもエレンが創設に関わった研究教育施設だったことを考えると、彼女たちの原点はエレンが築いたのだといえる。

一八七三年、マサチューセッツ工科大学は、初めての女性での卒業生となったエレンに科学学士（化学専攻）の学位を授与した。幸運なことに、エレンには卒業後も同大学において研究室の助手として働き続けることが提案された。ただし、見逃してはならないのは、給料は男性のそれと比べてかなり低く設定されていたことである。それでもエレンは、生活していくことができると判断して助手としてのポストと給料に同意した。

この年に、エレンはマサチューセッツ工科大学の鉱山学の教授であったロバート・リチャーズに求婚され、熟考する二年間を経て、その申し出を受け入れ結婚した。新婚旅行にロバートの鉱山学のクラス全員が同行してフィールドワークをしたエピソードに象徴されているように、二人はその後も研究者、教育者として同じ志を持ちながら、共に歩み続けることになった。それは、二三歳の頃にエレンが考えていた、結婚における男女の関係とは異なるものだった。エレンを一人の人間、科学者として尊重するロバートというパートナーを得た幸運は、彼女のその後の人生を支え続けることになったのである。

二人はボストンの街から少し南に離れたジャマイカ・プレインという地区のエリオット通り三二番地に新居を構えた。[6] 多くの人を快く迎え入れ、広く開かれたこの家には、学生や友人たちの往来が絶えなかったという。

エレンは家庭生活、日常茶飯事そのものを次々と研究対象とするようになった。そして、ついには自宅に「消費者家庭試験研究所」を創設した。これは、今日の社会でも多く存在する消費者研究所の先駆けとして注目される取り組みといえる。エレンはこうした研究を「家庭化学（ホーム・ケミストリー）」と呼んだ。

家事と化学をつなげる——家政学への萌芽

結婚生活と研究生活を同時に歩みながら、エレンは多くの女性を不幸にしている背景には、二つの要素の欠如があると気づく。それは「健康」と「創造的で知的な天分を発揮する機会」の欠如であった。当時話題になっていた、女性の選挙権の獲得だけがそれを解決するとは思えなかった。日常生活の中で女性たちが常に家事に追われ、日々繰り返されるその負担によって体調を崩すこともある。そうした事情を経験的に理解していたエレンは、科学の成果を家事負担の軽減につなげ、女性たちの「健康」を実現することが重要な責務であると考えるようになった。これは、後にエレンが創立に関わる「家庭経済（Home Economics）」、「家政学」への萌芽でもあった。

エレンはまた、「創造的で知的な天分を発揮する機会」のためには、女性たちが学ぶ機会と環境を整えなければならないとも考えていた。そこでエレンが実行したのが、マサチューセッツ工科大学内の使われていなかった一室を、女性のための研究所にすることであった。大学には一切費用負担を求めないことを条件にしたため、エレンはニューイングランド地方中の女性グループ、教師グループ、女性教育協会のグループなどで女性のための研究所の必要性を説いて回り、寄付を募った。こうして一八七六年、マサチューセッツ工科大学内に世界で初めての女性のための研究室（Woman's Laboratory in Chemistry）が設けられることになったのである。本章冒頭の写真にこの研究室で学んだ女性たちの様子が写っている。

一八六〇年代、科学の領域、とりわけ化学分野が急速に発展するようになると、人びとは高校や地域のアカデミーでもこれらの科目の教育を求めるようになった。先述したように、学校の教員は女性たちが活躍する職業でもあったが、その一方で科学の領域が女性たちには閉ざされていたため、それを専門的に学び、教育できる教員は皆無に等しかった。こうした状況に鑑《かんが》みて、エレンは希望する女性教員たちに自らの知識を惜しまず伝えることにも尽力するようになる。エレンの活動は、女性が受け持っていた家庭経営を初めて高等教育へ引き上げ、日常生活に応用し得るように教え、それを科学教育へつなげていく道筋を描くようになっていった。後にエレンが著した『調理と洗濯の化学』（一八九七年）などは、その成果といってよいだろう。

ある時、高等教育における女性教育に奔走しているエレンのもとに、ボストンの公立学校指導主事であったルクレチア・クロッカーという女性が訪ねてきた。家庭学習奨励協会が化学部門を設けたので、それをエレンに受け持ってもらいたいという依頼のためであった。それは地質学、鉱物学、自然地理学、植物学の通信講座だった。

エレンは公私ともに多忙であったが、小さな田舎町で知識に飢え、渇き、広い世界に触れたいという願いを抱いている女性たちと手紙を通じてつながり、二〇年以上にわたって各地の女性たちの通信教育に携わった。エレンから届く手紙と教材は、西部開拓の前線の小さな学校で、あるいは広大な荒野にポツンと建つ丸太小屋の暮らしの中で「学ぶ」情熱を抱えた女性たちに対して、その心の火を消さないように促す灯火《ともしび》の役割を果たしたことだろう。

「金ぴか時代」の都市問題を日常茶飯の視点で考える

化学によって人びとが「健康」に暮らせる社会を実現したい。

この思いは女性教育への情熱と並んで、エレンの生涯にわたる研究動機の根底を支えていた。その実践として注目されるのは、一八九〇年にエレンが考案して開設した「ニューイングランド・キッチン」である。これは炊事や食事を公共の場で賄うパブリック・キッチンの試みといってよく、主に欧州で始まった実践をボストンで応用したものであった。このキッチン誕生の経緯とその後の影響について、以下に述べていこう。

化学者の知見から、日常生活を取り巻く様々な物質、食物の成分分析でいくつもの成果を上げていたエレンのもとに、ある日、ポーリン・ショーという資産家の女性が訪問してきた。ポーリンは、「労働者の食事と栄養」についての研究をエレンに依頼するために来たのである。この依頼を実現するためにエレンが出したアイデアが、都市の中に公共の台所、つまりパブリック・キッチンを設置するということであった。

エレンはその人生の前半を、一九世紀後半のボストンとその近郊で過ごしていたことになる。アメリカ合衆国全体でみれば、一八六五年の南北戦争終結時から九三年に恐慌が訪れるまでの約三〇年間は、資本主義が急速に発展を遂げた、いわゆる「金ぴか時代」と称される。それは、カーネギーやグールド、アスターやロックフェラーが富を蓄えた時代であり、六九年に最初の大陸横断鉄道が完成した後、次々と鉄道が敷設され、西部開拓も急速に進んだ時代でもあった。

そして、エレンのボストンでの暮らしはちょうど、「大移民時代」の幕開けと重なっていた。

この時期のボストンで、エレンはどのような風景を見、何を考えていたのだろうか。

移民の玄関口であったボストンには、一八四〇年代から次々と移民が流入し始めた。ボストン市当局の国勢調査によれば、一八五〇年の人口に占める移民の割合は四六％、うちアイルランド系移民が八五％を占めていた。[7]綿工業、靴製造業が勃興したボストン周辺の産業都市での労働力需要が高まったことがプル要因となった。一方、欧州での戦争の終結、死亡率の低下による過剰人口に加えて、アイルランドにおける一八四〇年代後半のじゃがいも大飢饉《だいききん》などが移民増大のプッシュ要因となっていた。

マサチューセッツ州では、増え続ける移民の「生活」と「労働」の再編を誰が引き受けるのか、という新たな問題が生じていた。移民が流入してくる前は、第六章でみてきたように、織物工場や企業とそこに付帯する寄宿舎施設などが、労働者の「生活」と「労働」の一切を引き受けていた。ところが、一九世紀中期以降、ボストンやローウェルには周辺農村から働きに来る女性たちに代わって移民が労働者として流入してくるようになる。すると、増加する移民に対して企業は寄宿舎を提供することはなく、ローウェルの寄宿舎制度は縮小、廃止への道を辿ったのである。

マサチューセッツ州には、地域内の被救済貧民に対してその地域が救済の手を差し伸べる義務がある、というイギリスのエリザベス救貧法に起源を持つ「地方主義」原則があったため、移民に伴う外国人被救済貧民の増加が州財政を圧迫することになった。それへの批判が同州に住んでいた人びとのネイティビズム（排外主義）の高揚へつながり、地域社会の動揺を招いた。

その結果、「生活」と「労働」の再編過程は次の段階に進むことになったのである。一九世紀半ばには、「地方主義」の原則主体は「市町村」から「州」政府へと移行し、一八五一年には外国人被救済貧民委員会の設置、六三年には州慈善局の設置をみた。その後も移民は増え続け、都市には新しい社会問題が生じ始めていた。

エレンはその問題に、いち早く気づいていた。ボストンの町を歩くエレンには気になることがあった。それは、労働者やその子どもたちが擦り切れた服を着ていることが多く、彼らの顔色が悪く、栄養不足に見えることだった。子どもたちは、痩《や》せて青白い顔で歩道を風に向かって走っていた。疲れ果てた表情の女性たちは、ボストンに集積していた靴工場へ急ぎ足で出勤していた。栄養不良にみえる男性労働者たちは、行きつけの酒場のスイングドアに飲み込まれていった。これが、エレンが見ていた一九世紀半ばのボストンの町の日常風景である。

労働者や子どもたちが極めて不健康にみえる原因は、厳しい労働環境の中での長時間労働や低賃金にあることはもちろんだが、必ずしもそれだけに求められるものではないと、化学者であったエレンは理解していた。労働者やその家族が、食事の栄養価や合理的な調理法について、あまりにも無知であることが関わっているのではないか。安価なものでも栄養価の高いものがあり、それを合理的に調理することができれば、健康が手に入るのではないか。エレンはそう、考えたのである。

また、産業革命の渦中で成長し続けるボストンで流行する病気の温床には、都市ならではの原因があることにもエレンは気づいていた。都市部に人びとが群れ集まり、空気や水や食料の

図8-2　ボストンの港に到着する移民たち

Winslow Homer（1836～1910）作 Emigrant Arrival at Constitution Wharf, Boston,1857. Smithsonian Open Access

需要が高まるにつれて、その質の悪化が進んでいたからである。マサチューセッツ州の上下水道の水質調査だけでなく、「消費者家庭試験研究所」を創設し、砂糖や牛乳への混入物を調べていたエレンならではの、包括的な視点といえよう。

台所から社会を変える——ニューイングランド・キッチンの誕生

汚染物質による物理的環境の悪化と、衣食住などの乱れによる社会的環境の悪化を同時に解決する一つの方法としてエレンが注目したのが「家庭」という場所、そして「台所」という機能であった。それは、細分化された科学の知見を日常生活の中で統合する試みといってもよいかもしれない。

「台所から社会を変える」という、この考えと改善策を何とか広く伝えられないかと思案していたところに、タイミング良く、先述したポーリン・ショーからの「労働者の食事と栄養」に関する研究依頼が舞い込んだのだった。当時、エレンの友人の一人に、長年フランスやドイツで暮らし、欧州のパブリック・キッチンに詳しいメアリー・ヒンマン・アベルという女性がいた。彼女は、「低所得者のための健康に良い調理法」というテーマの懸賞論文でアメリカ公衆衛生学会賞を受賞していた人物である。同論文では、ドイツやフランスの「困窮者給食所」に対する食物科学者ランフォードの影響が指摘されていた。メアリーの協力を得て、エレンはボストンにおいてパブリック・キッチンを設置することにした。[8]
このプロジェクトには、マサチューセッツ工科大学の同じ研究室で水質調査に取り組んでいたエレンの友人、ドラウン博士も加わった。三人はこの取り組みを、「ニューイングランド・キッチン」と名付けた。
健康食レストラン、困窮者給食所、栄養と調理の研究所という機能をあわせ持つニューイングランド・キッチンは、一八九〇年一月一日、ボストンのプレズント街一四二番地に開設された。この場所は、アイルランド人、ロシア系ユダヤ人、イタリア人の移民たちが集住する低所得者層の居住地域だった。栄養に富んだ食事を提供する以外に、清潔で機能的な器具を使った調理方法を見せることによって、労働者に対する教育的役割をも担うことが、このキッチンの目的であった。
では、この場所でいったいどのような料理が出され、その成果はいかほどであったのだろうか。エレンが序文を寄せ、メアリーが記した「ニューイングランド・キッチン物語」という資料を通して、この食堂の特徴や具体的なメニュー、足を運んだ利用者の様子をうかがい知ることができる。[9]
エレンは序文に次のように書き記し、この試みの新しさを強調している。

For a charity that feeds the hungry there is no lack of the bounty of good people; but it is safe to say that not many could be found who would be willing to give liberally and unrestrictedly to carry on a scientific experiment in the hope of learning how the people might be better fed.
飢えている人びとに食事を提供する慈善事業には、善良な人々の恵みが欠かせない。しかし、どうすれば人びとがよりよく食事ができるかを知るための科学的な実験に、惜しみなく寄付をしてくれる人は、そう多くはないといってよいだろう。

「人びとがよりよく食事ができる方法」を科学的知見にもとづいて見出すことが、このキッチンの目的であったと明記されている。そしてメアリーは報告書の冒頭で、アメリカでは安価で質の良い食材を使った調理に関する公共の知識というものがこれまで提供されたことがなく、もしあったとしても、それはとりわけ男性のためのサルーン（居酒屋）に対抗して設置された食堂に限られていたと述べている。つまり、ニューイングランド・キッチンは、男性に限らず、老若男女問わず、ボストンという都市を行き交う全ての人を対象とすると宣言した、きわめてユニークな取り組みであったといえるのである。

このキッチン開設のためにエレンたちによって開発された最初の料理は、栄養価に富んだ牛肉のスープであった。これには肉団子が入っていた。加えて、野菜スープ、豆スープ、トウモロコシのおかゆ、茹《ゆ》でたひきわりトウモロコシ、オートミールのおかゆ、マカロニ、魚のチャウダー、トマトスープ、ライスプディング、インディアンプディング、オートミールケーキなどを次々と考案した。

アメリカ人はスープを食べないといわれるが、実際はそんなことはなく、ニューイングランド・キッチンのスープは好評を博した。縫製工場で働く女性は、その場に一緒にいた友人に「こんなに美味《おい》しいスープを味わったのは、母親の料理以来だわ」と言っていたという。

スープのほかにはパン、牛乳などの質の向上と、適正価格での販売方法についても研究した。特に、牛乳は最初の段階から重要な取り組みであった。質の悪い牛乳、新鮮でない牛乳、水で薄めた牛乳が流通する状況で、なかでも夏場は冷蔵技術のない当時、牛乳の質の改善は重要な問題だった。最初はニューイングランド・キッチンで殺菌消毒を試みるつもりであったが、農場から運ばれてくるころには既に半日から一日がたっているため、農場で殺菌消毒する必要があるとわかった。そのような折に、ニューヨーク州のオレンジ郡にある生乳業者が熱殺菌した牛乳を生産していることがわかり、そこから仕入れ、ボストンで販売することにした。


パブリック・キッチンの必要性――「パン屋もの」を食べて働く女性たち

このようなユニークな取り組みではあったが、主に低所得者層にはその意義が伝わりにくく、外にテーブルと椅子を出してみたり、あらゆる工夫をしてみたが、利用実績の成果はなかなか上がらなかった。

だからといって、このアメリカ合衆国で初めてのパブリック・キッチンの試みが失敗だったとは言い切れない。というのも、この最初の実践が、このようなキッチンがどのような人びとにとって、なぜ必要なのかを改めて考察するきっかけとなったからである。

メアリーの記録によれば、利用者の四分の三はいわゆる労働者たちであり、その多くは縫製工場で働く女性たちであった。彼女たちの多くは宿泊施設に住み、安いレストランで提供される食事をするか、彼女たちが「パン屋もの」と呼んでいる食べものを食べている。この「パン屋もの」には、パンのほかにスコーンやマフィン、ドーナツなどが含まれていたはずである。

働く女性たちの食事として最も多いのは、後者の「パン屋もの」を自室でいれたお茶と一緒に食べるパターンであった。縫製工場に通いながら家事をするとはいっても、料理はほとんどせず、「パン屋もの」のパンや安価なケーキに頼ることが多くなっていることもわかった。彼女たちには、とにかく自炊する時間も空間も無かったのである。

ニューイングランド・キッチンに足を運んだある利用者は、「昼食にパイやケーキを食べてばかりはもう嫌だ。これでは働けない。でも、この豆のスープなら半日働ける」と、これまでの食事の不満を強く語っていたと、メアリーは記録している。ある仕立屋は、自分が縫製業を始めた時代には、女性は雇い主の家族の中で生活していたが、今はすっかり変わったと、興味深い社会の変化を述べている。縫製工場で働く女性たちは今では生活全般にわたり、とにかく自分のことを自分でやらなければならなくなり、自力で生きていかなければならなくなってしまったのだという。つまり、労働者たちは働きながら、自分が生きていくための日常茶飯を自らで賄う必要性に、ますます追われるようになっていった。その結果が、「パン屋もの」への過度な依存であったといえるだろう。

こうした話をまとめながら、メアリーはパブリック・キッチンが都市内部に設置される意義はあると確信した。時間のない労働者たちが、長い時間をかけて調理した栄養豊富なパンやスープにありつける場所こそが、ニューイングランド・キッチンだと理解したからである。

ニューイングランド・キッチンの失敗はその後、新しい展開をみて前進していくことになった。ボストンで二か所目のキッチンが立ち上がったことや、ボストンの中産階級層の人びとへの栄養学や合理的調理の啓蒙へとつながり、病院食などにも採用されるようになったことはその例である。また、ボストンの実践に学び、シカゴをはじめ、各都市部でもこの試みが実践されるようになったのである。

ボストンで全米初の学校給食が始まる

栄養学や食物科学を公益として広く普及させていく意義が認められ始め、エレンはこの試みを「ランフォード・キッチン」と名付け直し、一八九三年に開催されたシカゴ万博で発表し、大成功をおさめた。アメリカ合衆国で初めて食物科学を提唱し、栄養価の高いえんどう豆スープが困窮者の健康に寄与すると提案した、ランフォード伯爵への敬意をこめた命名であることはいうまでもない。

シカゴ万博での展示がきっかけとなり、ニューイングランド・キッチンからランフォード・キッチンを経て試行錯誤されてきたエレンたちの試みは、全米各地で都市問題が発生する時代において多くの共感を得て普及し始めた。時が満ちた、というべきかもしれない。以後、「栄養学」はアメリカにおける国民的運動ともいえるような、大きなうねりとなって展開していったのである。[10]

こうしたエレンの活躍を耳にしたボストン教育長は、給食事業の考案をエレンに依頼した。労働者だけでなく、学校に通う生徒たちもまた、日々のランチを「パン屋もの」で間に合わせ、チョコレートエクレア、シュークリーム、パイ、ドーナツ、ケーキ、キャンディなどの甘いもので胃袋を満たしていたからである。

この企画を引き受け、エレンたちはニューイングランド・キッチンの中央調理室で調理し、温かいうちに各学校へ配食する試みを始めた。ボストンで全米初の学校給食が始まったのは、エレンとメアリーたちのこれまでの試行錯誤がその背景にあったからこそ、実現しえたのだといえる。

学校給食の試みは以後、少なくとも三〇年間続き、エレンが一九一一年に没した後、その理念と実践は女性教育・産業連合（Women's Educational and Industrial Union：以下、WEIUと表記する）という女性組織に継承された。[11]それだけではない。やがてこの試みは、全米各地の公立学校にも採用されていくことになったのである。

女性と教育と産業——WEIUの設立とその目的

エレンが始めた公立学校での給食事業の理念と実践を継承したWEIUとは、いったいどのような組織だったのだろうか。WEIUは一八七七年に設立され、二〇〇六年に至るまで約一三〇年間活動したボストンの女性組織である。現在、WEIUに関する文書資料はハーバード大学の女性史、生活史関連の専門図書館であるスレシンジャー図書館に保管されている。[12]その資料を参照しながら、以下ではエレンのライフヒストリーを離れて、一九世紀のボストンで展開した、この特徴ある女性組織の活動についてみていきたい。
急速な産業成長とボストンへの移民の急増は、しばしば労働者の悲惨な状況を引き起こしていた。さしたる受け入れの縁故もないまま、単身でボストンにやって来る移民の女性たちも少なくなかったため、都市で路頭に迷う女性たちの問題は深刻であった。それに対処しようと、ハリエット・クリスビーという女医が一八七二年に自宅で「女性のための日曜日の集会」を開いたことが、この組織の始まりである。WEIUを設立した目的を、彼女は次のように掲げた。

A union, which Dr. Clisby hoped "would reach forth in every direction to aid, strengthen and elevate women, by drow (n) ing them into a bond of unity" had been formed.[13]

組織へのつながりが、あらゆる方向において、女性たちを助け、強くし、その地位を引き上げることへの前進となりますように。

この言葉から、WEIUが女性たちの生活世界にネットワークを形成して積極的に関与していこうとする姿勢を読み取ることができる。WEIUはその名前に冠したEducationalを反映するように、無職の移民女性、子ども、障碍《しょうがい》者を含めた人びとへ、様々な職業訓練教育プログラムを次々と展開する教育団体でもあった。

ところで、Educationという言葉は日本語では「教育（教え育てる）」と訳され、教える側の主体性が強調されることが多いが、本来英語では「学ぶ人がもつ能力を引き出す」という意味があり、学ぶ側の能力に対する可能性を重んじる意味が含まれている。WEIUのEはまさに、こうした意味であるとみれば、ボストンで生きようとする移民女性、子ども、障碍者を含めたあらゆる人びとの能力と可能性、主体性を引き出そうというメッセージを組織名に込めたのだとわかる。

WEIUの歴史をタイプライターで記した資料には[14]、一八七〇年から一九〇〇年の同組織の草創期において、男性たちの高等教育に比べて女性の高等教育機会が少なく、「家庭科学」、「家庭経済」、「家事技能」という科目がようやく農業系のカレッジに加わり始めたことが記されている。これは、先述のエレン・スワロウ・リチャーズが奮闘した時期とも重なり、女性の高等教育環境の黎明期の問題をWEIUも理解していた証左であろう。

公教育における化学や生物学の必要性も述べられている点などをあらためて読むと、エレンの影響が推察される。エレンという一人の女性の奮闘が、点として存在したのではなく、この時期のボストンにおいて面的に広がり、その取り組みは組織化されて展開したことがうかがえる。特に、ＷＥＩＵの場合、地域社会という範囲での展開が中心であったため、学校教育の範囲を超えて、女性たちが連帯していく磁場のようなものが形成されつつあったのかもしれない。

資料には、女性たちが教育を受けることができるようになり、知識や技能が高まるほど、女性たち各自の意志の中に「the sense of civic responsibility（公民権意識）」が芽生えるはずだとも記されている。このことから、ＷＥＩＵが目指したのは移民女性たちへの対症療法的な救済対策だったのではなく、人格を持つ一人の人間として生きられるようにという、高い理想の実現だったのだといえる。

当初、ハリエット・クリスビー女医の集会に集まった中心メンバーは、ボストンで働く女性たちであった。彼女たちは議論を重ねていくうちに、この集会を広く開いて、多くの女性たちを受け容《い》れ、組織化し、各自が抱える問題の解決に取り組むことにした。具体的には次のような活動が展開した。

購買組合の設立、国内初の公立学校のためのあたたかい昼食プログラムの実施、ボストン公立図書館のための点字本収集、信用組合や書店の開設など、その活動は「労働」だけでなく「生活」をも包括して多岐に渡る。「公立学校のためのあたたかい昼食プログラム」、これが先述したエレンの活動とつながっている。一九〇七年の資料には、ニューイングランド・キッチンを実践した記録も含まれており、詳細なメニューを知ることができる。

これらの活動をみると、「地方主義」の原則が変容しつつある社会の中で、現場で女性たちの日常茶飯の困難を調整したのは、ＷＥＩＵのような中間団体的な組織であったことがわかる。市町村から州政府へとその主体が移行する状況下、地域で生じていた女性労働者が抱える様々な問題に実際に対応するには、政府の動きは緩慢すぎたからである。

レシピを共有して連帯する――ＷＥＩＵのクックブック

ＷＥＩＵは設立当初から、特に無職の移民女性に対する支援活動に力を入れてきた。その一環として、女性たちが自分の家で生産した工芸品や食料品を販売する the Shop at the Union を開店し、同店は二〇〇四年六月まで存続していた。一八七八年には、無料の法的助言が受けられる保護委員会を発足させ、女性と子どもたちの保護に尽力した。

活動が始まってから一〇年を経た一八八七年には、『にぎやかな慈善市のための料理ブック』と題した一冊の本を出版している。[15]この料理本の冒頭には「ＷＥＩＵの仲間とその友達が親しんでいるおススメのレシピをお伝えします」とあり、易しい英語で書かれている。おそらく、ボストンに暮らし始めた移民女性のために、あるいは、移民女性や子どもたち、その家族を支援するための慈善市（チャリティバザー）を開催することを促すためにレシピが共有されたのではないだろうか。

レシピとして掲載されたのは、以下の通りである。パン（白パン、茶色パン、ライ麦パン、ビスケット、ロールパン、ワッフル、ケーキ、マフィンなど）、朝ごはんと昼ごはん（オムレツ、コーンケーキ、フレンチトースト、じゃがいも料理、カレー、鶏料理、ロブスター料理、サンドイッチ、牛肉料理など）、スープ（牡蠣《かき》、トマト、青豆、ロブスター、カレーなど）、野菜（ほうれん草、カリフラワー、キャベツ、じゃがいもなど）、サラダ（ドレッシング、クリーム、フルーツなど）、プリン（りんご、いちご、チョコレートなど）、パイ（クリーム、レモンなど）やケーキ（結婚式のケーキ、子どものケーキ、女性のケーキ、伝統的なパウンドケーキ、ドーナツなど）、クッキーとジンジャーブレッド、ピクルスと保存食、菓子、飲み物。特別な材料を使わずに、自宅で簡単に、今でも参考になるレシピばかりである。
　そして、巻末には次のようなメッセージが記されている。

Lives of all good cooks remind us
We can be good cooks ourselves;
So that all our friends shall find us
With well-laden pantry shelves.
Cooking that shall make each mother
Think she has not taught in vain.
Over father, brother, lover,
Like a queen good housewives reign.

料理上手な人たちの暮らしは、私たちに気づきを与えてくれます。

私たち自身が良い料理人になればいいのです。
そうすれば、私たちは友達に見つけてもらえます。
充実した食材庫で。
それぞれのお母さんに喜んでもらえるような料理を
彼女が教えたことは無駄ではなかったと思います。
父を越え、兄を越え、恋人を越え
女王のように良き主婦が主権を握ります。

料理を通して友達や仲間をつくり、日々の暮らしの中で主体性を手に入れることができる。料理のレシピを共有することは、女性たちが連帯していくきっかけであったことが伝わってくる文章である。また、これらのレシピを共有し、共に作ったものを並べて開催した慈善市は、困難に陥っている女性たちを支援していく活動でもあった。
一八八二年に日本に帰国した山川捨松が日本初のチャリティバザーを開催したのは八四年のことである。鹿鳴館《ろくめいかん》慈善会という女性団体を組織した捨松の行動は、当時の日本女性たちを驚かせたといわれるが、おそらく彼女は留学中に見聞きした、チャリティ活動によって連帯していく女性たちの姿を思い浮かべていたにちがいない。

二〇世紀初頭における移民女性の生活

ＷＥＩＵは労働者の「生活」と「労働」を把握するための綿密な社会調査をいくつも実施し、発表した（表８－１）。それも、ＷＥＩＵの評価されるべき特徴である。

以下では三つの社会調査を紹介してみたい。①移民女性と少女に関する調査（一九〇六～一九〇七）*Immigrant Women and Girls in Boston* と表８－１に含まれている②女性労働者の生活賃金（一九一一）*The Living Wage of Women Workers*、③女性労働者の食事調査（一九一七）*The Food of Working Women in Boston* である。これらの調査には、ＷＥＩＵが把握した、ボストンにおける女性労働者の生活と労働の詳細が記録されている。

まず移民に関する調査は、一九〇五年七月一日～一九〇六年七月一日にボストンに到着した二三〇五人の女性たちのうち、訪問調査を実施した五〇〇人の年齢、出身、到着日、居住状態、雇い主、収入などを調べたものである。彼女たちのうち、一六歳以下が五九人（一二％）、一六～三〇歳までの未婚者が三九〇人（七八％）、既婚者が三九人（八％）、不明が一二人（二％）であった。出身地別にみると、アイルランド出身者が全体の四八％をしめていた（表８－２）。

次の文章から、彼女たちの多くは若く、その内何人かは単身で、言葉も慣習も不慣れなまま到着したことが読み取れる。そして、初めて自分自身が生きていくために働こうとしている彼女たちの生活をＷＥＩＵが案じていることが伝わってくる。

"Thousands of immigrant women arrive every week from Europe, many of them young, some of them

表8-1 WEIUが実施した調査

Vol.	テ ー マ	日 本 語 訳
1	Vocations for the Trained Woman	訓練を受けた女性の職業
2	Labor Laws and their Enforcement	労働法と施行
3	The Living Wage of Women Workers	女性労働者の生活費
4	Dressmaking as a Trade for Women in Massachusetts	マサチューセッツ州における女性の職業としての服づくり
5	Millinery as a Trade for Women	女性の職業としての帽子づくり
6	The Boot and Shoe Industry in Massachusetts as a Vocation for Women	マサチューセッツ州における女性の職業としてのブーツと靴づくり
7	Industrial Home Work in Massachusetts	マサチューセッツ州における産業としての在宅仕事
8	The Public Schools and Women in Office Service	公立学校とオフィス勤務の女性
9	Industrial Experience of Trade-School Girls in Massachusetts	マサチューセッツ州の専門学校で訓練を受けた女子の産業効率
10	The Food of Working Women in Boston	ボストンの女性労働者の食

alone, and ignorant of our language and customs."
"How many arrive safely? What then become of them, especially of the ones who are going out to earn their own livings, perhaps for the first time?"[16]
毎週何千人もの移民女性がヨーロッパから到着する。その多くは若く、何人かは一人で、我々の言葉や習慣を知らない。無事にたどり着くのは何人でしょう？ そして、彼女たちはどうなるのでしょうか。特に、自分の生活費を稼ぐために、おそらくは初めて外に出る人たちはどうなるのでしょうか。

調査によれば、移民女性たちの到着時の所持金は平均九・一三ドルであった。ボストンで生活するにあたり、この金額はどの程度のものであったのだろうか。

ＷＥＩＵが実施した、ボストンで働く四五〇人の賃労働者（女性）の衣食住その他に関わる生活費と「生活賃金」についての調査を参照してみよう。まず前提として、ＷＥＩＵがLiving Wageを衣食住だけでなく、健康、貯金、娯楽、教育を含めた幅広い範囲に設定していることが注目される。職業には専門職、事務職、販売員、女工、給仕、調理の区別があり、それぞれの「生活賃金」について論じている。

例えば女工の場合、年間の収入は三八二・三七ドルに対して支出は四四二・九五ドルであり、六〇・五八ドルの赤字となっている。支出の内訳と収入に占める割合は、食費一四七・七五ドル（三九％）、住居費五五・七六ドル（一五％）、衣類七〇・七一ドル（一八％）、健康二三・九六ドル（六％）、貯金五一・二〇ドル（一三％）、娯楽、教育を含むその他九三・五七ドル（二四％）であった。一か月分に換算すると生活費は約三七ドル、一週間分では約九ドルとなる。つまり、移民の女性たちの最初の所持金は、ボストンでの一週間分の生活費に過ぎなかったということになる。

物価の高いボストンで、一週間程度の生活費しか持たず、言葉や慣習に不慣れな若い女性たちが、自分自身で日々の糧と雨露を凌《しの》ぐ場所を確保して生きていくためには、様々な困難が

表8-2 ボストン港からの入国女性数(1905年7月1日～1906年7月1日)

出身別人数			訪問調査をした500人の内訳
出身国	人数	割合	
アイルランド	1,107人	48.0%	240人
イタリア	433人	18.8%	92人
ロシア	304人	13.2%	65人
スカンジナビア	203人	8.8%	44人
イギリス	85人	3.7%	18人
スコットランド	57人	2.5%	12人
ポルトガル	44人	1.9%	10人
フィンランド	16人	0.7%	4人
ギリシア、シリア、アルメニア	16人	0.7%	4人
リトアニア	12人	0.5%	3人
ポーランド	11人	0.5%	3人
ドイツ	7人	0.3%	2人
オーストリア	5人	0.2%	1人
フランス	3人	0.1%	1人
ウェールズ	2人	0.1%	1人
合計	2,305人	100.0%	500人

注：女性は子供のない既婚女性、未婚女性、少女の数。
出身別人数割合は原資料の間違いを修正し、再計算した。
出典：Harvard University Schlesinger Library Records of the Women's Educational and Industrial Union, 1894-1955, B-8-49

伴ったことは想像に難くない。そこに手を差し伸べ、彼女たちの生活と労働の再編を支援したのがＷＥＩＵであった。その目的は単なる労働力の再生産というよりもむしろ、ボストンで人間らしい生き方を実現し、女性たち自身が地位向上を目指していけるような、産業地域社会の再構築であったといえるのである。

女性たちによる「働く女性たちの胃袋調査」

一九世紀後半〜二〇世紀初頭にかけてのボストンでは、かつて周辺農村の女性たちを雇い入れていた時代には寄宿舎で食事を賄っていた工場も、労働者に占める移民の割合が高くなってからは寄宿舎制度を廃止し始めた。そのため、移民労働者を含め、ボストンの労働者の多くは、日々、自らの食事を用意する必要に迫られていた。
彼、彼女たちの生活費の中で多くを占めるのは食費であり、収入が低いほどその割合は高くなる。ＷＥＩＵは一九一七年に女性労働者の食事調査を実施した。それは、女性たちが慣れない土地でどのように自らの胃袋を満たしていたのか、という興味深い「胃袋調査」である。調査の報告は次のような言葉から始まる（傍線は筆者付記）。

This study of how working women are supplied with their daily bread was made in a community where the competition is more severe and the cost of food greater than any other of the large cities of United States.[17]

表8-3 ボストンにおける女性労働者の職業別昼食の入手方法

職業	人数	町で入手		自宅から持参	
		人数	割合	人数	割合
工場	441人	87人	19.7%	354人	80.3%
商店	135人	110人	81.5%	25人	18.5%
オフィス	101人	60人	59.4%	41人	40.6%
合計	677人	257人	38.0%	420人	62.0%

注：原資料は商店「町で入手」が10人となっているが、報告書の内容を合わせると110の間違いであると思われるため、修正した。
出典：Women's Educational and Industrial Union,(The Food of Working Women in Boston,) 1917

この研究は、働く女性がどのように日々の糧を得ているかということについて、アメリカの大都市の中でも特に競争が激しく、食費がかさむ地域で行われたものです。

アメリカ合衆国の中で最も競争が激しく、食費が高いボストンでは、女性労働者が自らの稼ぎで日々の糧を得るのがいかに困難だったかが伝わってくる一文である。[18] 調査の内容は大きく分けて次のようなものだった。

・昼食について
・家族から離れて暮らす働く女性たちの食
・組織的な寮に暮らす女性たちの食
・ある調剤薬局の利用者の食

具体的な内容をみてみよう。例えば、職業別の昼食入手方法を調べた結果によると（表8－3）、六七七人中、二五七人が町で入手（三八％）、四二〇人が自宅から持参

（六二%）であった。
かつて、寄宿舎制度の中で食事を賄われていた工場で働く女性たちも、制度の終焉《しゅうえん》と共に、この時期にはほとんどが自宅から食べものを持参するようになっていた。[19] これは先述した、縫製工場で働く女性たちが依拠する「パン屋もの」の話とも共通する。

One hundred and forty-six women used no fruit of any kind in the morning. The largest number of these were in manufacturing and mechanical occupations in which the working day begins early. Almost all the women in professional pursuits and in domestic and personal service, and half of those in trade and transportation, had fruit for breakfast. A number of local customs were revealed by the inquiry; 47 of the women reported having doughnuts, 34 baked beans and 5 pie in the morning. Doughnuts are served regularly in many families, and Sunday morning breakfast is considered quite incomplete by many if beans are not the principal dish.[20]

一日の始まりが早い工場での職業では、一四六人の女性がどんな種類の果物も食していない。そのほとんどは工場で働く女性たちである。そして、専門職、家事・個人サービス業の女性のほとんど全員、貿易・運輸業の女性の半数は朝食に果物を食べていた。調査によって明らかになった、地域の習慣として分かったのは、ドーナツ四七人、ベイクドビーンズ三四人、パイ五人という結果であった。ドーナツは多くの家庭で定期的に食べられており、日曜の朝食は豆が主食でなければ不完全と考える人が多いようだ。

ドーナツは、こんな風に労働者たちの日々の食事に登場する。間食というよりもむしろ食事として消費され、食事を作る時間と空間が少ない都市において、働く女性たちの胃袋を満たしていたのである。

職業別の昼食入手方法を調べた結果によると、工場労働者は自宅から持参している割合が八〇%であったのに対し、商店で働く女性は八二%、オフィスで働く女性たちは六〇%が町で入手していた。つまり、都市における昼食の入手方法は、職業や収入に左右されて、いくつかのパターンが存在していたことになる。同じ都市に働く労働者とはいっても、比較的賃金の高いオフィス労働者は、工場労働者に比べて町の食堂で昼食をとる割合が高かった。食堂での昼食は持参する冷たい弁当とは違って、温かい食事が提供された。

工場労働者たちが自宅から持参する昼食の中身を詳しくみてみよう。多くの労働者たちが持参するのはサンドイッチ、ケーキ、フルーツ、茶などであった。興味深いのは、さらに詳しいメニューに注目すると、民族や文化による違いがみられたことである。例えばサンドイッチは、英語を話せる労働者は白パンに肉が多いのに比べて、英語を話せない労働者はライ麦パンに魚や卵、チーズの割合が高かったという。最も多かったのはアイルランド人、スコットランド人、ユダヤ人、そしてイタリア人の、プレーンのパンにバターというシンプルなサンドイッチだった。移民たちの中にもある種の階層があり、懐具合や食文化も一様ではなかったことになる。

いずれにしても、これらのサンドイッチを作るために、都市労働者それぞれがパンを焼き、煮炊きすることは難しく、持参の昼食とはいっても、そこではやはり、「パン屋もの」を提供するベーカリーや、デリカテッセンと呼ばれる惣菜《そうざい》屋が重要な役割を果たした。また、当時のボストンには弁当を扱う商店が二軒あり、数種類のサンドイッチ、ケーキ、パイ、フルーツなどを販売していたことも記録されている。ほかに、イタリア人の果物行商人も労働者たちに昼食を提供していた。

アメリカ合衆国でも日本と同様、産業革命期の都市に生きる労働者たちの胃袋を満たしていたのは、調理済みの様々な食べものであった。とりわけ、家族から離れて都市で一人暮らしをする女性労働者たちの場合、時間とお金、料理する道具と場所を持っていない倹約生活の中で、調理済みの食べものを販売するデリカテッセンとベーカリーは、彼女たちの胃袋にとって欠かせない存在であったといえるだろう。

単身女性が都市で暮らしていくために

この食事調査の結論部分の冒頭には、次のような一言がある。
Nutrition investigations are attaining an important place in the public health service because of the growing recognition of the part they play in preventive medicine.[21]
栄養調査は、予防医学の一翼を担うものとして、公衆衛生上重要な位置を占めるようになってきています。

都市内部の諸問題を解決する方法として、栄養調査や予防医学、公衆衛生という、現代にも通じる議論がすでに二〇世紀初頭において展開していたことに、まず驚かされる。それだけではない。この食事調査の最終的な目的は、都市に生きる女性たち、とりわけ「単身女性がいかに暮らしを立てていけるのか」を議論することにあるという点が、結論でも強調されていることに注目したい。

同調査には「私たちのボストンという大都市における単身女性の存在は、社会変革の新たな局面である」と明記され、産業革命による労働力需要に応えて各地域を転々とする、単身女性たちが一定の割合を占めるようになった状況を報告している。なかでも、低所得者層としての女性労働者の問題を取り上げている点は重要であろう。

「食の選択」という項目の中では、食料は、自活する女性たちの生活予算において、最も重要であり、同時に最も弾力的な項目であったこと、働く女性たちの大半は、自室で食事を作り、カフェテリアやレストラン、下宿で他の食事を買うという不規則な生活をしながら、懐事情に応じてその出費を調整しながら暮らしていたことなどが記されている。住居費は固定されているため変化させることはできないが、食費と被服費は本人の意思で変化させることができた。そのため、所得が低い場合には、それと連動して十分な食事が摂れないことにもなりがちであった。

そうした状況にあって、ボストンで働く女性たちが食を選ぶ力は、アメリカ合衆国の他の地域と比べようもないほど卓越していたようである。その背景には、本章前半で紹介したエレン・スワロウ・リチャーズが取り組んできた栄養教育活動があるのだと、同食事調査には明記されている。この記述を読むと、確かにＷＥＩＵはエレンからの影響を受け、その実践を引き継いでいたことがわかる（エレンの夫の姓はヘンリエッタだったためＨとなっている）。
Notwithstanding the varied plans for obtaining their meals, the women living away from home showed remarkably good judgement in the choice of food. Mrs. Ellen H. Richards began her pioneer work for the promotion of public instruction in dietetics over twenty-five years ago, and throughout this period Boston has profited by a great variety of educational activities in this field.[22]
食事の取り方はさまざまだが、離れて暮らす女性たちの食事選びの判断力は際立っている。エレン・Ｈ・リチャーズ夫人は、二五年以上前に栄養学の教育普及のための先駆的な活動を開始し、この間、ボストンはこの分野でのさまざまな教育活動によって利益を得てきた。
週給六ドル以下の低所得層の女性たちの食事に関する報告では、食費と宿泊費の合計は週給の一一四％であり赤字になっている。それは、彼女たちに経済感覚がないことや、買い慣れているものを示した結果なのではなく、むしろ健康に暮らすための良い食事を構成するものについての知識を持っているために、食費がかさんでいるのかもしれない、というのがＷＥＩＵの見解であった。

アメリカ女性労働運動とシスターフッド――「最低賃金」ではなく「生きるための賃金」を

こうしたいわば、女性たちの中間団体による「生活」と「労働」の再編への取り組みは、ボストンに限らず、ブルックリン、フィラデルフィア、シカゴなど工業化と都市化が急速に進む地域においても展開した。特徴的であるのは、こうした組織が女性労働者だけで構成されるのではなく、都市の中産階級の女性たちがこの運動を支えていたことである。ＷＥＩＵもその例外ではなかった。

ビクトリア期の家族規範からの解放を目指した女性運動を経て、中産階級の女性たちは二〇世紀の新しい女性像を求めて様々な社会改革運動を展開した。その一つとして、労働者階級の女性たちと共に取り組む「シスターフッド」が成立したといわれる。[23] シスターフッドは様々な場面で、その場に応じた形で多彩に展開した。

振り返ってみれば、本書後半のアメリカ合衆国の女性たちのライフヒストリーは、どれもまさにシスターフッドの物語であった。それは、出版業界と執筆者と読者、織物工場で働き「窓の宝石」を共有していた女工たち、ローウェル・オファリングを執筆編集していた仲間たち、西部開拓の前線でコミュニティ形成に尽力した女性たち、キルティング・ビーで親交と思索を深めた女性たち、レシピを共有する仲間となって慈善市に奔走し、食と教育の改革に取り組んだ女性たちの関係を思い起こしてみればよいだろう。

こうしたシスターフッドの試みの延長線上で、一九〇三年には全国女性労働組合連盟（the National Women's Trade Union League：ＮＷＴＵＬ）が結成され、機関誌 *"Life and Labor"* の発行が開始された。「生活 Life」を最初に掲げたこの雑誌では、例えば「最低賃金 the minimum wage」から、「生きるための賃金 the living wage」への思想的転換が論じられている。最低賃金で保障される中には、私たちが心身ともに健やかで豊かに生きるための音楽や教育や娯楽などが含まれていない。しかし、生きることと生計を立てることは本来同じはずなのだという主張は、現代にも通じる議論であり、非常に興味深い。

The right to live and the right to earn a living are indistinguishable terms.[24]
生きる権利と生計を立てる権利は同じであり、区別することができない。

A living wage must certainly mean sufficient reward for labor to provide health-giving food, good clothing, shelter with sunlight and air and warmth and comfort, education and recreation—book and music—sufficient reward to tide over periods of sickness or other unemployment and to make provision for a happy and serene old age.[25]
生きるための賃金とは、健康によい食事、よい衣服、日光と空気と暖かさと快適さを備えた住居、教育と娯楽、本と音楽、病気やその他の失業期間を乗り切り、幸せで穏やかな老後のために用意するのに十分な報酬を労働に与えることを意味します。

まともな食事、衣服、住居、教育、レクリエーションを得られ、病気や失業期を乗り越えられ、幸福で静かな老後を送るための報酬を「生きるための賃金」と再定義しよう。その問いかけは、労働者であり、生身の人間である「わたし」や「わたしたち」自身が「生活」と「労働」を選び取っていく主体でもある、という明確な自覚に支えられているように思われる。

なぜ、アメリカの女性たちの間では、こうした発想が生まれたのだろうか。その背景を一言で説明することは到底できないが、ピューリタンたちが降り立った一七世紀から二〇世紀に至る女性たちの歴史の中に、その答えの一端を見つけることができる。

例えば、第一に自己修養を重んじる宗教的素地の中で育まれた人格に対する意識。第二に急速な産業革命が女性たちの就業機会を広げたこと。第三に西部開拓や南北戦争によって男性が不在になりがちであった新たなコミュニティにおいてその中心的担い手にならざるを得なかっただけでなく、次世代の教育の担い手として女性が重要な役割を果たしたこと。第四に大小様々な出版メディアによって全米の女性たちが連帯していったことなどが挙げられるだろう。

移民が加わったことで複雑な様相を呈しつつ、かつ短期間に創り出されたコミュニティであったからこそ、必要に迫られて地縁や血縁という社会的な紐帯《ちゅうたい》に縛られすぎない、機能的な社会関係が次々と生みだされていったと、説明できるかもしれない。女性たちのコミュニティもその例外ではなく、様々な中間団体が誕生し、さらにそれらが組織化された。個人と国家のどちらがセイフティーネットの整備を担うかという議論をする余裕もなく、急速に流入する移民たちと激動の社会を何とか繕っていこうとするＷＥＩＵのような中間団体が誕生したこともまた、アメリカのもつ歴史そのものだといえるのではないだろうか。

こうした歴史の延長線上において、一九二〇年、アメリカの女性たちはついに参政権を獲得することになったのである。

［第八章註］

1　Donham, S. Agnes, *History of the Women's Educational and Industrial Union*, 1955, Boston, Harvard University, Schlesinger Library Records of the Women's Educational and Industrial Union, 1894-1955, B-8, Vol.1.
2　以下は、①C・L・ハント著、小木紀之、宮原佑弘監訳『家政学の母　エレン・H・リチャーズの生涯』家政教育社、一九八〇年、②E・M・ダウティー著、住田和子、鈴木哲也共訳『レイク・プラシッドに輝く星　アメリカ最初の女性化学者エレン・リチャーズ』ドメス出版、二〇一四年、③エスリー・アン・ヴェア著、住田和子、住田良仁訳『環境教育の母　エレン・スワロウ・リチャーズ物語』東京書籍、二〇〇四年に依拠している。
3　前掲2①、四一頁。
4　前掲2①、四八〜四九頁。
5　*Godey's Lady's Book And Magazine* 1865-08; vol.71, p173.
6　ロバート・クラーク著、工藤秀明訳『エコロジーの誕生――エレン・スワローの生涯』新評論、一九九四年、八四頁。
7　田中きく代「マサチュセッツ州一九世紀前葉の移民政策について――被救貧貧民問題を中心に」『聖徳学園岐阜教育大学紀要』一八、一九八九年、四七〜六九頁。
8　ランフォード伯ベンジャミン・トンプソン（一七五三〜一八一四）。マサチューセッツ州で生まれた科学者。調理を科学的に分析する食物科学に取り組んだ。最小限の出費で最大限の栄養をつけるスープを開発することが飢餓の解決に不可欠であると主張し、精白玉麦とえんどう豆のスープ（ランフォードスープ）を考案した。
9　Abel, Mary Hinman forward by Ellen Richard, *The Story of the New England Kitchen*,1890（Harvard University Schlesinger Library）. 寄付者への事業報告書として記録された。
10　シカゴ万博で配布されたリーフレットが好評であったため、展示解説を付して Plain Words About Food: The Rumford Kitchen Leaflets としてまとめられた。①『復刻集成　エレン・スワロウ・リチャーズ著作集』第二巻、住田和子解説、エディション・シナプス、二〇〇七年、に含まれている。この復刻集成について論じた次の論文がある。②杉田菜穂「住田和子編『エレン・スワロウ・リチャーズ著作集：Collected works of Ellen H. Swallow Richards』に寄せて：日本社会政策史研究への示唆」『同志社アメリカ研究』（四八）、二〇一二年、一三一～一四二頁。
11　前掲6、一六一頁。
12　ＷＥＩＵの史料は Harvard University, Schlesinger Library に所蔵されている。以下は主に同史料に依拠している。
13　前掲1。
14　Harvard University, Schlesinger Library 所蔵。
15　The Women's Educational and Industrial Union, *Kirmess Cook-Book*, 1887, Alfred Mudge & Son.
16　The Women's Educational and Industrial Union, *Immigrant Women and Girls in Boston*, 1905-1906, Harvard University, Schlesinger Library Records of Women's Educational and Industrial Union, 1894-1955, B-8-49.
17　The Women's Educational and Industrial Union, *The Food of Working Women in Boston*, Wright & Potter Printing Co., 1917. 原資料は Harvard University Schlesinger Library Records of the Women's Educational and Indus-

trial Union, 1894-1955, B-8-54.
18　詳細は湯澤規子「近代産業地域社会における『生活』と『労働』の再編過程――Women's Educational and Industrial Union, Boston 史料による再編主体の日米比較を視野に」『歴史と経済』（二四七）、二〇二〇年、四～一七頁。
19　同時代のボストンやシカゴの男性労働者の食事と生活世界については既にいくつかの研究がある。
① Perry R. Duis, *The Saloon; Public Drinking in Chicago and Boston, 1880-1920*, University of Illinois Press, 1983,
② Katherine Leonard Turner, *How the Other Half Ate: A History of Working-Class Meals at the Turn of the Century*, University of California Press, 2014.
20　前掲17、九六頁。
21　前掲17、一六一頁。
22　前掲17、一七三頁。
23　羽鳥修「女性労働運動にみる階級と性――革新主義期におけるＮＷＴＵＬの活動より」『アメリカ研究』（二三）、一九八九年、八一～九九頁。なお、アメリカ労働民衆の世界を主に男性労働者に着目して論じた研究には以下のものがある。この中でシカゴ郊外（オークパーク）のジェンダーと家族について、若干考察されている。竹田有『アメリカ労働民衆の世界――労働史と都市史の交差するところ』ミネルヴァ書房、二〇一〇年。ただし、女性たちの階級間の関係の解明については、その複雑さを視野に入れた分析が必要であるため、今後の課題としたい。
24　*Life and Labor, vol.Ⅲ*, 1913, p.168.
25　前掲24、一七一頁。

エピローグ――「わたしたち」を生きる

津田梅子がアメリカ合衆国で見たもの学んだこと

今日から遡《さかのぼ》ることおよそ一五〇年前、新しい日本の教育に寄せられた大きな期待を背負って渡米した津田梅子が帰国後になぜ、失意の中で二度目の留学を切望したのか。そして、マサチューセッツ州ウッズホールの海洋生物学研究所で生物学に目覚めた彼女がなぜ、帰国後の日本で生物学ではなく女性の高等教育にその後の人生を賭《と》したのか。今ならその理由を理解できる気がする。その背景には、近代日本の草創期に目指された「新しい女性教育」とその挫折《ざせつ》という、近代日本社会の大きなうねりがあった。

一八七一年に梅子を含む日本の少女たちがアメリカ合衆国へ送り出された時、それからの女性は男性と同じような教育機会をもち、新たな時代を切り拓《ひら》いていくことが期待されていた。その理想を実現すべく、アメリカ合衆国で梅子たちの到着を心待ちにしていたのは、当時アメリカ駐在小弁務使であった森有礼である。彼は日本の教育について報告したうえでアメリカの有識者たちに意見を求め、梅子たちと出会ってから二年後の七三年、『Education in Japan（日本における教育）』と題した英文による一書を上梓《じょうし》している。[1]そこには、梅子たちが身を置くことになった一九世紀のアメリカ合衆国における女性教育の状況が次のように記されていた。本書後半で論じてきた、アメリカの女性たちのライフヒストリーとも共鳴する内容なので、一部紹介しよう。

「女性教師」という項目の中で、アメリカは世界的に見ても珍しく女性教師の割合が非常に高く、おそらく公立小学校で採用されている全教員の約四分の三は女性であることが明記されている。それは、男性が不在となりがちな開拓時代、独立・南北戦争下で、コミュニティにおける女性の役割が拡大せざるを得なかったという歴史的条件にも規定されていた。また、誕生したばかりのコミュニティでは教師に十分な給与が払えなかったため、女性教師を低給で雇うという経済的な理由もあった。

森は注目すべき点として、女性教員が多い理由はそれだけではなく、彼女たちが教師としての高い資質を持っていたことにも言及している。さらに、「女性の教育」という別項目を設け、次のように具体的な状況を記した。

初等教育において少女たちは少年たちと同じように教育され、国土を耕す数多《あまた》の家族が若者たちの教育に寄与している。家庭内での教育では、宗教的な文化の影響も受けながら道徳と信頼が形成される。こうした教育のありかたは、ニューイングランドへ入植した人びとが、この新しい土地で生き抜くために、男女を問わず必要な知識を授けようとした動機に支えられていたのだろうと、森は考察を加えている。新しい国家を形成していく段階にあったアメリカならではの社会状況として興味深い事実である。それはまさに、本書を通じて描いてきた草創期の小説家や科学者になった女性たち、工場で働き始めたピューリタンの娘たちの子ども時代やその後のライフヒストリーそのものでもあった。
女性が高等教育の対象にはならなかった状況も見落とされることなく付記されている。そのうえで、森はアメリカにおける女子教育に寄与した具体的な人物の名前を列記しながら、五〇年余りの高等教育における女性の活躍が目覚ましく、その結果、労働者が非常に優秀になったとも述べている。産業革命期に女性が自ら賃金を得るようになり、家族を養う女性たちも登場した。そうした中で、森が実感していたのは、次のような社会の変化であった。

The necessity, therefore, for higher instruction for women has been widely and deeply felt, and the disposition to recognize and provide for this necessity has increased very rapidly within a few years.[2]
女性のための高等教育の必要性は広く深く感じられるようになり、この必要性を認識し提供する気風は、数年のうちに非常に急速に高まった。

その事例として挙げられた複数の大学には、津田梅子とともに渡米した山川捨松やエレン・スワロウ・リチャーズが学位を授与されたバッサー大学も含まれている。とはいえ、大学において男性と同じ教育を受けるのは未《いま》だ難しい状況であることにも、森は言及を忘れなかった。森がこの本を執筆していた一八七〇年代初頭はまだ、エレン・スワロウ・リチャーズがバッサー大学を卒業した後、家業に従事しながら学ぶ情熱の火を心に灯《とも》し、マサチューセッツ工科大学の扉をたたこうとする、まさにその時期であったからである。その後の女性たちの奮闘と葛藤《かっとう》は、本書後半でみてきたとおりである。

森はその後の経緯も含め、アメリカの女性教育の激動と急速な発展を目の当たりにしていたがゆえに、世界的な視野に立ちながら、女性教育の可能性を十分理解していたにちがいない。つまり森は、アメリカ合衆国という新たな国家が形成されていく過程における教育の重要性に深く共感し、明治維新によって新たな国家を形成しようとしていた日本の未来を教育によって拓いていく可能性をこそ、『Education in Japan』に込めたのだと読めるのである。

津田梅子たちは、こうした理想と情熱を胸に抱いた森に迎えられ、アメリカの新しい女性教育を一身に受けながら成長したわけである。そうであったからこそ、彼女たちが自らの経験を伝えるために女性教育に携わり、日本に生きる女性たちとともに時代を切り拓いていくのだという、強い使命感と情熱をもって帰国したことは想像に難くない。

現代の起点としての「新しい女性教育」の挫折

しかし、梅子たちが帰国した一八八二年には、政府の教育に関わる方針は当初の理想からは大きく方向転換し、女性たちが男性と同じ高等教育機会を得ることは望むべくもない状況へと後退していた。さらにその後の女性教育にとって、いや日本の教育全体にとって不幸なことに、帰国して初代文部大臣となった森有礼が志半ばで八九年に暗殺され、この世を去ってしまったのである。かろうじて、明治女学校がアメリカ合衆国を参照しながら「新しい女性教育」に挑戦していたが、本書四章でふれたように長くは続かなかった。

その後、政府は儒教的道徳観にもとづく「良妻賢母」を掲げた女性教育を重視するようになり、その方針は産業革命の進展と戦時下において強化されていった。こうした動向は、女性たちの自立を促すというよりもむしろ、「大きな家族」を標榜《ひょうぼう》する家族主義的な労使関係と、新たに誕生した「小さな家族」としての近代家族制度の定着へとつながっていく。そして、女性たちは自らの能力と稼ぎで自立し、自活する機会を逸し、広く連帯する機会を生み出せないま、それが戦後にも引き継がれていった。

この近代初期における「新しい女性教育」の挫折が、ジェンダー・ギャップ指数がいつまでたっても低位に据え置かれたままの現代日本社会の起点となっているのではないか。資本主義社会を支えるシャドウ・ワークに依存する思想的基盤として、国家や企業が半ば共謀しつつ「内助の功」や「良妻賢母」の論理を意図的に社会制度、家族制度に組み込んでいった戦後日本社会の展開がその証左である。[3] 日本でもようやく一九四五年に女性の参政権が認められたとはいえ、女性たち自身の内面から湧き上がる「わたし」や「わたしたち」の獲得と、社会変革への働きかけは低調であったと言わざるを得ない。それは、本書冒頭で触れた『わたしの「女工哀史」』が世に問われるまでに、長い時間を要したという問題ともつながっている。

一方、アメリカの産業革命は、女性たちが「共和国の母」とは異なる生き方があることに気づき、自立に目覚める機会となった。女工や教師として独身女性が自立する人生の選択肢も誕生した。それゆえに女性たちは、「自立して生きるための賃金とは何か」という問題を議論するようになった。「最低賃金」ではなく「暮らすための賃金」をという発想転換を社会に求めるようになったのは、その成果にほかならない。

「人格を耕す（cultivation of humanity）」という自己修養を思想的基盤としながら、アメリカの女性たちは新しい国で、新しい時代をともに生きていくことを模索した。一九世紀半ば以降は、そこに移民の増大という社会変化が加わり、階層を越えたシスターフッドが展開することにもつながった。とはいえ、産業革命期に拡大する都市で女性が自立して生きていくことには困難が伴っていたこともまた事実であり、その厳しさゆえに女性たちの連帯が各地で生まれ、議論が交わされ、全国的なネットワークへと展開したのである。

大原孫三郎の「人格向上主義」を再考する

第一章の冒頭で、近代日本を代表する経営者であった武藤山治（鐘淵紡績社長）と大原孫三郎（倉敷紡績会社社長）の二人を取り上げ、女工に対する向き合い方の違いについて触れた。加えて、大原孫三郎が女工に対して「人格向上主義」という言葉を好んで用いたことを紹介した。

本書全体を通じて、今、ようやく大原孫三郎の真意に辿《たど》り着くことができたように思う。大原が用いた「人格向上」とはつまり、アメリカ合衆国の産業革命の中で女性たち自身の中から生まれた、「人格を耕す」という自己修養の精神を意味していたのだと諒解《りょうかい》できたからである。

大原は、アメリカの女性労働者と労働運動を視察していた大原社会問題研究所の幹事であり、婦人労働論者でもあった河田嗣郎を通して、産業革命期のアメリカの女性たちの話を聞いていたはずである。[4]既に述べたように、実際、河田は一九二四年に刊行した『家族制度と婦人問題』の中で、①最低労賃制の制定、②同一様の仕事に対する同一様の報酬と合わせて、③女子労働組合の設立についてイギリスを紹介し、知識階級や有産階級からの協力を得るという、まさに「シスターフッド」を提案している。裏を返せば、河田がこの提案をした一九二〇年代の日本では、そのいずれもが成立していなかったということになる。

河田は女性労働組合の方向性には、「職業別の組織化」と「労働者全般による組織化」という二つのタイプがあるとしたうえで、次のように説明している。すなわち、前者は組合所属労働者の福利を増進し、労働条件を有利にし、集団として雇用主と交渉することを目的とするが、後者は労働者全体を視野に入れ、資本の厭迫《えんぱく》から労働を解放し、資本ではなく労働者自身の主体性を取り戻すことを目的とする。要するに、後者は経済構造に対する根本的抵抗に根ざしているという。

一九二〇年代における日本の女工たちの社会運動をみると、工場ごとの「職業別の組織化」はあっても、職業や工場組織を越えた「労働者全般による組織化」というネットワークはみられなかった。そして、現代社会においてもその傾向は驚くほど変わっていないのである。

一方、今から一世紀以上前のアメリカでは、「職業別の組織化」がやがて「労働者全般による組織化」へとつながり、全米における女性労働者組織も誕生した。世界に目を向ければ、従来の女性労働組織は前者に偏りがちであったが、徐々に後者の広がりも認められるようになってきたと河田は言っている。その背景には、明確には述べられてはいないが、河田自身が引用しているアメリカ・マサチューセッツ州の織物業地域での女性労働運動に対する目配りがあったと推察される。[5]
加えていうならば、第四章に登場した鈴木文治が労働者の「人格」を尊重しようとした思想も、一九一五年に渡米して労働者の現場を視察した鈴木が、「わたし」を獲得し、「わたしたち」を生きようと奮闘する労働者たちの姿を自身の目で見た刺激を受けて生まれたものだったのだろうと思い至る。鈴木は前出の河田とほぼ同時期にアメリカを訪れている。
挫折したとはいえ、「新しい女性教育」や女性の「人格」をめぐる模索や主張が、近代日本においても確かに存在していたこともまた、重要なことだろう。これまで顧みられることがなく、さして関心を寄せられてこなかったこうした「対岸」の歴史から、現代社会を生きる私たちが「わたし」を取り戻し、「わたしたち」として共に生きる世界を学び得ることができるのだと信じたい。

日米シスターフッド交流秘史と現代の「わたしたち」

本書では有名無名を問わず、近代社会への転換期と産業革命期を生きた女性たちのライフヒストリーを記述してきた。私にとって思いがけなかったのは、彼女たちの人生は個々に存在していながらも、不思議なつながりを持って互いに影響を及ぼし合い、時代をつないできた歴史を発見したことである。生まれた場所や信条、学歴、仕事、住んでいる場所や属しているコミュニティが異なっても、本書に登場した女性たちはいずれも、日米を問わず、何らかの「シスターフッド」という関係の中に身を置いていたことでは共通している。

これまで言及されることなく埋もれてきた事実の発見という点でいえば、津田梅子のライフヒストリーがじつはエレン・スワロウ・リチャーズの人生につながっていたという史実は、海を越えたシスターフッドと呼んでもよいのかもしれない。また、エレンはゴディス・レディース・ブックにサラ・ジョセファ・ヘイルが掲載したバッサー大学設立の記事を偶然見つけ、そこに一筋の希望を見《み》出《いだ》した。それが彼女の人生を決定づけることになった。「わたし」を生きようとする意思は、産業革命期の日本やアメリカで、そして日本とアメリカをつないでバトンのように手渡されていったのである。

全米各地に自分のように「学ぶ情熱」を燃やしている数多の女性たちがいる。エレンはそう思いながら、自らの研究だけでなく、通信教育や女性研究所の設立を通じて、生涯にわたり女性教育にも情熱を傾けた。それは彼女自身が学ぶ情熱を持ち続けることができた幸運を、次の世代にも手渡したかったからなのだろう。

津田梅子は、こうしたエレンの人生そのものにも影響を受けたのではないだろうか。津田梅子が二度の留学を通して身をもって感じた希望と葛藤が、その後の日本における女性の高等教育へと結実していったことは周知の通りである。そのように考えると、幼い頃に自分の内に灯った「知りたい」、「学びたい」、そして「書きたい」という好奇心の火を、今日まで絶やさず灯し続けることができた私自身も、この壮大なシスターフッドの一員にほかならないのだと気づかされる。

この知られざる日米間のシスターフッドの交流史は、高等教育の機会を得るという行為にとどまらない。女性たちが自らの人生において、ライフステージごとに織り込まれ、喜怒哀楽に彩られた様々な出来事を通じて学び、成長し、働き、育て、つながり、気づかい、話し合い、分かち合い、編み、繕う行為の中にも見出される。戦後の日本、とりわけ高度経済成長期においては、アメリカ合衆国の文化に憧《あこが》れ、親しむ女性たちが少なくなかった。それは単なる趣味としての憧れというだけでなく、「わたし」という主体性をもって「わたしたち」として生きようと模索する女性たちのメッセージの受け渡しと、静かな希望のうねりであったのだといえはしまいか。

きっかけとなったのは、戦後、高度経済成長期に人気を博した『小公子』や『若草物語』、『大草原の小さな家』という小説やテレビドラマであり、そこに登場するパッチワークキルトという手仕事や、ケーキやドーナツといった食べもの、そのレシピの共有、バザー（慈善市）という文化の受容と学校やコミュニティでのボランティア活動などであった。本書で描いてきたように、それらの背景にある歴史に目を向ければ、日常茶飯に埋め込まれたこうした一見些《さ》末《まつ》にみえる名もなき事々の中に、意識的にも無意識的にも、女性たちは確かなメッセージを見出していたのだとわかる。そして、そこから影響を受け、言語や非言語を駆使しながら議論を続けてきたのである。これもまた、「わたしたち」が共に生きるための、壮大なシスターフッドだったのだといえるのではないだろうか。

「厚い記述」による日常茶飯の叙事史《サーガ》——対岸の歴史学

タイトルに掲げた「焼き芋」と「ドーナツ」はいずれも、近代の産業革命期を生きた女性たちの胃袋を満たし、その甘さで彼女たちの日々に慰めと健やかさを与えた点では共通している。しかし、よく目を凝らしてみれば、「焼き芋」が求められた日本の事情と「ドーナツ」が求められたアメリカ合衆国の事情は、歴史的経緯や社会構造そのものの違いを反映して、大きく異なっていた。

日々の取るに足らない間食などを取り上げて、何を大げさな、と思われるかもしれない。けれども、名もなき日常茶飯の「厚い記述」こそが、声なき存在といわれて等閑視されてきた女性たちのライフヒストリーが織りなす歴史を浮き彫りにしうる。本書を通じて、私はひとまずその確信を得ることができた。

「厚い記述（thick description）」というのは、人類学者のクリフォード・ギアツが提唱したもので、人間行動そのものだけでなく、そこに至る過程や要因などを丁寧に説明していく研究手法を意味する。[6]そのように記述された日常茶飯の風景を積み重ねてみると、様々な出来事によって構成される叙事史という造形になった。[7]それは、現実世界というものがそもそも多層的で、そこに生きる人びとの多声によって成り立っているからである。

マスター・ナラティヴとしての歴史を描いてきた側ではなく、その「対岸」にあって他人事《ひとごと》のように顧みられてこなかった歴史は膨大にある。[8] どちら側に立つかは、問題意識の如何《いかん》によるのだろう。本書ではその中でも主に、日常茶飯という生活世界と「わたし」を探す女性たちのライフヒストリーに焦点を当て、「対岸の歴史学」の一つのかたちを構築することを試みたつもりである。

「対岸」にあるのは、女性に限った課題ばかりではない。例えばそれは、経済学において人間として「生きること」がどのように分析され、理解されてきたのかという問題にもつながっている。二〇一九年の秋、正確には台風による延期で二〇二〇年の春、政治経済学・経済史学会の大会にて、「『生きること』の経済史学」というシンポジウムが開催された。登壇者の一人として参加した実感として、いよいよ政治学や経済学、歴史学の分野において、「生きること」が議論され始めたというささやかな感慨があった。というのも、「生きる」ということの複雑な世界をまるごと受け止めようとする議論が、意外にもこれまでなされてこなかったからである。この時の議論をふまえ、「対岸の歴史学」に関わるいくつかの論点を書き留めておきたい。

社会科学において、「一人ひとりが生きているという事実の重み」[9]、つまり「生きること」はどのように受け止められ、描かれてきたのだろうか。内田《うちだ》義彦《よしひこ》がそう問題提起したのは一九七〇年代のことだった。裏を返せばそれは、当時の社会科学では「一人ひとりが生きているという事実の重み」が等閑視されていたことを意味している。

この問いに対し、経済学や経済史学では「賃労働者」の生活世界をめぐっていくつかの議論が重ねられてきた。経済史学者の武田《たけだ》晴人《はるひと》が『異端の試み』の中で述べているように、[10]労働者研究の古典、『日本賃労働史論』を著した隅谷《すみや》三喜男《みきお》は、労働力の売り手としての賃労働者、その「生身の人間の存在」を対象に議論する必要性に注意を喚起している。[11]
隅谷の著作群では、「商品たる労働力の担い手が正に生きた人間たる労働者であるという資本制社会の矛盾の上に〔労働組合運動その他の労働問題、さらに社会政策が〕発生・成立すると解すること」が基本ではないか、と明確に論じられている。[12]さらには「社会の中にどのような生き様が流れていたのか」[13]、つまり、人びとの思想や信条にまで言及する意義が示唆されているのである。[14]
隅谷の問題意識は、従来経済学が対象としてきた「労働力」を「労働者」と捉《とら》え直し、「近代社会が生み出したものを労働市場、労使関係、労働運動などに限ることなく、労働者の生活世界の変化に広げて分析する」必要があるというものであった。これは、経済学、歴史学研究に対する根源的な問いといってよいだろう。
「労働者の生活世界」といった場合、これまでは労働力を再生産する衣食住や生殖などの営みが「再生産労働」という概念を用いて論じられることはあった。しかし、前出の武田はそれでは不十分であると強調する。再生産労働もつまるところ、経済学の枠組みに当てはめた概念にほかならないからである。
これをふまえて武田は、「生身の人間の存在」を議論するために、「労働力の再生産」という経済学的な捉え方から自由になって、人の生活をまるごと分析する必要があるのだと主張する。[15]要するに、生活に視点を据えるとは、資本のもとにある労働の世界の枠外で営まれている日常において見逃されがちな、未だ言語化されていない世界も含めた人びとの活動全体を対象化する必要があるということになる。

本書では一貫して、この「生身の人間」としての「労働者」の範疇《はんちゅう》に「女性労働者」を含め、その「日常生活世界」に分け入って議論してきたことになる。

女性たちの対岸

対岸とはすなわち、関心を寄せてこなかった「向こう側」を意味し、本書の場合、それを女性の歴史と措定した。ところが、じつは女性同士の中にも「対岸」があることに言及しておかなければならない。現代社会を見渡してみても、結婚や子どもの有無、仕事の有無や職種の違い、職位や階層の違い、暮らす地域や世代の違いによって、私たちは自分自身の中に何らかの「対岸」をもっている。そして、私たちは時として自らを「こちら側」と措定し、向こう側にいる人びとを「他者」と名付けて関心の対象から排除することがある。最後に、ライフヒストリーによる女性労働の歴史叙述を例に、その問題点に触れておこう。

筑豊《ちくほう》に生きる女性たちのライフヒストリーを描いた、森崎和江《もりさきかずえ》の『まっくら』[16]という作品がある。[17]森崎の言葉を借りれば、これまで言葉にされてこなかった女性たちの意志は、「水中の火打石」のようなものである。見えないけれど、確かに灯る火という意味であり、全女性史における一群の意識の誕生として見逃せないものであると森崎はいう。その火は、坑内労働に従事する「後山《あとやま》」と呼ばれる女性たちを例に、『まっくら』の中では次のように表現されている。

後山たちは家族という単位のなかで消えていく労働を、「働く」という概念にふくませておりません。主として労働力の再生産部門を受けもっていた家族制度内の女たちの、そのモラルをふみにじっていく快感が、あんたんとした坑内労働にちりばめられました。その場で愛と労働を同時に生きようとしました。その共感と抵抗が後山たちを一様に朗々とした女にさせています。[18]

ここには、女性の生活世界と労働に関わる二つの論点が含まれている。

一つは後山たちが見ていた固有の精神世界の存在であり、もう一つは、女性の中にも従来の家族制度の内にいる女性たちと、制度の外に出た女性たちという二つの位相、つまり「対岸」が見られるという気づきである。視野を拡大すれば、近代化以前の農山漁村で働く女性たちと、近代化以降の近代家族制度の中に生きる女性たちとの精神的分断と言い換えられるかもしれない。

戦前の炭鉱では女性も坑内労働に就くことがあったが、一九二八年に原則禁止となり、四七年には労働基準法によって最終的な禁止が徹底された。五八年、森崎が九州の筑豊の炭鉱で働いていた女性たちを訪ね歩いていた頃、そこにはかつて後山として男性と一緒に坑内で働いた経験を持つ女性たちが多く暮らしていた。その一方で、当時の筑豊では炭鉱労働者の妻たちが組織化され、活動していた。

その両者を行き来しながら森崎が実感していたのは、おそらく後山として坑内労働に従事した女性たちと、戦後に炭鉱労働者の妻として活動する女性たちとの精神世界の違いであり、その分断であった。森崎はこの二つの精神世界を交流させることによって、もう一つ次元を引き上げた新しい女性の組織化を目指した。

その具体的な方法として、一九五八年、社会に求められる女性としての役割を脱ぎ捨てた生身の人間となって話し合い、新しい時代をひらいていこうというメッセージを体現する小さな雑誌が誕生した。森崎たちによって刊行された、『無名通信』という女性交流誌である。創刊号の表紙には次のようにある。[19]

わたしたちは女にかぶせられている呼び名を返上します。
無名にかえりたいのです。なぜなら
わたしたちはさまざまな名で呼ばれています。母・妻・主婦・婦人・娘・処女……。

同誌では、活動を共にする炭婦協（日本炭鉱主婦協議会）や炭婦会（炭鉱婦人会）が、「母」や「妻」を自称して活動することの矛盾を自覚する必要性が繰り返し論じられている。「婦人運動の現状を破るために」と題した文章で森崎は、『無名通信』が中間的で無傷な女たちの内輪話の域を出ていないこと、各職域や業種で話し合っていることが円卓に投げられていない状況を課題として挙げ、「女たちの各階層や集団の、全国的交流の場が、ほしいと思います」と述べている。[20]これは職域や業種を超えた女性たちの組織、シスターフッドが未だ誕生していない状態を示すものでもあり、日本における女性組織、労働組織のあり方の特徴を言い得ている。

こうした気づきはおそらく、森崎自身が日本という国を外から見る目を持っていたことと無関係ではないのだろう。「私が坑内労働を経験した老女を探しあるきましたのは、日本の土のうえで奇型な虫のように生きている自分を最終的に焼くものがほしかったためでした」と吐露する森崎は、一九二七年に朝鮮の大邱《テグ》に生まれている。

一七歳の時に進学のために日本で暮らすようになってからは、「他者」として「対岸」にある日本という国を眺めながら、女性を商品とみる日本の国が不思議で仕方なかったのだという。森崎和江の言葉は、こうした他者としての自意識の表現にほかならなかった。

「対岸の歴史学」とは、「他者」を組み込んだ歴史を構築することである。[21]本書で論じてきた日米女性たちが展開していた知られざるシスターフッドとは、言い換えてみると、社会における「対岸」、女性たち自身の中にある「対岸」に思いを寄せる行為そのものであった。

無名になって「わたし」を探し、「わたし」を取り戻し、「わたしたち」を生きる。

それを実現するための葛藤と奮闘の歴史、生身の人間が生きる日常生活世界の歴史は、女性という枠にとどまらず、「わたし」を生きようとするすべての人にとって、未だ現代的な意味を失ってはいない。

この世界を理解しようと、これまで様々な分野であらゆる知見が蓄積されてきた。しかし、もしかしたら私たちは、大きな何かを見落としてきたのではなかったか。本書がたった一つ、そのささやかな気づきに届いているとしたら嬉《うれ》しい。イタリアの歴史家シルヴィア・フェデリーチがいうように、新しい社会の再構築は、日常生活世界の問題を抜きにしては語り得ず、それは、「わたしたち」の生が構成される足下に根を下ろした草の根の「ゼロ地点」からしか、成し得ないのだから。[22]

［エピローグ註］

1 Arinori Mori, *Education in Japan*, D. APPLETON & COMPANY, 1873.（スタンフォード大学図書館デジタル資料を参照）森有礼の女性観、女子教育などについては、次の論文がある。長谷川精一「森有礼の女性観と女子教育思想」『相愛女子短期大学研究論集』四〇、一九九三年、五一～六三頁。
2 前掲1、一九一頁。
3 上野千鶴子『家父長制と資本制――マルクス主義フェミニズムの地平』岩波現代文庫、二〇〇九年などが参考になる。
4 ①河田嗣郎『家族制度と婦人問題』改造社、一九二四年。河田の議論については下記の論文で論じられている。②大城亜水「日本における家庭支援の一起源――河田嗣郎の所説を中心に」『神戸常

磐大学紀要』第一一号、二〇一八年、一二五～一三六頁。
5 河田が参考にしたのは次の文献である。Sidney A. B. Webb, *Problems of Modern Industry*, London, 1906, p48.
6 クリフォード・ギアツ著、吉田禎吾ほか訳『文化の解釈学Ⅰ』岩波現代選書、一九八七年。
7 一般的には「叙事詩（サーガ）」というが、本書では日常茶飯史という意味を込めて「叙事史」と表現した。
8 良知力『向う岸からの世界史――一つの四八年革命史論』ちくま学芸文庫、一九九三年から多くの示唆を得た。
9 内田義彦『社会認識の歩み』岩波新書、一九七一年。
10 武田晴人『異端の試み』日本経済評論社、二〇一七年。
11 隅谷三喜男『日本賃労働史論』東京大学出版会、一九五五年。
12 隅谷三喜男『激動の時代を生きて――一社会科学者の回想』岩波書店、二〇〇〇年、八七頁。
13 前掲12、一一〇頁。
14 ①隅谷三喜男『近代日本の形成とキリスト教』基督教論叢、新教出版社、一九五〇年、②隅谷三喜男『日本社会とキリスト教』東京大学出版会、一九五四年などを参照。
15 武田晴人編『地域の社会経済史――産業化と地域社会のダイナミズム』有斐閣、二〇〇三年、一七頁。
16 森崎和江『まっくら』理論社、一九六一年。
17 森崎和江については、湯澤規子「闇を照らす光の位相――社会と歴史の認識をめぐって」『現代思想』五〇（一三）、二〇二二年、一八九～一九八頁、で論じたことがある。以下は同論文に依拠している。

18　前掲16、二四六頁。
19　『無名通信』第一号、一九五九年。
20　『無名通信』第一五号、一九六一年、一～四頁。
21　安岡健一『「他者」たちの農業史――在日朝鮮人・疎開者・開拓農民・海外移民』京都大学学術出版会、二〇一四年などは、その秀逸な成果である。
22　①清水知子「シルヴィア・フェデリーチ『ゼロ地点での革命』」『現代思想』五〇（一）、二〇二二年、一一六～一二三頁。原著はSilvia Federici, *Revolution at Point Zero: Housework, Reproduction, and Feminist Struggle*, PM Press, 2020.

あとがき――「わたし」の中に灯る火

アメリカ合衆国ニューイングランド地方の織物工業や労働者たちはその後、どうなったのか。最後にその動向について、若干の説明を加えておきたい。

すでに本書でみてきたように、織物工業の勃興《ぼっこう》期を最初に支えたのは周辺農村出身のピューリタンの娘たちであったが、一九世紀中期以降は急速に流入してきた移民が彼女たちにとって代わった。移民たちが次第に家族を呼び寄せるとともに、労働力需要が高まる中で、工場は彼らを家族や親族ごと雇うようになった。それに伴い、工業地帯にはアイルランド、カナダ、イタリア、ポーランドなど、出身地ごとに移民のコミュニティが形成された。そうした状況がしばらく続いた後、ローウェルの工場地帯に投資した実業家組織のボストン・アソシエイツは、一八三八年にローウェルよりもさらに北部に位置するニューハンプシャー州マンチェスターに、大規模な織物工業会社「アモスケグ社」を設立した。

アモスケグ社については、歴史学者であり、家族社会学者でもあったタマラ・K・ハレーブンが、工場で働く労働者の詳細かつ膨大な人事資料を駆使して論じている。その成果は、一九八二年に『Family time and industrial time: The relationship between the family and work in a New England industrial community（家族時間と産業時間）』として刊行された。[1]

既往研究と一線を画したこの研究の新しさは、工場経営の視点だけでなく、労働者やその家族の視点にも力点をおいて、織物工場の日々が生き生きと復元されている点にあった。労働者家族は周到なしたたかさをもって工場労働に臨み、家族の都合、つまり家族時間を戦略的に産業時間へ適応させているという結論は当時としては非常に新しく、ユニークだったのである。しかし、日常生活世界を生きながら働くとは、まさにそういうことだと納得させられるものでもあった。それは何もアモスケグ社で働く労働者家族だけに限ったことではない。

同書の成果をあらためて強調するなら、生きるということ自体が包含する世界は「労働」だけに限られた世界ではないのだという、ごく当たり前の事実の発見であったといえるだろう。そしてそれは同時に、従来の経済学や産業史研究が見落としてきた点を鋭く突くものでもあった。

この本は一九九〇年に邦訳された。ちょうどその一〇年後に出産し、まだ一歳にもならない子どもを背中に負《お》ぶったり、足下に寝かせたりしながらこの邦訳本を熱心に読んでいる学生がいた。それは私である。結城紬《ゆうきつむぎ》という家族内分業に支えられている伝統織物産地を織り手である女性たちのライフヒストリーから論じようと試行錯誤している最中《さなか》、私はタマラ・K・ハレーブンの研究と出会った。

女性と家族の日常生活世界と地域の産業が密接に関係しながら成り立つ織物産地を歩いていた私に、同書は思いがけないヒントをもたらしてくれた。と同時に、私はこの「家族時間と産業時間は相互に関係し合っている」というメッセージを、学術的な知識以上の納得感をもって読んだことを忘れることができない。それは当時の自分自身が、育児と日常茶飯事と研究が混ざりあう、混沌《こんとん》とした日々の渦中にいたからなのだろう。

このような経緯もあって、私は結城紬生産地域と女性のライフヒストリーとの関係を考察した論文に、万感の思いを込めて『家族時間と産業時間』を引用した。日本の伝統織物産地の議論にアメリカの近代織物工場の歴史を参照するというのは、いささか唐突だったかもしれない。とはいえ、当時、生活世界と産業世界の両方に目配りし、労働者の生活世界をこれほど鮮明に論じた研究は管見の限り同書をおいてほかになく、自分自身の今後の研究の指針として明記しておきたかったのである。後に、私は愛知県の織物産業調査をきっかけに、アモスケグ社が立地していたニューイングランド地方へと再び導かれることになるのであるが、結城紬の研究に取り組んでいる当初は、もちろんそれを知る由もなかった。

二〇一七年ごろから参加した、愛知県の毛織物産地に関する経済史研究のプロジェクトで出会ったのは、工場で働く女工たちの日常生活世界を知り得る膨大な史料群であった。とりわけ工場食に関する史料は興味深く、いくつかの論文や著作をまとめることができた。この研究を進める中で、食べるという行為は古今東西、老若男女にとって共通であるという単純な事実に気づき、海外の状況と比較することはできないかと考えるようになった。そのような経緯で、工場食と女性というキーワードで検索している時、偶然、ひとつの社会調査に突き当たった。それが、WEIUによって一九一七年に刊行された『ボストンで働く女性たちの食事調査』だったのである。

幸い日本でもそれを取り寄せることができた。早速読んでみると、思った以上に周到かつ詳細な内容であったことに、まず驚かされた。また、これほどの社会調査を実施できるとは、ボストンに存在したＷＥＩＵとはいったいどのような組織だったのだろうかと興味は尽きなかった。組織名を見ると、「女性産業組合」というなら理解できる気もするが、なぜそこにEduca-tionが含まれているのか、産業と教育に関わる女性組織がなぜ働く女性たちの食事調査を実施したのか、謎は深まるばかりで、その真意を知りたくなった。調べているうちに、ＷＥＩＵ関連の史料がボストンのハーバード大学に所蔵されていることもわかった。ここまでくれば、ぜひともボストンに行かなければならない。

そんなことを考えているタイミングで「世界経済史会議」への参加を打診された。聞けば、偶然にもその開催場所はボストンのマサチューセッツ工科大学であるという。その場で参加を決めたことは、いうまでもない。二〇一八年の夏、私は一人、ＷＥＩＵへの興味に導かれてボストンへ向かった。そして、学会発表の合間を縫って、かつての織物工場があるローウェルを訪れ、ボストンの街路を歩き、ハーバード大学の図書館で念願のＷＥＩＵの史料と対面することができたのである。

研究とは不思議なもので、夢中になって調べているうちに思いがけない発見があり、それらがつながって、想定していなかった結論へと導かれることがある。ボストンでの調査は私にとって、まさにそのような体験だったといえる。近代日本の事例と比較するための簡単な情報収集のつもりで着手したＷＥＩＵに関する調査には、いくつもの新しい発見があったばかりでなく、かつて私が歩いた日本各地のフィールドで出会った女性たちのライフヒストリーと共鳴し合う要素が、多分に含まれていたからである。

また、マサチューセッツ工科大学で開催された「世界経済史会議」で私が発表した、日本の産業革命期における人糞尿《じんぷんにょう》の下肥利用と屎尿《しにょう》処理というテーマも、偶然ながら一五〇年前のボストンを流れるチャールズ川へとつながっていた。帰国してエレン・スワロウ・リチャーズについて調べているうちに、彼女がヒューマン・エコロジーという概念を提唱したきっかけは、産業革命期の人糞尿などによるチャールズ川の水質汚染の発見であったと気づいたのである。私のライフヒストリーも、この大きなシスターフッドの歴史の中に確かにつながっていたのだとわかり、研究者というよりもむしろ、「わたし」を探し続けてきた一人として感慨深いものがあった。

＊　＊　＊

こうした研究の経緯はまるで、これまで私が出会ってきた過去や現在に生きた女性たちの人生がそれぞれ一本の糸となって、経《たて》に緯《よこ》にと交差しながら、思いがけない色合いの一枚の歴史タペストリーが織り上がっていくような展開であった。愛知県一宮市での織物業の調査が近代初期の日米女性教育史へと展開し、津田梅子がエレン・スワロウ・リチャーズにつながり、最終的にはニューイングランド地方の織物業の歴史を通して「アモスケグ社」へと導かれ、四半世紀前に出会った『家族時間と産業時間』という原点に立ち返ることになった。ここまでくると、もはや、単なる偶然とは思えなかった。私はその過程に目を見張り、大急ぎでその一つ一つを書き留めていった。これが本書執筆の顚末《てんまつ》である。

この不思議な展開は、多くの人との出会いや議論や共同研究によって実現したものであることはいうまでもない。関わってくれたすべての人や出来事に感謝している。

本書の原点となった結城紬の地域史を女性のライフヒストリーから描く研究に取り組んでいた学部生時代には、多くの人が「名もない女性たちの人生から普遍的な何かを論じることはできない」と断言する中で、筑波大学歴史地理学教室の石井英也《いしいひでや》先生だけは「面白いからそのまま進め」と背中を押してくれた。当時は生活世界を学術的に論じることがまだ珍しかった時代であったが、院生時代には、小口千明《おぐちちあき》先生や伊藤純郎《いとうじゅんろう》先生がすでにその研究に取り組んでいる姿に励まされ、私は自身の問題意識を手放さずに持ち続けることができた。

愛知県の産業史調査に誘ってくれた中西聡《なかにしさとる》さんと社会経済史研究の仲間との議論の中で、「労働者の食」というテーマに出会ったことは、その後の私の研究に大きな転換をもたらした。それはまた、農業史研究の仲間である伊丹一浩《いたみかずひろ》さんや藤原辰史《ふじはらたつし》さんとの出会いによって食と農の歴史研究会へとつながり、分野横断的な議論の醍醐味《だいごみ》を知る機会にもなった。紡織業や大原孫三郎についての知見は阿部武司さんと一緒に仕事をする幸運に恵まれ、多くの示唆をいただいた。阿部さんの本を携えて旧倉敷紡績所の施設を引き継いだ倉敷アイビースクエアの一室に泊まり、かつての工場食堂に据えられていたという大時計を眺めながら女工たちの日々を想像し、大原孫三郎の「人格向上主義」について一人悶々《もんもん》と考え続けたことを思い出す。

日本農業史学会の懇親会で軽食を囲んでいる時にボストンの世界経済史会議に誘ってくれたのは村山聡《むらやまさとし》さんであり、この偶然がなければ本書は誕生しなかっただろう。ハーバード大学スレシンジャー図書館での史料閲覧にも付き合ってくれ、急遽《きゅうきょ》、史料の写真撮影を手伝ってもらったことも忘れがたい思い出である。

ボストンから持ち帰ったＷＥＩＵの史料分析のアイデアを考えあぐねていた時、「生きることの経済史学」というテーマでシンポジウムを企画するから一緒に議論しようと声をかけてくれた大門正克《おおかどまさかつ》さんが研究室を訪ねてきた。院生時代に大門さんが主催する「農民家族史研究会」の扉をたたいた時から数えると、二〇年ぶりの再会であった。大門さんと研究室でお茶を飲みながらＷＥＩＵのEducationの意味をあれこれと話している時に、女性のライフヒストリーと日常生活世界を日米比較するという着想を得た。

シンポジウム準備の研究会や当日のコメントは、武田晴人さんや木本喜美子《きもときみこ》さん、谷本雅之《たにもとまさゆき》さんや長谷川貴彦《はせがわたかひこ》さんからいただいた。「資本のもとにある労働の世界の外で営まれている日常において見逃されがちな人びとの活動全体を対象とすると、どのような世界が見えてくるのか」。武田さんから受け取ったこのコメントへの応答が宿題となり、女性たちの歴史や生活世界を産業や経済とつなげながらいかに描き得るかを考え続け、ひとまずの答えとして本書を執筆しようと決心した。

日本では、科学者を志す女子学生が現代社会でも、まだまだ少ないことや、女性生物学者の團ジーンさんのエピソードを通して、偶然にもウッズホール海洋生物学研究所の存在に気づかせてくれた松田良一《まつだりょういち》さんにもお礼を伝えたい。神楽坂にある「二丁目食堂トレド」という食堂のマスターを通じて、私と同じく常連客であった松田さんに出会えたことで、女性と生物学、科学の問題は未《いま》だ極めて現代的な問題なのだと気づかされた。

こうして振り返ってみると、本書自体が茶飯を囲む何気ないやり取りがあったからこそ生まれたのだと気づかされる。日々、議論を共にしてくれる学生たちにも感謝を伝えたい。特に二〇二三年の春学期に『「女工哀史」を再考する』を共に読んで議論した、慶應義塾大学大学院の院生たちには多くの刺激をもらった。他にもここに紹介しきれない実に多くの出会いと議論に私の思索は鍛えられ、支えられている。なお、本書はこれまでの研究を通して既に発表した以下の論文と、日本学術振興会科学研究費補助金［基盤研究B］「近現代日本における都市・農村複合型産業化と生活環境に関する総合的研究」（課題番号23330112、研究代表者：中西聡）、［基盤研究C］「近代日本の産業地域形成と生活基盤の再編に関する歴史地理学的研究」（課題番号17K03237、研究代表者：湯澤規子）による成果に加筆修正したものを一部含んでいることを申し添えておきたい。それ以外は書下ろしである。

・湯澤規子「相馬黒光　時代を照らす『大志』と『真心』という光――逸品に込められた歴史と文学と芸術の味わい」『Muse』三六、二〇二〇年一月、四～五頁。【第四章】
・湯澤規子「近代産業地域社会における『生活』と『労働』の再編過程――Women's Educational and Industrial Union, Boston 史料による再編主体の日米比較を視野に」『歴史と経済』六

二巻三号、二〇二〇年四月、四～一七頁。【第二章、第六章、第八章】
・湯澤規子「働く心身は誰のものか？――近代日本における栄養行政と労働者の生活世界」『新しい歴史学のために』二九九号、二〇二一年一一月、六七～八〇頁。【第二章】
・湯澤規子「近代都市の惣菜史――「火」を買う・借りる・共有する」『現代思想』五〇（二）、二〇二二年二月、一八八～一九七頁。【第二章、第八章】
・湯澤規子「闇を照らす光の位相――社会と歴史の認識をめぐって」『現代思想』五〇（一三）、二〇二二年一一月、二八九～二九八頁。【第六章、第八章】
・湯澤規子「日常茶飯史考――分担と共有の論理」『Vesta』（一二七）、二〇二二年、一〇～一三頁。【第二章、第六章、第八章】
・湯澤規子「都市の食空間にみるジェンダー――胃袋と生きることの日米比較史」『Vesta』（一二七）、二〇二二年、四〇～四三頁。【第一章、第二章】
・湯澤規子「労働者の食空間と日常生活世界――一九二〇年代の東京市深川区を事例として」『歴史地理学』六五（一）、二〇二三年一月、九三～一〇四頁。【第二章】
なお、本書日本編に関する調査、資料閲覧の際には愛知県尾西《びさい》織物業地域の皆さんや長野県安曇野市の碌山《ろくざん》美術館、津田塾大学津田梅子資料室にひとかたならぬお世話になった。アメリカ編に関しては、ハーバード大学スレシンジャー図書館（女性生活史などの専門図書館）とベイカー図書館（経済・経営学などの専門図書館）、マサチューセッツ工科大学博物館、ローウェル国立歴史博物館にご協力いただいた。また、アメリカ編の挿絵の多くは、スミソニアン博物館によってクリエイティブコモンズとして公開されているウィンスロー・ホーマー（一八三六～一九一〇）の作品を引用した。ウィンスロー・ホーマーはボストンに生まれた写実主義の画家で、ボストンの日常生活やニューイングランド地方の農村の絵を多く残した。まさに、日常茶飯事を記録にとどめた稀有《けう》な画家といえるだろう。

現地調査で直接出会った皆さん、史料を通して出会った過去の人びとにも紙幅を借りて感謝を伝えたい。結城紬の調査に取り組んだ時から今に至るまで一貫して、地域や産業を支える人びとの人生に魅了され続けてきた。固有の人生だから普遍的な歴史を描けないのではなく、たった一度のかけがえのない人生が経に緯に絡み合い、重なり合っているからこそ、この世界はたった一人の人生からでさえ探究するに値するのだと思い続けている。

＊　＊　＊

人は「対岸の火事」を遠くから眺めることはあっても、たいていは無関心であるという。しかし、私は研究の過程で出会った女性たちの葛藤《かっとう》や奮闘という、歴史上の「対岸の火事」には決して無関心ではいられなかった。まぎれもない私自身が、対岸に立って炎に包まれている一人であったのだと幾度も思ったからである。

火事とはいっても、私が見ていた「火」とは、現実世界を生きる上での希望や葛藤、違和感や共感、夢や願い、意志や挑戦など、感情が揺れ動く原動力となるようなものと説明すればよいだろうか。目を凝らしてみれば、そういう「火」は世界のあちらこちらに灯《とも》っている。また、「水中の火打石」のように、目を凝らしても見えないものもある。激しく燃える火もあれば、静かに灯る火もあり、消えかけた火もあれば、今まさに灯ったばかりの火もある。形はちがっても、総じてそれらは多かれ少なかれ、今日と明日、そして未来を照らそうとする意志を持つ火のように思われた。

私はこの本を執筆しながら、「対岸」に立つ人びとの心の中に灯った「火」を見つめていたことになる。[2] ここでの「対岸」とは、過去であったり、海の向こうの国であったり、自分の内面にある他者への認識であったりした。これまで述べてきたように、それらは、「一般論」や「通説」、「当たり前」と呼ばれる、いわゆる「こちら側」ではない「向こう側」の世界である。本書の執筆は、その世界の存在に思いを馳《は》せ、できるならば追体験しようと試み、かつ「こちら側」との対話を諦《あきら》めないという地道な往来の繰り返しであった。

思い通りに行くばかりではない悔しさと、葛藤と迷いに彩られた女性たちの日々とライフヒストリーから歴史を厚く記述していくことが必ずしも苦しい作業ではなかったのは、彼女たちの人生にそれでも希望の火が灯り続けていることが実感されたからなのだろう。現代を生きる一人として、「わたし」を探し、「わたしたち」を生きることの意味を本書の登場人物たちに教えられ、励まされた。それは研究という目的を越えて、じつに楽しく、そして、深い自己内省に富む経験でもあった。

それを一書にまとめることを奨《すす》めてくれたＫＡＤＯＫＡＷＡの岸山征寛《きしやまゆきひろ》さんには大変お世話になった。『胃袋の近代』が出版されてまもなく、同書に対する情熱溢《あふ》れる感想を携えて会いにきてくれたのは五年前のことである。その出会いからほぼ毎月、直接会って議論を重ねた。新しい人文社会科学を拓《ひら》いていく重要性を語る岸山さんの姿勢から教えられたことは数知れない。それは「わたし」の中に灯る火を、編集者とともに育て、作品として形づくっていく醍醐味を味わうことができた忘れがたい日々である。岸山さんに、心からの感謝を伝えたい。

二〇二三年八月
亡き祖母のパッチワークキルトを眺める晩夏の台所にて
湯澤　規子

【あとがき註】

1 ①タマラ・Ｋ・ハレーブン著、正岡寛司訳『家族時間と産業時間』早稲田大学出版部、一九九〇年。原著は② Tamara K. Hareven, *Family time and industrial time: The relationship between the family and work in a New England industrial community*, Cambridge University Press, 1982.
2 ツルリンゴスター『君の心に火がついて』ＫＡＤＯＫＡＷＡ、二〇二一年という作品なども誕生して注目を集めている。同書が表現する火の意味も、本書と共通している。

主要参考文献

相本資子「『仲介者』としての女性労働者――オルコットの『仕事』をめぐって」『英米文学』四九（一）、二〇〇五年、一四五～一六〇頁。

青山なを『明治女学校の研究　青山なを著作集　第二巻』慶應通信、一九八二年。

阿部武司「百年先を見通す慧眼、いまに伝えるこころ――地域に尽くし、社会・文化事業を支えた魁」『Muse』三五、四～五頁。

阿部武司・平野恭平『産業経営史シリーズ3　繊維産業』日本経営史研究所、二〇一三年。

アリス・ベーコン著、矢口祐人・砂田恵理加訳『明治日本の女たち』みすず書房、二〇〇三年。

アルフレッド・シュッツ、トーマス・ルックマン著、那須壽監訳『生活世界の構造』ちくま学芸文庫、二〇二一年。
E.M.ダウティー著、住田和子、鈴木哲也共訳『レイク・プラシッドに輝く星　アメリカ最初の女性化学者エレン・リチャーズ』ドメス出版、二〇一四年。
石原修「某紡績会社某工場工女健康成績調査」『日本衛生学会雑誌』七巻一・二号、一九一一年、所収。

石原修『衛生学上ヨリ見タル女工ノ現況』国家医学会、一九一四年。

伊藤野枝『底本　伊藤野枝全集　第二巻　評論・随筆・書簡一――『青鞜』の時代』學藝書林、二〇〇〇年。

犬丸義一校訂『職工事情（上）』〔全三冊〕岩波文庫、一九九八年。

イヴァン・イリイチ著、玉野井芳郎、栗原彬訳『シャドウ・ワーク――生活のあり方を問う』岩波現代文庫、二〇〇六年。

上野千鶴子『家父長制と資本制――マルクス主義フェミニズムの地平』岩波現代文庫、二〇〇九年。

内田義彦『社会認識の歩み』岩波新書、一九七一年。

腕野ツル「社宅から精紡工場へ通ったころ（回想：戦前の繊維労働の思い出（聞き書き））」『地域史研究』一二（二）、一九八三年、五八～六〇頁。

梅田俊英、横関至、高橋彦博著、大原社会問題研究所編『協調会の研究（法政大学大原社会問題研究所叢書）』柏書房、二〇〇四年。

エスリー・アン・ヴェア著、住田和子、住田良仁訳『環境教育の母　エレン・スワロウ・リチャーズ物語』東京書籍、二〇〇四年。

大木英夫『ピューリタン――近代化の精神構造』中公新書、一九六八年。

大河内一男『社会政策の基本問題』日本評論社、一九四〇年。

大河内一男「解説」細井和喜蔵『女工哀史』岩波文庫、二〇〇九年。

大城亜水「日本における家庭支援の一起源――河田嗣郎の所説を中心に」『神戸常磐大学紀要』第一一号、二〇一八年、一二五～一三六頁。

大豆生田稔『お米と食の近代史』吉川弘文館、二〇〇七年。

岡田泰男、黒川春子「アメリカにおける女性労働――一九世紀末から二〇世紀初頭」『三田学会雑誌』八四（四）、一九九二年、一〇四〇～一〇六〇頁。

岡部幸徳「明治期紡績業における労働条件と武藤山治についての一考察――鐘紡における労働条件と武藤山治の生い立ちを通して」『研究年報』（五）、二〇〇一年、一九～四一頁。

小田切毅一「アメリカのレクリェーションにみる自由主義の伝統――フランクリン、エマソンに代表される理想像について」『仙台大学紀要』（二）、一九七〇年、七八～八八頁。

小畑精武「東京下町女性労働史を歩く・戦前（二）東洋モスリン争議」『先駆』（九六六）、二〇一八年、三〇〜三四頁。

篭山京編・解説『女工と結核　生活古典叢書　第五巻』光生館、一九七〇年、所収。

金澤敏子・向井嘉之・阿部不二子・瀬谷實『米騒動とジャーナリズム――大正の米騒動から百年』梧桐書院、二〇一六年。

兼田麗子『大原孫三郎――善意と戦略の経営者』中公新書、二〇一二年。

河田嗣郎『家族制度と婦人問題』改造社、一九二四年（湯沢雍彦監修『「家族・婚姻」研究文献選集五』クレス出版、一九八九年、所収）。

北日本新聞社編集局編『米騒動１００年』北日本新聞社、二〇一八年。

北原糸子『都市と貧困の社会史――江戸から東京へ』吉川弘文館、一九九五年。

協調会編『最近の社会運動』協調会、一九三〇年。

協調会産業福利部編『工場食の改善と工場栄養食共同炊事場　産業福利パンフレット1号』協調会産業福利部、一九三八年。

共立女子大学被服意匠研究室、（有）国際アート編、伊藤紀之監修『共立女子大学創立１２０周年記念　アメリカン・アンティーク・キルト展　キルトにみる東西染色文化の比較』㈲国際アート、二〇〇六年。

倉橋洋子「ホーソーンの作品にみる咎められる女性――「ハッチンソン夫人」について」『共生文化研究』創刊号、二〇一六年、八一〜八九頁。

栗原康『大杉栄伝――永遠のアナキズム』角川ソフィア文庫、二〇二一年。

クリフォード・ギアツ著、吉田禎吾ほか訳『文化の解釈学Ⅰ』岩波現代選書、一九八七年。

黒川小六『協調会事業一班』協調会、一九二三年。

現代女性史研究会編『ある女の歴史（その1）――私の歩んだ道』現代女性史研究会出版部、一九七三年。

現代女性史研究会編、高井としを著『高井としを詩歌集　母なれば働く女性なれば（その2）』現代女性史研究会出版部、一九七四年。

現代女性史研究会編、高井としを著『ある女の歴史（その5）――子らと仲間にかこまれて』現代女性史研究会出版部、一九七六年。

公営社団法人愛知県栄養士会『設立七〇周年記念誌　栄養士活動七〇年』公営社団法人愛知県栄養士会、二〇一五年。

小林富久子「織機の間の知性《マインド》」――十九世紀ニューイングランド女性作家による「労働文学」大井浩二監修、花岡秀、貴志雅之、渡辺克昭編『共和国の振り子――アメリカ文学のダイナミズム』英宝社、二〇〇三年、一〇四〜一二四頁。

小林恵「アメリカン・キルトと社会性」ＮＨＫ取材班『ＮＨＫ世界手芸紀行②刺しゅう、パッチワーク・キルト編』日本放送出版協会、一九八九年。

斉藤道子『羽仁もと子――生涯と思想』ドメス出版、一九八八年。

斎藤美奈子『挑発する少女小説』河出新書、二〇二一年。

サラ・Ｍ・エヴァンス著、小檜山ルイ、竹俣初美、矢口祐人訳『アメリカの女性の歴史――自由のために生まれて』明石書店、一九九七年。

サンドラ・シャール『「女工哀史」を再考する――失われた女性の声を求めて』京都大学学術出版会、二〇二〇年。

Ｃ・Ｌ・ハント著、小木紀之、宮原佑弘監訳『家政学の母　エレン・Ｈ・リチャーズの生涯』家政教育社、一九八〇年。

島田昌和「協調会の設立と経営者の労働観——日本工業倶楽部信愛協会案をめぐって」『経営史学』二四（三）、一九八九年、二七～五七頁。

島本久恵『俚譜薔薇来歌』筑摩書房、一九八三年。

清水知子「シルヴィア・フェデリーチ『ゼロ地点での革命』」『現代思想』五〇（一）、二〇二二年、一一六～一二三頁。

シモーヌ・ヴェイユ著、黒木義典、田辺保訳『労働と人生についての省察』勁草書房、二〇一〇年（初版は一九六七年）。

社会局編『工場監督年報　第七回』社会局、一九二五年。

ジョアナ・ストラットン著、井尾祥子・当麻英子訳『パイオニア・ウーマン——女たちの西部開拓史』講談社学術文庫、二〇〇三年。

ジョーエル・マイヤースン／ダニエル・シーリー編、マデレイン・B・スターン編集協力、宮木陽子訳『ルイーザ・メイ・オールコットの日記——もうひとつの若草物語』西村書店、二〇〇八年。

杉田菜穂「住田和子編『エレン・スワロウ・リチャーズ著作集：Collected works of Ellen H. Swallow Richards』に寄せて：日本社会政策史研究への示唆」『同志社アメリカ研究』（四八）、二〇一二年、一三一～一四二頁。

鈴木文治「産業上の立憲政治」『労働及産業』一九一六年、三月号、三一四～三二一頁（法政大学大原社会問題研究所編『日本社会運動史料　機関紙誌篇　労働及産業（三）』法政大学出版局、一九七一年、所収）。

鈴木文治「資本家諸士に告ぐ」『労働及産業』一九一七年、六月号、三三八～三四三頁（法政大学大原社会問題研究所編『日本社会運動史料　機関紙誌篇　労働及産業（五）』法政大学出版局、一九七二年、所収）。

鈴木裕子『女工と労働争議——一九三〇年洋モス争議』れんが書房新社、一九八九年。

隅谷三喜男『近代日本の形成とキリスト教』基督教論叢、新教出版社、一九五〇年。

隅谷三喜男『日本社会とキリスト教』東京大学出版会、一九五四年。

隅谷三喜男『日本賃労働史論』東京大学出版会、一九五五年。

隅谷三喜男『激動の時代を生きて——一社会科学者の回想』岩波書店、二〇〇〇年。

相馬愛蔵『一商人として』岩波書店、一九三八年。

相馬黒光『黙移——相馬黒光自伝』平凡社ライブラリー、一九九九年。

高井としを『わたしの「女工哀史」』岩波文庫、二〇一五年。

高野悦子『私のシネマライフ』岩波書店、二〇一〇年。

高橋彦博「協調会史における『産業福利部』の位置」『大原社会問題研究所雑誌』五九八号、二〇〇八年、一～一二頁。

武田晴人編『地域の社会経済史——産業化と地域社会のダイナミズム』有斐閣、二〇〇三年。

武田晴人『異端の試み』日本経済評論社、二〇一七年。

竹田有『アメリカ労働民衆の世界——労働史と都市史の交差するところ』ミネルヴァ書房、二〇一〇年。

立花雄一『評伝 横山源之助——底辺社会・文学・労働運動』創樹社、一九七九年。

立花雄一「横山源之助と米騒動」『大原社会問題研究所雑誌』四八七、一九九九年、四一～四九頁。

帯刀貞代『ある遍歴の自叙伝』草土文化、一九八〇年。

田中きく代「マサチュセッツ州一九世紀前葉の移民政策について——被救貧貧民問題を中心に」『聖徳学園岐阜教育大学紀要』一八、一九八九年、四七～六九頁。

田中圭一『村からみた日本史』ちくま新書、二〇〇二年。

タマラ・K・ハレーブン著、正岡寛司監訳『家族時間と産業時間』早稲田大学出版部、一九九〇年。

丹野勲「明治・大正期の工場法制定と労務管理」『国際経営フォーラム』二二号、二〇一一年、九三〜一二〇頁。

千本暁子「明治期における工業化と在来的雇用関係の変化」『社会経済史学』五二巻一号、一九八六年、三八〜六二頁。

千本暁子「明治期紡績業における通勤女工から寄宿女工への転換」『阪南論集　社会科学編』、三四巻二号、一九九八年（九）、一三〜二六頁。

チャールズ・ディケンズ著、伊藤弘之、下笠徳次、隈元貞広訳『アメリカ紀行（上）』岩波文庫、二〇〇五年。

ツルリンゴスター『君の心に火がついて』KADOKAWA、二〇二二年。

東京市社会局『東京市内の木賃宿に関する調査』東京市社会局、一九二三年。

東洋紡績神崎会『続続神崎工場物語　――糸切りの花咲けど今は嘆かじ』東洋紡績神崎会、一九八二年。

東洋紡績神崎会『続続続神崎工場物語　――哀歓・想い出の煙突女学校』東洋紡績神崎会、一九八三年。

永井義雄『ロバアト・オウエンと近代社会主義』ミネルヴァ書房、一九九三年。

中川宗人「祝辞における労働とジェンダー――鐘紡・武藤山治の女性労働者に対する認識の分析を通して」『年報社会学論集』（三〇）、二〇一七年、三九〜五〇頁。

中野茂夫・平井直樹・藤谷陽悦「倉敷紡績株式会社の寄宿舎・職工社宅の推移と大原孫三郎の住宅施策――近代日本における紡績業の労働者社宅　その一」『日本建築学会計画系論文集』七六（六五九）、二〇一一年、一九三〜二〇二頁。

中村勝範「鈴木文治と大正労働運動（上）――友愛會結成前後を中心として」『法學研究』三二（一）、一九五九年、四三～六七頁。

日本放送協会・日本放送出版協会編『ＮＨＫ趣味悠々　アメリカンキルトものがたり』日本放送出版協会、二〇〇一年。

農商務省工務局『工場衛生調査資料』農商務省工務局、一九一〇年。

間宏「経営家族主義の論理とその形成過程――日本労務管理史研究序説」『社会学評論』一一（一）、一九六〇年、二～一八頁。

羽澄直子「意義ある労働を求めて――ルイザ・メイ・オルコット『仕事』」野口啓子・山口ヨシ子編『アメリカ文学にみる女性と仕事――ハウスキーパーからワーキングガールまで』彩流社、二〇〇六年、二一八～二三三頁。

長谷川精一「森有礼の女性観と女子教育思想」『相愛女子短期大学研究論集』四〇、一九九三年、五一～六三頁。

長谷川貴彦編『エゴ・ドキュメントの歴史学』岩波書店、二〇二〇年。

パット・フェレロ、エレイン・ヘッジス、ジュリー・シルバー著、小林恵、悦子・シガペナー訳『ハーツ　アンド　ハンズ』日本ヴォーグ社、一九九〇年。

服部伸編『身体と環境をめぐる世界史――生政治からみた「幸せ」になるためのせめぎ合いとその技法』人文書院、二〇二一年。

羽鳥修「女性労働運動にみる階級と性――革新主義期におけるＮＷＴＵＬの活動より」『アメリカ研究』(二三)、一九八九年、八二～九九頁。

久田由佳子「工場制度成立期におけるローウェルの女工たち――その生活と労働」『アメリカ研究』第二九号、一九九五年、二二九～二三九頁。

久田由佳子「市場革命の時代における女工たちの労働運動――マサチューセッツ州ローウェルを中心に」『愛知県立大学外国語学部紀要（地域研究・国際学編）』（四二）、二〇一〇年、三一～五〇頁。

平芳裕子「女工、お針子、家庭裁縫――一九世紀アメリカのファッション文化における女性」『神戸大学大学院人間発達環境学研究科研究紀要』七（二）、二〇一三年、四三～五〇頁。

深川区史編纂会『深川区史　上巻』深川区史編纂会、一九二六年。

藤野裕子『都市と暴動の民衆史　東京・1905―1923年』有志舎、二〇一五年。

藤野裕子「労働者の不満　暴力へ」北日本新聞社編集局編『米騒動100年』北日本新聞社、二〇一八年。

フランシス・ホジソン・バーネット著、松下宏子、三宅興子編訳『バーネット自伝――わたしの一番よく知っている子ども』翰林書房、二〇一三年。

古川安『津田梅子――科学への道、大学の夢』東京大学出版会、二〇二二年。

ブレイディみかこ「珠玉の世界」日本文藝家協会編『ベストエッセイ』光村図書出版、二〇二二年、一三二～一三六頁。

法政大学大原社会問題研究所編『婦人労働史資料一　労働組合婦人部設置をめぐる論争と「婦人同盟」関係資料（一九二六～八年）』法政大学大原社会問題研究所、一九五五年。

法政大学大原社会問題研究所　総同盟五十年史刊行委員会編『日本社会運動史料　機関紙誌篇　友愛会婦人部機関紙　友愛婦人（一）』法政大学出版局、一九七八年。

細井和喜蔵『女工哀史』岩波文庫、一九五四年（単行本の初版は一九二五年に改造社から刊行された）。

ポール・ボイヤー、スティーヴン・ニッセンボーム著、山本雅訳『呪われたセイレム――魔女呪術の社会的起源』渓水社、二〇〇八年。

松井美枝「紡績工場の女性寄宿労働者と地域社会との関わり」『人文地理』五二（五）、二〇〇〇年、五九～七三頁。

武藤山治「工場中堅の養成」一九一五年、『武藤山治全集第二巻』新樹社、一九六四年。

武藤山治「天性の発揮」一九一六年、『武藤山治全集第二巻』新樹社、一九六四年。

武藤山治「日本女子の特質」一九一六年、『武藤山治全集第二巻』新樹社、一九六四年。

森崎和江『まっくら』理論社、一九六一年。

森まゆみ『『青鞜』の冒険――女が集まって雑誌をつくるということ』集英社文庫、二〇一七年。

安岡健一『「他者」たちの農業史――在日朝鮮人・疎開者・開拓農民・海外移民』京都大学学術出版会、二〇一四年。

山下須美礼『東方正教の地域的展開と移行期の人間像――北東北における時代変容意識』清文堂出版、二〇一四年。

湯澤規子「漁業集落における女性の就業形態とその変容――銚子市長崎町を事例として」『歴史地理学調査報告』（九）、二〇〇〇年、一九～三三頁。

湯澤規子「銚子沿岸地域における籐加工業と漁家経営――伝統的家族経営における家族構成員の役割」『歴史地理学調査報告』（一〇）、二〇〇二年、四一～五四頁。

湯澤規子『在来産業と家族の地域史――ライフヒストリーからみた小規模家族経営と結城紬生産』古今書院、二〇〇九年。

湯澤規子『胃袋の近代――食と人びとの日常史』名古屋大学出版会、二〇一八年。

湯澤規子「近代産業地域社会における『生活』と『労働』の再編過程―― Women's Educational and Industrial Union, Boston 史料による再編主体の日米比較を視野に」『歴史と経済』（二四七）、二〇二〇年、四～一七頁。

湯澤規子「相馬黒光　時代を照らす『大志《アンビシャス》』と『真心』という光――逸品に込められた歴史と文学と芸術の味わい」『Muse』三六、二〇二〇年、四～五頁。

湯澤規子「働く心身は誰のものか?――近代日本における栄養行政と労働者の生活世界」『新しい歴史学のために』二九九号、二〇二一年一一月、六七～八〇頁。

湯澤規子「近代都市の惣菜史――「火」を買う・借りる・共有する」『現代思想』五〇（二）、二〇二二年、一八八～一九七頁。

湯澤規子「闇を照らす光の位相――社会と歴史の認識をめぐって」『現代思想』五〇（一三）、二〇二二年、二八九～二九八頁。

湯澤規子「日常茶飯史考――分担と共有の論理」『Vesta』（一二七）、二〇二二年、一〇～一三頁。

湯澤規子「都市の食空間にみるジェンダー――胃袋と生きることの日米比較史」『Vesta』（一二七）、二〇二二年、四〇～四三頁。

湯澤規子「労働者の食空間と日常生活世界――一九二〇年代の東京市深川区を事例として」『歴史地理学』六五（一）、二〇二三年、九三～一〇四頁。

横山源之助『横山源之助全集　第一巻（日本の下層社会）』明治文献、一九七二年。

横山源之助『日本の下層社会』岩波文庫、一九八五年。

吉川利一『津田梅子伝』津田塾同窓会、一九五六年。

吉田千代『評伝鈴木文治――民主的労使関係をめざして』日本経済評論社、一九八八年。

良知力『向う岸からの世界史――一つの四八年革命史論』ちくま学芸文庫、一九九三年。

ルーシー・ラーコム『詩集』ボストン、フィールズ・オズグッド社、一八六九年。

ロバート・クラーク著、工藤秀明訳『エコロジーの誕生――エレン・スワローの生涯』新評論、一九九四年。

渡辺靖『アフター・アメリカ――ボストニアンの軌跡と〈文化の政治学〉』慶應義塾大学出版会、二〇〇四年。
X生『新らしき女』聚精堂、一九一三年。

Alcott, Louisa May. *Her Life, Letters and Journals.* Ed. Ednah D. Cheney. Boston: Roberts Brothers, 1889. *California Digital Library.*
Arinori Mori, *Education in Japan*, D. APPLETON & COMPANY, 1873.
Donham, S. Agnes, *History of the Women's Educational and Industrial Union*, Boston, Harvard University, 1955, Schlesinger Library Records of the Women's Educational and Industrial Union, 1894-1955, B-8, Vol.1.
Godey's Lady's Book And Magazine 1865-08：Vol.71, p.173.
H. Martineau, *MIND AMONG THE SPINDLES: A SELECTION FROM THE LOWELL OFFERING*, CHARLES KNIGHT & Co. 1844.
Harriet Jane Hanson Robinson, *Massachusetts in the Woman Suffrage Movement: A General, Political, Legal and Legislative History From 1774, to 1881*, Roberts Brothers, 1883.
Harriet H. Robinson, *Loom and Spindle: Or Life among the Early Mill Girls with a Sketch of "The Lowell Offering" and Some of its Contributors*, Thomas Y. Crowell & Company, 1898.
Harriet H. Robinson. *Early Factory Labor in New England*, Wright & Potter Printing Co., 1889.
Hawthorne, Nathaniel, The Centenary Edition of the Works of Nathaniel Hawthorne, Eds.William Charvat, et al. 20vols. Columbus: Ohio State UP, 1962-1988. のうちの 23.
Joanna L. Stratton, *Pioneer Women: Voices from The Kansas Frontier*, Simon & Schuster, 1981.
Katherine Leonard Turner, *How the Other Half Ate: A History of Working-Class Meals at the Turn of the Century*, Uni-

versity of California Press, 2014.
Laurel Thatcher Ulrich, *Good WIVES: image and reality in the lives of women in northern New England, 1650-1750*, Vintage Books, 1991.
Life and Labor, vol.III, 1913, pp.168-172.
Louisa May Alcott, *Work: A Story of Experience*, 1873.Ed.Joy S. Kasson. New York: Penguin Books, 1994.
Lowell National Historical Park, *Lowell: The Story of an Industrial City*.
Lucy Larcom, *A New England Girlhood: Outlined from memory*, Houghton, Mifflin and Co., 1889.
Mary Hinman Abel, foreward by Ellen Richard, *The Story of the New England Kitchen*,1890, (Harvard University Schlesinger Library).
Perry R, Duis, *The Saloon; Public Drinking in Chicago and Boston, 1880-1920*, University of Illinois Press, 1983.
Philip S. Foner, *The Factory Girls*, University of Illinoi Press, 1977.
S. Jenkins Cook, *Working Women, Literary Ladies: The Industrial Revolution and Female Aspiration*, Oxford Univ. pr. on Demand, 2008.
Sidney A. B. Webb, *Problems of Modern Industry*, London, 1906.
Silvia Federici, *Revolution at Point Zero: Housework, Reproduction, and Feminist Struggle*, PM Press, 2020.
T. Dublin, *Women at Work; The Transformation of Work and Community in Lowell, Massachusetts, 1826-1860*, Columbia University Press, 1979.
T. Dublin, *Farm to Factory; Women's Letter, 1830-1860*, Columbia University Press, 1981.
T. Dublin, *Transforming Women's Work; New England Lives in the Industrial Revolution*, Cornell University Press, 1994.
T. Dublin, *Farm to Factory; Women's Letters, 1830-1860*, Columbia University Press, 1981.

Tamara K. Hareven, *Family time and industrial time: The relationship between the family and work in a New England industrial community*, Cambridge University Press, 1982.
The Lowell Mill Girls: Life in the Factory, Discovery Enterprises, 1991.
The Lowell Offering vol.V, 1845, p.96.
The Lowell Offering I, No.4, 1840, pp.52-53.
The Lowell Offering, vol.V, 1845（The Hathi Trust Digital Library）.
The Women's Educational and Industrial Union, *Kirmess Cook-Book*, 1887, Alfred Mudge & Son.
The Women's Educational and Industrial Union, *The Food of Working Women in Boston*, Wright & Potter Printing Co., 1917. 原資料は Harvard University Schlesinger Library Records of the Women's Educational and Industrial Union, 1894-1955, B-8-54.
The Women's Educational and Industrial Union, *Immigrant Women and Girls in Boston*, 1905-1906, Harvard University, Schlesinger Library Records of the Women's Educational and Industrial Union, 1894-1955, B-8-49.

カバー・表紙写真について

カバー表　東洋モスリンの機織室。東洋モスリン株式会社編『都の生活記念帖』東洋モスリン株式会社、一九二二年より
カバー裏　「傑出した女性たち」。バーネット、オールコットら。Eminent Women 1884.Smithsonian Open Access（National Portrait Gallery）より
表紙　東洋モスリンの食堂。東洋モスリン株式会社編『都の生活記念帖』東洋モスリン株式会社、一九二二年より

装丁　須田杏菜
図表　本島一宏
ＤＴＰ　オノ・エーワン

湯澤規子（ゆざわ　のりこ）
1974年大阪府生まれ。法政大学人間環境学部教授。筑波大学大学院歴史・人類学研究科単位取得満期退学。博士（文学）。明治大学経営学部専任講師、筑波大学生命環境系准教授を経て、現職。「生きる」をテーマに地理学、歴史学、経済学の視点から、当たり前の日常を問い直すフィールドワークを重ねている。『在来産業と家族の地域史　ライフヒストリーからみた小規模家族経営と結城紬生産』（古今書院）で経済地理学会著作賞、地理空間学会学会賞学術賞、日本農業史学会学会賞を受賞。『胃袋の近代　食と人びとの日常史』（名古屋大学出版会）で生協総研賞研究賞、人文地理学会学会賞（学術図書部門）を受賞。他の著書に『７袋のポテトチップス　食べるを語る、胃袋の戦後史』（晶文社）、『ウンコはどこから来て、どこへ行くのか　人糞地理学ことはじめ』（ちくま新書）、『「おふくろの味」幻想　誰が郷愁の味をつくったのか』（光文社新書）等。

焼《や》き芋《いも》とドーナツ
日米《にちべい》シスターフッド交《こう》流《りゅう》秘《ひ》史《し》

2023年9月28日　初版発行

著者／湯《ゆ》澤《ざわ》規《のり》子《こ》

発行者／山下直久

発行／株式会社KADOKAWA
〒102-8177　東京都千代田区富士見2-13-3
電話　0570-002-301（ナビダイヤル）

印刷所／大日本印刷株式会社

製本所／本間製本株式会社

●お問い合わせ
https://www.kadokawa.co.jp/（「お問い合わせ」へお進みください）
※内容によっては、お答えできない場合があります。
※サポートは日本国内のみとさせていただきます。
※Japanese text only

定価はカバーに表示してあります。

ISBN 978-4-04-112649-3　C0030